VOLKER ELIS PILGRIM

Der Untergang
des Mannes

VOLKER ELIS PILGRIM

Der Untergang des Mannes

Desch

Inhalt

Für Achim, Agnes, Alexander, Alexandra, Alfred, Alice, Alim, Amaly, André, Andromache, Anita, Anneliese, Anne-Marie, Antje, Antoinette, Antonio, Arick, Armin, Asta, Barbara, Beatrix, Benvenuto, Bernhard, Bodo, Brigitte, Bruno, Camran, Carl, Carl-Friedrich, Carola, Charlotte, Christa, Christiane, Christine, Christl, Christoph, Cici, Claire, Claudia, Concordia, Cornelia, Dagmar, Detloff, Diana, Dieter, Dietlinde, Digne, Dorothea, Dorothee, Eberhard, Eduard, Egbert, Eleonore, Elisabeth, Elke, Elken, Ellen, Ellie, Elma, Else, Elvira, Emma, Emmy, Erna, Etelka, Eva, Eva-Maria, Fanny, Folkert, Friedrich, Fritz, Gabriele, Georg, Gérard, Gerard, Gerd, Gerhard, Gerlach, Gernot, Gert, Gertrud, Gisela, Gisèlle, Gitta, Gudrun, Gundalena, Gustav, György, Hanna, Hannelore, Hans, Hans-Dieter, Hans-Dietrich, Hans-Joachim, Hans-Josef, Harald, Hartmut, Hedwig, Heidi, Heinrich, Helga, Helmut, Henriette, Herbert, Hermann, Herta, Hilde, Hildegard, Hildtrud, Hilla, Hubert, Hubertus, Ilona, Ilse, Inge, Ingrid, Irene, Iris, Irmela, Isabella, Jakob, Jens, Joachim, Johanna, Johannes, Judith, Judy, Jürgen, Julius, Karin, Karlheinz, Karola, Katharina, Klaus, Konrad, Konstantin, Kurt, Leopoldine, Lini, Lisbeth, Liselotte, Lothar, Luci, Lucien, Mahmoud, Manfred, Margarete, Margarethe, Margerit, Margit, Margot, Marian, Marianne, Marie, Marie-Luise, Marseillaise, Marta, Matthias, Max, May, Melusine, Michael, Michaela, Mimi, Miron, Monika, Nils, Nina, Norbert, Olga, Oliver, Otto, Pauline, Penelope, Peter, Polyxene, Rainer, Regine, Renate, Roland, Rolf, Rosemarie, Rotraut, Rudolf, Rüdiger, Ruth, Sabine, Senta, Sibylle, Sigrid, Sigrun, Skip, Sylvia, Theodor, Thomas, Tina, Traut, Ulrich, Ursula, Uta, Uta-René, Ute, Vera, Viktor, Volker, Walter, Welf, Wendela, Werner, Wilhelm, Willie, Willy, Winfried, Woitek, Wolfgang, Zenta . . .

Der Mann als Zerstörer des Mannes
Der Krieg aus dem männlichen Fleisch

*»In Wirklichkeit ist alles ganz
anders«*   Proust

Der Mann beschrieb bisher den Untergang von Familien,
Dynastien, Klassen, Gesellschaftssystemen, Reichen, Völ-
kern und Kulturen, verkündete zuweilen auch den Untergang der ganzen Welt. In der Studie des M. I. T. und des
Club of Rome über die »Grenzen des menschlichen Wachstums« philosophiert und spekuliert er den Untergang nicht
mehr, sondern errechnet ihn für die Menschheit in knapp
hundert Jahren eintreffend präzise voraus. Diese Studie
beweist zum ersten Mal, daß der Untergang nicht durch
Natur- oder Weltraumereignisse kommen, sondern von der
Menschheit selbst verursacht werden wird.

Der Bankrott der Systeme, Kulturen und in hundert Jahren
der gesamten Menschheit wird nicht pauschal von allen
Menschen hervorgerufen, sondern nur von denen, die über
Natur und gesellschaftliche Verhältnisse Macht haben. Weder Frauen noch Heranwachsende reden vom Untergang
oder handeln so, daß er herbeigeführt wird. Den Untergang
machen *Männer*. Was der Mann erzeugt, liebt, plant und er-
baut, zerstört er wieder. Das männliche Errichten und Zerstören von Dingen entspringt nicht dem natürlichen Kreis-
lauf des Werdens und Vergehens. Die Natur unterwirft dem
Vergehen nur die einzelnen Exemplare, nicht die übergrei-
fenden Lebenszusammenhänge. Das Ganze lebt, *weil* die
Exemplare zirkulieren, die Individuen der Pflanzen und
Tiere geboren werden und sterben müssen. Der Mann zer-

stört auch das Ganze. Bisher waren die Einheiten, die untergingen, umgrenzbar. Seit dem 20. Jahrhundert steuert der Mann auf den Untergang der »Erde« insgesamt zu. Was bisher nur vermutet wurde, kann jetzt, seit der totale Untergang vor uns liegt, durchschaut werden. Der Mann wird aus einem sinnlos erscheinenden Zwang dazu getrieben, zu zerstören.

Den Untergang, den der Mann um sich verbreitet, vollzieht er zuerst an sich selbst. Verhältnisse und Dinge so zu organisieren, daß sie kaputtgehen, entspringt einer Deformation des Mannes, die nicht seiner Veranlagung entspricht oder schicksalhaft auf ihm lastet, die er sich vielmehr selbst aufzwingt. Als die Welt noch nicht vom Untergang des Ganzen bedroht war, konnte der Mann sie mit dem Glanz seiner geistigen Leistungen anstrahlen und so darüber hinwegtäuschen, daß er von einer katastrophalen Triebverwirrung gezeichnet ist.

Der Mann ist sozial und sexuell ein Idiot. Er organisiert menschliches Leben in einer Gesellschaftsform, in der nur *er* zu bestimmen hat. Er richtet alles *für* sich ein, und alles ist *von* ihm eingerichtet. Der Mann interessiert sich in dieser Gesellschaft ernsthaft nur für den Mann. Er beschäftigt sich leidenschaftlich nur mit den Angehörigen seines eigenen Geschlechts. Er riskiert das Kostbarste, was er hat, sein Leben, für oder gegen Männer. Alle Arbeiten vollzieht der Mann innerhalb eines Kontaktprogrammes mit anderen Männern. Die zerstörerischen Angriffe eines Mannes gelten fast ausschließlich Mitgliedern seines Geschlechtes. Wissenschaft und Politik funktionieren, indem Männer sich aufeinander zu oder voneinander weg verhalten. Produktion und Krieg sind ohne ein Bezugsnetz zwischen allen Männern nicht zu denken.

Die so aufgebaute Gesellschaft lebt von einer homosexuellen Latenz der Männer, die der Motor für ihr Verhalten untereinander und gegenüber den Frauen ist. Die Frau darf am männlichen System nicht teilnehmen. Sie wird nur für ökonomische und sexuelle Hilfsdienste, für die Arbeit, die Fortpflanzung und die Selbstbefriedigung des Mannes hinzugezogen.

Der Mann ist der Feind der Frau. Unmißverständlich läßt er sie seine soziale Feindschaft fühlen. Sie hat ihren Grund in seiner tiefen sexuellen Feindschaft, die er vor der Frau zu verbergen versucht.

Die gesellschaftliche Homosexualität des Mannes wird über die Verkrüppelung seines Triebes hergestellt.

Der Hauptstrom der sexuellen Kraft des Mannes läuft ursprünglich auf die Frau zu, ist auf ihre lustvolle Einvernahme und nicht auf ihren feindlichen Ausschluß gerichtet. Um die Tauglichkeit des Mannes für das herrschende maskuline soziale System zu garantieren, müssen seine sexuellen Triebrichtungen in besonderer Weise gezüchtet werden. Nicht nur Pflanzen und Tiere, auch den Menschen kann man züchten. Die männliche Gesellschaft interessiert sich vornehmlich für die homosexuelle Komponente des männlichen Triebes. Erst ihre Zubereitung garantiert den Bestand der Männergesellschaft, macht den Mann für sein Arbeits- und Kriegsverhalten gefügig. Libido und Aggression des Mannes, hauptsächlich auf die Angehörigen des eigenen Geschlechts konzentriert, sichern das Funktionieren der männlichen Gesellschaft.

Die Gesellschaft von und für Männer ist nicht eine Gemeinschaft gleichgestellter Brüder, sondern ein künstlicher Zusammenhalt höchst ungleicher Väter und Söhne. Der Mann organisiert menschliches Leben im Patriarchat. Das Patriarchat ist eine Gesellschaftsform, in der ältere Männer über jüngere und alle Frauen herrschen. Herrschaft ist ein Zustand des Ungleichgewichtes oder der schiefen Ebene. Personen haben über andere Personen Macht, die diese anderen ihrerseits über die Herrschenden nicht haben. Herrschaft ist als Begriff *Herr*-Schaft – und als Zustand, der dem Begriff entspricht, an *männliche* Bedingungen geknüpft. Herrschaft ist ein Verhalten der Zerstörung. Über andere Personen mehr Macht zu haben, als diese rückwirkend auf den Herrschenden ausüben können, heißt, die anderen mißachten, verneinen, einschränken und zerstören. Die Gesellschaft des Patriarchats ist *gegen* das Zusammenspiel der Menschheit aufgebaut. Zur Menschheit gehören nicht nur Männer, sondern auch Frauen und Jugendliche. Die Begleiterscheinungen von Herrschaft – Haß, Feindschaft und Vernichtung – lassen Männer gegenüber Frauen und Jugend als den größeren Teil der Menschheit wirken.

Auch die Homosexualität, die die Gesellschaft von dem Mann braucht, ist nicht für den Kontakt unter Brüdern vorgesehen, sondern für den Kontakt zwischen Personen im Vater-Sohn-Verhältnis. Wenn das Patriarchat sich erhalten will, muß es Männer herstellen, die triebmäßig darauf festgelegt sind, über Männer und Frauen zu herrschen und sich von Männern beherrschen zu lassen. Sie müssen fähig und willens sein, Schwächere und Gleichstarke unter oder neben sich zu zerstören, aber die Stärkeren über sich zu stützen und zu erhalten.

Das Patriarchat setzt den Sexualtrieb des Mannes Zwängen und Entbehrungen aus. Die heterosexuelle Komponente wird wegen des im Patriarchat vom Mann geforderten substanziellen Desinteresses an der Frau auf Potenz und Orgasmusfähigkeit beim Geschlechtsakt reduziert. Die homosexuelle Triebkomponente wird aufgepumpt und ununterbrochen gesteuert; sie wird erhitzt, gebremst, gefördert, gehindert, ihre Latenz geschürt, um eine bestimmte Befriedigungsart im griechischen Patriarchat oder ihre versagte Entspannung in der jüdisch-christlichen Tradition gleichermaßen für die Erhaltung der patriarchalischen Struktur benützen zu können. Die Manipulation der Homosexualität des Mannes ging so weit, daß die Existenz einer homosexuellen Triebenergie geleugnet und die direkte Triebentspannung unter Männern bestraft wurde. Erst in psychoanalytischen, sexologischen und Tierverhaltens-Forschungen des 20. Jahrhunderts stellten Wissenschaftler fest, daß der Mensch eine homosexuelle Triebkomponente hat und daß bei Tieren homosexuelle Kontakte üblich sind, bei Affen, Hunden und Enten sogar Dauerbeziehungen zwischen Angehörigen des gleichen Geschlechtes vorkommen. Kinsey bewies, daß über die Hälfte der amerikanischen Männer sich mindestens einmal in ihrem Leben homosexuelle Triebbefriedigung geleistet hatte. Van de Velde wollte dieses Bedürfnis des Mannes auch in seiner »vollkommenen Ehe« untergebracht sehen und gab der Frau Anweisungen, wie *sie* es dem Manne befriedigen sollte.

Die Psychoanalyse befreite den Begriff der Sexualität von seiner Einengung auf den Akt geschlechtlicher Vereinigung und beschreibt sie als Teil einer geschichtlichen Lebensbewegung, die auf ein leibliches Miteinander angelegt ist. Der Mensch wächst in einer grundsätzlichen physopsychischen *Bi*sexualität heran, in der sein Leben tendenziell beharrt. Die Homosexualität ist kein der Heterosexualität entgegengesetzter Trieb, sondern eine Aktualisierung des Sexualtriebes. Ihre Äußerung ist vorübergehend an Entwicklungsstadien, dauerhaft an Entwicklungskonstellationen oder vereinzelt an Sondersituationen geknüpft. Ohne sie wäre das Miteinander, Ineinander und Gegeneinander von Männern, das Jahrtausende Patriarchat am Leben erhalten hat, nicht denkbar.

Die sexuelle Ausbildungsstätte des Mannes ist die Familie. Das Ausbildungsverhältnis besteht zwischen Vater und Sohn. Die Frau spielt wie in allen Angelegenheiten des Patriarchats dabei die Rolle eines Geschäftsführenden oder nur die eines Gehilfen. Sie hilft sogar, die patriarchalischen Formen der Homosexualität des Mannes zu produzieren, obwohl sie damit eine Triebsituation gegen ihre elementaren geschlechtlichen Interessen schafft.

Für die sexuelle Konstitution des »normalen« Mannes wurde bisher der von Freud entzifferte Ödipus- oder Vater-Sohn-Rivalitäts-Komplex verantwortlich gehalten. Freud präsentiert im Ödipuskomplex den Sohn einer Familie seinem Vater gegenüber in einer Empfindungsdualität. Er beschreibt den Verlauf des Komplexes so: Der Sohn erfährt die Mutter als ersten Sexualpartner und behält sie als sexuelles Wunschbild sein Leben lang. Er wird in seinem kindlichen Kontakt mit der Mutter durch den Vater gestört. Seine Entbehrungen setzt er in Aggressionen um. Der Sohn will den Vater beseitigen. Er projiziert den gleichen Wunsch in den Vater hinein. Er weiß, daß der Vater stärker ist als er. Er bangt um sein Leben oder – was dasselbe bedeutet – um sein Glied, das der Vater abschneiden könnte. Seine Kastrationsangst verdrängt den Tötungswunsch. Die Dualität der Gefühle von Wut und Angst ist so gegeneinander ausgewogen, daß es zur Vatertötung nicht kommen kann. Hier bricht die Freudsche Konstruktion von der Feindschaft zwischen Vater und Sohn ab. Das Verhältnis nur aus der Feindschaft zwischen Vater und Sohn zu beschreiben, läßt die drei entscheidenden Probleme männlichen Verhaltens außer Acht:

1. Das Unterwerfungsbedürfnis des Mannes
unter gesellschaftliche Väter und Väterkollektive
2. Die Abreaktion
der vom Vater produzierten Aggressionen auf die Brüder
3. Die Übertragung der Enttäuschungen an der Mutter und der Ängste vor dem Vater auf die Beziehungen des Mannes zu seiner Frau und zu seinem Sohn.

1. Das Unterwerfungsbedürfnis des Mannes unter gesellschaftliche Väter und Väterkollektive

Der Ödipuskomplex setzt für seine Entstehung den strengen Zuschnitt des Dreieck-Verhältnisses Vater-Mutter-Sohn voraus.

Noch heute wird mit diesem Familienverhältnis das herrschende Konzept zur Regulierung des Triebhaushaltes des Jungen erzwungen. Ermöglicht wird es durch die auf der Frau lastende Monogamie, die ihr die lebenslängliche sexuelle Beschäftigung mit nur *einem* Mann diktiert. Aus dieser einseitigen Ausrichtung auf ihren einzigen (Ehe-)Mann bleiben ihr nur zwei Möglichkeiten, ihr Verhältnis zum Sohn zu gestalten. Entweder sie kettet ihn an sich, oder sie reißt ihn von sich ab. In beiden Möglichkeiten wird die heterosexuelle Triebrichtung des Jungen irritiert und seine homosexuelle verstärkt. Im ersten Fall produziert die Frau dem Sohn eine Mutterbindung, im zweiten Fall eine Vaterbindung. Der Grundtypus des männlichen Triebschicksals im Patriarchat zeigt eine *Vaterbindung;* die Frau nimmt bei dieser Konstruktion nur eine Handlangerstellung ein.

Das ödipale Modell knüpft an die Personenidentität von Gebärerin und erster Ernährerin des Kindes an. Die Libido des Sohnes wird entscheidend dadurch beeinflußt, daß sie sich auf *eine* Frau konzentriert.

Die erste Gestaltung seines Triebes erfährt der Junge in der oralen Phase. Lust und Ernährung fließen ihm aus einer Quelle, der Brust der Mutter, die seinen Mund zum ersten erotischen Zentrum ausbildet. Die Beschäftigung mit dem Kinde ist für die Mutter von ausschließlich sexueller Natur. Die Berührung des kindlichen Mundes an ihrer Brust, die Reizübertragung auf die Muskulatur ihrer Scheide, die sich dadurch in ihre normale Enge pulst, erlebt die Frau lustvoll.

In diese Triebidylle greift der Vater ein, sobald die Ernährung des Kindes durch die Brust der Mutter nicht mehr unbedingt notwendig ist. Die der Frau oktroyierte radikale Monogamie hat für sie auch gegenüber ihren Kindern zu gelten, besonders, wenn es sich um einen Sohn handelt. Wenn die Frau im Patriarchat auf die Mutterrolle festgelegt wird, so soll sie nur als Samenempfängerin und als Gebärerin funktionieren. Die Sexualität, die sich ihr aus den ersten Kontakten mit ihrem Kinde eröffnet, wird ihr ebenso eingeengt, wie die zu sich selbst und die zum männlichen Geschlecht. Der Vater und einzige (Ehe-)Mann fordert die Beendigung der leiblichen Kontakte zwischen Mutter und Kind unter den Vorwänden, die schöne Figur der Frau, ihr kleiner Busen, ihre allgemein greifbare sexuelle Attraktion, müßten erhalten bleiben. In Wirklichkeit erkennt der Mann in den Kontakten der Mutter mit dem Sohn den Ausbruchsversuch der Frau aus der totalen Monogamie. Mit dem Begriff »Entwöhnung« wird die Trennung des Kindes von der Mutter durchgesetzt.

Durch diese Mutter und Kind aufgezwungene »Entwöhnung« mischt der Mann in den Trieb des Kindes die Aggressivität, das Wehr- und Ausgleichsverhalten für massive Triebspannungen, deren Befriedigungen als aussichtslos erfahren wurden.

Beobachtungen in primitiven Kulturen haben gezeigt, daß die Menschen mit einem viel geringeren Aggressionsniveau leben, wenn sie in ihrer ersten Triebausgestaltung nicht so eilig aus der Erfüllung gerissen werden. Die Mütter stillen länger und geben bis zum dritten Lebensjahr des Kindes den leiblichen Kontakt mit ihm nicht auf. Durch das lange Beisichtragen wird das Kind nur allmählich entwöhnt, mehr langsam auf sich gestellt, als abrupt von der Mutter abgesetzt.

Auch bei den amerikanischen Negern sind niedrigere Aggressionswerte festgestellt worden. Sie werden ermöglicht durch eine ausgeprägte Mamakultur in der Negerfamilie. Die Figur der Frau ist nicht so fetischiert, ihre Sexualität nicht so monogam zugeschnitten, wie die der weißen Geschlechtsgenossin. Auch hier vollzieht sich die Entwöhnung nicht unter den sexuellen Zwängen der absoluten Monogamie.

Die Aggressivität des Kindes der westlichen Zivilisation, die bereits mit der frühzeitigen Entwöhnung ausgelöst wird, treibt das Triebschicksal des Jungen in besonderer Weise voran. Die Unlust des Sohnes an der unterbrochenen oralen Befriedigung wird gegen die *Mutter* geäußert, weil sie es ist, die ihm die Unlust direkt produziert hat. Kommt der Ärger über die Ankunft eines neuen Kindes dazu, dem sich die Aufmerksamkeit der Mutter in gesteigerter Form zuwenden muß, wird die Mutter vorübergehend verworfen. Der Sohn überträgt seine Erfahrung später auf das gesamte weibliche Geschlecht, das mit der Mutter identifiziert und für ebenso enttäuschungsfähig wie diese gehalten wird.

Der Vater erscheint dem Jungen in der oralen Phase noch neutral. Seine die Lust des Kindes störende Position wird von diesem noch nicht wahrgenommen. Er ist die Ursache der Befriedigungsstörung, tritt als solche aber nicht in Erscheinung. Das Kind kann das triebstörende Verhalten nur in dem Entzug durch die Mutter realisieren, noch nicht in der Macht des Vaters über sie. Der Vater bietet sich nach der Irritationszeit der Entwöhnung sogar als lustproduzierende Ersatzfigur an. Ist die orale Verschmelzung mit der Mutter unterbunden, hat der Vater für einen kurzen Zeitraum durch den Sohn keine neuen Rivalitäten zu befürchten. Er kann seine Eifersucht besänftigen und sich selbst als störungsfreier Partner des Kindes vorstellen. Vater und Sohn kommen in die Spiel- und Tobezeit. Innerhalb dieser Entwicklung wird der Grundstein für die Vaterbindung des Knaben gelegt. Die erste Erfahrung, die der Junge am erwachsenen Mann in der Position des Vaters macht, ist nicht feindlich, sondern lustbetont. Die unbefriedigte Sehnsucht nach Brust und weiblicher Nähe wird – lange bevor sie sich selbst erledigt – von der Mutter abgezogen und auf den Vater übertragen. Die Beziehung zum Vater wird zwar in einer späteren Phase getrübt, wodurch dann der Sohn genötigt ist, seine unerfüllte Mutterbrustsehnsucht vom Vater weiter auf das Väterkollektiv zu leiten.

Das Streben des Mannes nach verbandsgeschlossenem Agieren wird hier erstmals eingeschliffen. Dieses männliche Verhalten wird mit dem Gemeinschaftssinn des Menschen zu verbrämen versucht, und dabei unterschlagen, daß der Mann sich männerbündlerisch immer unter vollkommener Abspaltung allen weiblichen Dabeiseins verhält. Hier kann es sich nicht um eine menschliche, sondern nur um eine *männliche* Eigenart handeln, denn die Frau zeigt keine Neigung zu einem hierarchischen Kollektivismus wie der Mann. Der Mann sehnt sich nie nach einem Kollektiv von Frauen oder ihrer Teilnahme an seinen Kollektiven, er sorgt zudem noch immer dafür, daß die Frau im Berufs- und Entspannungsleben den Reigen der Männer nicht stört.

Wer Zeuge von Bischofssynoden, Senats-, Vorstands-, Fakultäts- und Gemeinderatssitzungen, Parteitagen, Ausschußkonferenzen, Gremientagungen, wissenschaftlichen Kongressen sein konnte, dem muß vom sauersüßen Brust-an-Brust- und Kopf-an-Kopf-Schwelgen alter Männer übel geworden sein. Die schwüle Zotik eines Stammtisches und der erotische Verwesungsgeruch eines Vereinsabends weisen auf Formen homosexueller Triebbefriedigung unter Männern hin. In den unverhohlenen Blicken, mit denen Väter die Körper von Söhnen abtasten, wenn diese, von der personellen Differenzierung enthoben, sich zur Parade akkumulieren müssen, glimmt Begierde auf. Kaum eine Massenszene aus der Geschichte des Dritten Reiches entbehrt der beängstigenden Formierung latenter Homosexualität.

Die Eigenart des Mannes, die Konzentration auf Sachen, die Entspannung von Arbeit und die Zerstörung von Leben und Dingen in eisernem Verbund mit anderen Männern zu unternehmen, widerspricht dem Ödipuskomplex als grundsätzlichem Erfahrungsgehalt männlichen *Gegeneinanders*.

Das Dogma, mit dem Freud männliches Verhalten als Sehnsucht nach der Frau und Urfeindschaft zwischen Männern konzipiert, verschleiert, daß das Patriarchat sich mit dem Ödipus-Komplex die Balance seiner Hierarchie sichert, die vom dosierten und überschaubaren Gegeneinander, aber vor allem, was viel wichtiger ist, vom sektiererischen *Miteinander* der Männer lebt.

Der Ödipuskomplex spielt sich nur bei einem ganz kleinen Teil von Männern so ab, wie Freud ihn darstellt, nicht bei der überwiegenden Mehrzahl der in einer Vater*bindung* abgerichteten Männer, deren psychische Struktur den Bestand des Patriarchats sichert und ihn nicht durch Vatertötungen oder die Gelüste dazu gefährdet.

Geht man der Freudschen Phaseneinteilung kindlich sexueller Entwicklung nach, so übernimmt der Vater die Rolle des Feindes erst in der dritten, der sogenannten phallischen Phase.

In dem zwischen oraler und phallischer Phase liegenden analen Zeitabschnitt spielt der Vater immer noch keine zersetzende Rolle. Der Mensch unternimmt in dieser Phase erotische Entdeckungen an sich selbst. Die Kontaktpersonen verlieren an Reiz. Die Beschäftigung mit dem Kot wird zum zentralen Lustereignis.

Da die Mutter mit der Pflege des Kindes beschäftigt ist und ihm die Reinlichkeit zumuten muß, gehen von ihr abermals Ärgernisse aus. Die Lust des Machens und Anhaltens, der ersten möglichen Selbstbestimmung, wird von einem fremden Ordnungssystem gestört. Der Vater ist bei dieser Störung nicht beteiligt.

Erst wenn der Junge sich vom dritten Lebensjahre an auf die erquickenden Möglichkeiten seines Penis konzentriert und sich mit ihm wie bisher mit allen seinen Bedürfnissen zuerst an die Mutter wendet, tritt der Vater durch seine phallische Dominanz in Erscheinung, die dem Sohn wegen seiner doppelten physischen Unterlegenheit ärgerlich ist. Sein Körper ist schwächer und sein Penis ist kleiner als der des Vaters.

Der Psychoanalytiker Michael Balint hat das sachlich-sexuelle Interesse des Kindes in den einzelnen Phasen spezifiziert und damit ermöglicht, das Freudsche Dogma des Ödipuskomplexes aufzuheben.

Das Kind will nur die Lust erfüllt bekommen, die es der sexuellen Phase entsprechend erleben *kann*. Sein Trieb ist vor seiner ausgereiften Geschlechtlichkeit nur auf Teilziele gerichtet. In der oralen Phase will es die Brust der Mutter bekommen oder behalten. In der phallischen Phase will es die sensitiven Ereignisse seiner Geschlechtsorgane erfahren. Da die kindlichen Genitalien für eine Vereinigung noch nicht exakt funktionieren, richtet sich das Interesse auch noch nicht auf den Geschlechtsakt. Den bei Erwachsenen beobachteten Akt kann das Kind noch nicht genital einordnen, versteht ihn zumeist als brutales Ereignis gegenseitigen Zurichtens. Die Lust wird bei Jungen und Mädchen durch Berührungen, durch die Beschäftigung mit dem eigenen oder mit dem Körper anderer gestillt. Die Doktorspiele beginnen. Die Geschlechtsteile werden beim Pinkeln gegenseitig betrachtet, untersucht und verarztet. Mit ihnen wird gespielt, an ihnen gelutscht. Dem Kinde eröffnet sich ein Kranz von Entzücken ohne das Zentrum funktionaler Geschlechtlichkeit. Das Ärgernis am Vater entsteht hier noch nicht – wie Freud es meint –, weil der Sohn zur

Scheide der Mutter drängt und sie vom Penis des Vaters besetzt vorfindet. Die Lustversagung ist in dieser Phase simpler. Die Mutter darf von dem sensibilisierten Penis des Jungen gar keine Kenntnis nehmen. Schlimmer: wenn er seine neue Entdeckung ihr anzeigen möchte, deutet der Vater das Ansinnen des Sohnes phallisch und schneidet ihm jedes Bedürfnis nach sexueller Anteilnahme oder Kontakt mit der Mutter ab, der sich im Bereich der »Vorlust« abspielen würde.

Die entscheidende Phase der Sexualität, in der der Mensch seine geschlechtliche Kommunikationsfähigkeit erfahren und seine Lustaktivität erlernen soll, wird durch die Potenzangst des Vaters so verunstaltet, daß der Sohn von hier aus eine seiner erheblichsten Schäden mit ins Leben nimmt. Ihm wird nicht nur der sexuelle Austausch abgeschnitten, auch die sexuelle Reflexion auf sich selbst wird unterbunden. Jede versuchte Selbstbefriedigung wird eisern überwacht. In der oralen Phase wurde die Aggressionsbereitschaft hergestellt, in der phallischen wird sie zum Prinzip ausgleichenden Verhaltens verfestigt. Lust der Kinder untereinander wird kontrolliert, Aggressivität nicht. Diese gegen sich selbst oder andere Kinder geäußert, ist überhaupt keinem oder keinem so organisierten Sanktionsgebaren der Erwachsenen ausgesetzt. Kinder kränkeln, verzehren sich in einem halben Dutzend sogenannter Kinderkrankheiten, kotzen, bettnässen, lutschen an Daumen, bis ihnen die Zähne zum Munde herauswuchern, hauen auf Puppen, Tiere und andere Kinder ein, zerreißen und töten das Schwächere. Die Erwachsenen lamentieren und unterlassen es, die Ursachen bei sich selbst zu suchen.

Die Mutter ist auch hier willen- und bewußtloses Werkzeug der lustfeindlichen Erziehungsbedingungen des Patriarchats. Im Auftrag des Mannes verstellt sie dem Kinde sogar die letzte Zuflucht zur Lust, sie verbietet ihm die

Onanie. Der Mann kann sich den schmutzigen Versagungshandlungen immer noch entziehen. Zum dritten Male ist die *Mutter* die unmittelbare Lustabschneiderin.

Es gibt einen Indianerstamm, in dem die Mütter schon während des Säugens die Geschlechtsteile ihrer Söhne streicheln, um sie für ein gutes Lieben vorzubereiten. Eine ähnliche Sitte beobachtete Margaret Mead bei Stämmen auf Bali. Die Eltern widmen sich mit besonderer Aufmerksamkeit der geschlechtlichen Entwicklung ihrer Kinder. Am Penis des Knaben zupfen alle Erwachsenen, begleiten ihr Kraulen mit dem Zuspruch: »Schön, schön.« An der Vagina des Mädchens streicheln sie mit der Bestätigung: »Lieb, lieb.«

Wie ein Prinz sein Geschlecht erblühen lassen darf, erfahren wir aus dem Tagebuch des französischen Hofarztes Hervart, der die sexuelle Entwicklung Louis XIII. festhielt. Der Einjährige lachte aus voller Kehle, wenn die Pagen und Damen des Hofes mit seinem Penis spielten.

Fragte man den Fünfjährigen, wie er es mit seiner Verlobten, der Infantin von Spanien, hielte: »Wo ist das Liebchen der Infantin?«, so legte er die Hand auf seinen Penis. Mit sieben Jahren jauchzte er, wenn er seinem Zimmermädchen unter die Röcke kroch und an ihrem Geschlecht pusseln durfte.

Mit seinem Vater unterhielt er sich bald darauf über dessen Mätressen und die verschiedenen geschlechtlichen Stellungen.

Solche befreite sexuelle Entwicklung ist auch für einen Königssohn nicht typisch gewesen. Wie sehr Friedrich II. von Preußen sein Geschlecht beim Vater lassen mußte, ist inzwischen bloßgelegt worden. Shakespeares verkrampfter Hamlet hat sein Vorbild im Königsgeschlecht des dänischen Mittelalters. Louis XVI. erfuhr wohl keine so differenzierte Hervorlockung seiner Sexualität wie sein Vorgänger; man hat nicht einmal darauf geachtet, ob sein Glied überhaupt zur Lust zu benutzen ist. Seine zu enge Vorhaut bemerkte er erst, als er seiner ehelichen Pflicht bei Marie-Antoinette genügen wollte. Mit jahrelangen mühevollen Versuchen vor dem Tor brachte er die Frau fast um den Verstand. Ebenso ahnt man, wie Carlos von Spanien das Lieben vermasselt worden sein muß, wenn man sieht, wie er sein Leben lang auf Elisabeth von Valois fixiert und in den Fängen seines Vaters Philipp II. gefesselt blieb.

In der geschlechtlichen Entwicklung Louis XIII. spiegelt sich nicht das sexuelle Verhalten einer Klasse, sondern das sinnlich-unväterliche Klima, das einer der erotischsten Männer der Geschichte, Henri IV., um sich breiten konnte. Ein Mann, der die Frau nicht als Werkzeug benutzen und sich mit seinen Geschlechtsgenossen nicht tödlich rivalisieren mußte, konnte auch dem Sohn die Entfaltung des Geschlechts ermöglichen.

Der Ethnologe Bronislaw Malinowski entdeckte bei den Trobriandern Bedingungen, die eine besondere Form des Ödipuskomplexes verursachten und die dort die Beziehung zwischen Vater und Sohn abwandeln. Der Komplex funktioniert in Melanesien nicht zwischen Sohn und Vater, sondern zwischen Neffen (Schwestersohn) und Onkel (Mutterbruder). Die Aggressionen des Sohnes entstehen gegen den Onkel, weil der zur fordernden und versagenden Instanz wird. Der Onkel steuert die soziale Zurichtung des Jungen. Der Vater, der mit Sohn und Mutter in einem Hause lebt, ist Freund, Helfer und Berater des Sohnes. Der Sohn weiß zwar nicht, daß der Vater ihn mit seiner Mutter gezeugt hat, weil man dort die männliche Beteiligung an der Fortpflanzung noch nicht kennt. Aber er bemerkt die geschlechtliche Gegenwart des Vaters bei der Mutter, die nach Freuds Überzeugung die Ursache des Ödipuskomplexes im Sohne ist. Aus dem Beispiel der Trobriander wird deutlich, daß die *geschlechtliche* Gegenwart eines älteren Mannes bei der Mutter den Ödipuskomplex noch *nicht* erzeugt. Die phallische Rivalität zwischen Vater und Sohn entsteht erst unter den strikten Monogamiezwängen des totalen Patriarchats. Der trobriandische Junge braucht mit dem Vater nicht um die Mutter zu rivalisieren, weil ihm seine eigene geschlechtliche Entwicklung nicht beschnitten wird. Der Mutter ist nicht jede einweihende Zärtlichkeit am Penis des Jungen verboten, noch wichtiger, das Sexualleben des Kindes wird im Zustand der phallischen Phase gefördert. Außer mit der leiblichen Schwester darf der Junge jeden zärtlichen Kontakt zu gleichaltrigen Mädchen pflegen. Die Kinder schließen sich zu kleinen Gruppen zusammen und ziehen auf Abenteuer aus. Die Entdeckung ihrer Geschlechtlichkeit ist Teil ihrer Abenteuer.

Der Ödipuskomplex ist kein unabwendbares Schicksal, wie Freud es möchte. Unter dem Begriff verbergen sich Formen von Leiden, die über familiäre Vorgänge innerhalb der patriarchalischen Gesellschaft künstlich produziert werden: von Männern verursachte Zerstörung sexuellen Friedens und von ihnen betriebene Herstellung höchster sexueller Spannungen.

Die Mutter wird vom Sohn mit genitalen Wünschen nur dann besetzt, wenn ihm keine andere Sexualbetätigung möglich ist. Wenn Freud bei erwachsenen Männern den Wunsch entziffert hat, mit der eigenen Mutter zu schlafen, dann handelt es sich um den besonderen zivilisatorischen Zwang, auf ein vergangenes Lustangebot zurückgreifen zu müssen, weil es ein neues nicht gibt oder das neue nicht wahrgenommen werden darf. Diese Zurückwendung wird dem Mann in allen Phasen seiner Sexualentwicklung zugemutet. In einer Gesellschaft, die die Kundgabe nur *einer* Form von Sexualität und die erst unter nachpubertären Umständen erlaubt, muß der Mann auf das regredieren, was ihm ursprünglich gesicherte Lust bereitet hat: die Mutterbrust. Das Unbefriedigtsein an der Mutterbrust soll sich aber nicht in ewiger Liebe zur Mutter, sondern im ewigen Bedürfnis nach dem Vaterkollektiv fixieren. Die Libido des Mannes wandert von der Mutterbrust über den Vater zum Vaterkollektiv. Wenn die Situation zwischen Vater und Sohn feindlich wird, kann die von der Mutter auf den Vater umgeleitete Libido nicht auf die Mutter zurückgelenkt werden, weil die Mutter sich als zu enttäuschungsfähig erwiesen hat. Die Libido wird deshalb auch vom persönlichen Vater abgezogen und auf gesellschaftliche Väter übertragen. Für die Befriedigung des Bedürfnisses nach Ersatzvätern stehen dem Mann die Vaterkollektive der Arbeits-, Glaubens- und Kriegshierarchien zur Verfügung. Eines der greifbarsten Beispiele abgeschirmter Männervereinigungen produziert der Katholizismus. Das Kollektiv von Männern wird ganz direkt als Mutterschoß »Kirche« bezeichnet.

Die Bestandteile Lust, die auf den Vater übertragen wurden, sind dem Jungen im Wege, wenn er ihn in der phallischen Phase als Ursache der mütterlichen Verweigerung zärtlicher Kontakte empfindet und ihn wegwünscht. Der Sohn bemerkt seine Lust nach Vater an seinem Hemmungsvermögen, den Vater zu beseitigen. Die Hemmung des Sohnes wird nicht nur durch die Angst vor der vergeltenden Stärke des Vaters verursacht, sondern durch einen in ihm ablaufenden Mechanismus, der mit dem Begriff »Schuldgefühl« umschrieben wird. Das Schuldgefühl ist eine Rationalisierung für die Angst vor Liebesentzug, allgemein vor Entbehrung. Der Sohn bringt den Vater nicht um, nicht weil es das Kräfteverhältnis anfänglich nicht zuläßt, sondern weil er ihn so besetzt hat, daß er auf das Geliebtwerden durch ihn nicht verzichten kann. Die libidinöse Besetzung des Vaters kann der Sohn an der Stärke seines Schuldgefühls für die Tötungsabsicht erkennen. Aus Notwehr Tötende, aus Versehen oder aus Haß Tötende haben kein Schuldgefühl. Nur der, der von einer Person lustvoll gespeist worden ist, kann diese Person nicht töten, ohne selbst aus dem Gleichgewicht zu geraten.

Wie stark die frühkindlich angelegte Lust am Vater sein kann, zeigt das Schicksal Dostojewskis. Dostojewski hatte gegen seinen Vater so erhebliche Todeswünsche, daß er im pubertären Alter in Starre verfiel, um an sich selbst das dem Vater Gewünschte als Strafe zu vollziehen. Als der Vater durch fremde Täter umgebracht wurde, war Dostojewski achtzehn Jahre alt. Er »sah« in dem Tod des Vaters eine späte Erfüllung seiner unbewußten frühkindlichen Wünsche und setzte zu einem furchtbaren Selbstbestrafungsfeldzug an. Er trank, spielte und bekam Krämpfe. Er spielte später so lange, bis seine gesamte ökonomische Grundlage weggerafft war. Erst wenn er am Boden lag, konnte er wieder künstlerisch produzieren. Sein Selbstbestrafungsbedürfnis war gestillt worden. Die Sucht nach Spiel, verbunden mit der damit ermöglichten Selbstschädigung, entlarvt die Schäden, die einem Sohn in der phallischen Phase zuteil werden. Das Spiel wiederholt die kindliche Onanie, die verboten und doch getan, aber nur mit Selbstverfluchung und unter allmählicher Selbstzerstörung vorgenommen werden kann. Wenn der Sohn die Vatertötung nur aus Kastrationsangst unterließe, erfolgte nicht ein Zusammenbruch, wie der des Dostojewski, wenn sie durch Ereignisse geschieht, die außer seinem Einfluß liegen. Der Sohn wäre froh, daß ohne die Gefährdung seines eigenen Lebens der Vater umgebracht worden ist. Bei Dostojewski überschlägt sich das sexuelle Schicksal des normalen Mannes in eine hysterische Verzerrung. Im Kern geschieht bei beiden dasselbe. Ihre Sexualität wird von Vaterfixierungen gezeichnet, die ihr Dasein überschatten.

Der Sohn konzentriert auf den Vater nicht nur die von der Mutter abgezogenen und umgeleiteten libidinösen Energien, sondern er besetzt den Vater auch direkt als Identifikationsperson. Der Vater ist dadurch dem Sohn überladenes Lustobjekt und Feindfigur zugleich. Der Sohn nimmt Teile vom Vater in den Aufbau seiner eigenen Person hinein. Freud benennt das Ergebnis dieses Vorganges »Überich«. Kraft der Monogamiegesetze ist der Sohn auf nur *einen* Mann angewiesen, mit dem er sich in seiner frühen Kindheit identifizieren muß. Das »Überich« repräsentiert daher die in die Sohnespsyche eingesetzte Herrschaft des Vaters. Es versinnbildlicht ein psychisches Regulativ im Manne, väterlich zu werden, das heißt die gesellschaftlichen Normen zu üben, die das Patriarchat von ihm verlangt. Das »Überich« kennzeichnet die in den Mann hineinverlegte Vater-Sohn-Verklammerung, über die die männliche Gesellschaft das Leben jedes Jungen für ihre Zwecke brauchbar macht.

2. Die Abreaktion der vom Vater produzierten Aggressionen auf die Brüder

Im Vater-Sohn-Spannungsfeld wird Feindschaft produziert, aber nicht ausgetragen. In der nach-phallischen, der genitalen Phase, die der Mensch mit Beginn der Pubertät betritt, wird dem Jungen wiederum die Möglichkeit autonomer sexueller Kontakte äußerst erschwert. Es ist ausgeschlossen, daß ein Elf- bis Vierzehnjähriger die Entdeckungen über die Funktionszusammenhänge der Geschlechtsteile ohne massive Störungen durch die erziehenden Personen ausprobieren könnte.

Die genitale Phase unterscheidet sich von der phallischen

dadurch, daß sie dem Menschen die instrumentelle Bezogenheit der Geschlechtsteile eröffnet. Die Beschäftigung galt in der phallischen Phase dem Sensorium der Organe, noch nicht ihrer technischen Verwendung. Die Konzentration auf die originale Mechanik der Geschlechtsteile in der genitalen Phase ergibt, daß der Mensch sich zunächst am intensivsten mit seinem eigenen Geschlecht befaßt. Physisch spielen sich entscheidende Veränderungen ab: Behaarung bei beiden Geschlechtern, differenzierte Ausgestaltung der Vulva, Busen beim Mädchen, Stimmbruch und originale Erektionsfähigkeit des Gliedes beim Jungen.

Die genitale Phase stellt sich zu Anfang auto- und homosexuell dar. Die Vorgänge am eigenen Körper sind zu erstaunlich, als daß der Mensch schon gleich eine Verbindung mit dem anderen Geschlecht wagen könnte, bevor er nicht eine Übersicht über sich selbst gewonnen hat.

Die Beschäftigung mit sich selbst ist von unschätzbarer Bedeutung für die Liebesfähigkeit. Nur wer sich selbst erfahren hat, kann einen anderen erfahren, ihn erst erfahren wollen. Das zentrale Bibelwort: Liebe deinen Nächsten wie dich selbst! wird nicht nur nicht verstanden, es wird sogar verboten, nach ihm zu leben. Nichts ist in der christlichen Spielart des Patriarchats so verhindert worden wie die Selbsterfahrung. Das einzige, was der griechischen Eröffnung befreiten Lebens durch das »Erkenne-dich-selbst« hinzugefügt werden müßte, das »Erfahre-dich-selbst«, wird im abendländischen Patriarchat hintertrieben, wo und wie es in der Macht der Väter steht. Selbsterfahrung heißt Lustfähigkeitserfahrung. Aber befreite Sexualität würde eine patriarchalische Gesellschaftsordnung aufheben, sie *muß* sie deshalb mit allen Mitteln verhindern. Männer, die zu einer Zeit, da sie nichts mehr zu verteidigen, nicht mal mehr etwas anzugreifen haben, immer noch in den Krieg ziehen, beweisen, daß sie Leben nicht erfahren haben.

Eine befriedigende heterosexuelle Kommunikation setzt eine gelungene onanistisch-homosexuelle Betätigung voraus. Das Patriarchat, das die Zerstörung einer glücklichen Geschlechtsgemeinschaft zwischen Mann und Frau betreibt, um den Mann für seine Organisation zu dingen, muß ihn sexuell für sich zurechtbiegen, *bevor* er mit seinem Verlangen bei der Frau angekommen ist. Die Beeinflussung der onanistisch-homosexuellen Phase des Mannes ist für das Patriarchat von lebensentscheidender Bedeutung. Es muß erreichen, daß der Junge so viel unbefriedigte homosexuelle Energiemengen gestaut behält, daß mit ihnen die Vaterhierarchien ununterbrochen gespeist werden können. Die Väter unterwerfen das pubertierende Männerleben einem rüden Kollektivismus. Lustvolles Miteinander wird unterbunden, aggressives Gegeneinander gefördert. Onanie und homosexuelle Kontakte sind verboten oder verpönt. Die Jungen können sie sich nur heimlich leisten und müssen sie als das Verbotene wieder verdrängen. So bleiben sie fremder Bestandteil in der Geschichte des Mannes, anstatt Baustein für ein späteres Lieben zu werden.

Der sportliche Kampf unter Männern wird allgemein als Abbaumaßnahme gegen Aggressionen gedeutet. Das ist falsch. Der gesellschaftlich organisierte Wettkampf steht nicht im Gegensatz zum Krieg, sondern schürt die Bereitschaft zum brutalen Kampf, der die Zerstörung des Gegners zum Ziel hat. Der Sport entlarvt das vom Patriarchat geförderte Gegeneinander der *Brüder*, ihren Streit um die Position des Siegers, des ersten, das heißt um die des Vaters, als des Höchsten, Unüberbietbaren. Sport und Krieg ermöglichen dem Mann eine Entspannung seiner homosexuellen Stauungen. Der Ablaß der Energien ist aber nur aggressiv statthaft. Das latent-homosexuelle Miteinander in Sport und Soldatenleben wird über eine Atmosphäre individuellen Gegeneinanders erzwungen.

In der genitalen Phase wird das Augenmerk des Jungen erstmalig direkt auf die Scheide der Mutter gerichtet. Die von der Mutter in den einzelnen Phasen bewirkten Triebspannungen bekommen in den Anfängen der Genitalität eine weitere Zufuhr. Die Mutter ist nicht fremd wie das Mädchen, das nur mit der Überwindung sozialer und psychischer Hemmungen zu sexuellem Kontakt gewonnen werden kann. Die Mutter könnte dem Jungen die ersten instrumentellen Erprobungen seines Geschlechtes ermöglichen. In dieser Phase verursacht der Vater die sexuelle Spannung zwischen Sohn und Mutter direkt. Hier entsteht die phallische Gegnerschaft zwischen Vater und Sohn. Der Vater fürchtet den potenteren Penis des Sohnes, der Sohn ärgert sich über die unumschränkte Gegenwart des väterlichen Penis in der mütterlichen Scheide.

Das Patriarchat setzt alles daran, die durch die phallische Rivalität entstandene Aggressivität der Söhne auf die Väter von diesen abzulenken. Die institutionalisierte Päderastie des griechischen Patriarchats macht deutlich, wie die Aggressionen der Söhne umgeleitet werden sollen. Die Ärgernisse, die der leibliche Vater verschafft, hebt eine andere Vatergestalt auf, um sie sich nicht zum Unmut am väterlichen System ausweiten zu lassen. Die Päderastie ist die in jedem Patriarchat vergesellschaftete Liebe zwischen Vater und Sohn. Das alte griechische Patriarchat verlangte die Homosexualität von den Söhnen für die Väter direkt. Das jüdisch-christliche Patriarchat verlangt sie von ihnen in unübersehbaren Formen von Verhaltensweisen sublimiert ins System eingebracht. Die direkte oder indirekte erotische Konsumierung des Knaben stoppt dessen aggressive Energien auf den Vater. Die Söhne werden um die Liebe der Väter buhlerisch gemacht. Der von den Vätern produzierte Haß wird auf die Brüder umgeleitet.

Freuds prähistorische Bruderhorde, die in geschlossener

Aktion den Urvater getötet haben soll, und Dostojewskis Brüder Karamasow sind Verfälschungen des normalen patriarchalisch zugerichteten Sohnesverhaltens. Söhne können Väter nicht abschaffen. Wenn die väterlichsten Repräsentanten einer Gesellschaft, die oberste Klasse, aus ihrer Position verdrängt wurde, war das Schuldgefühl der Söhne so gewaltig, daß sie nur zu bald einem neuen Supervater auf den Thron verhelfen mußten. Napoleon, Stalin und Hitler erschienen und herrschten nach Umwälzungen, die die Eliminierung von Vaterverhältnissen zum Ziel hatten.

In dem Freudschen Bruderhordenmodell steckt ein Bestandteil Erfahrung über das Vater-Sohn-Verhältnis, die nur nicht in den prähistorischen Zeitabschnitt paßt, in den Freud sie projiziert. Der Fall orientiert sich an den französischen, russischen und deutschen Versuchen der Beherrschten im 18., 19. und 20. Jahrhundert, an den Vaterzuständen zu rütteln. Die Söhne können, wenn sie behaupten, die ärgsten väterlichen Zustände beseitigen zu wollen, die patriarchalische Struktur nicht aufheben, sondern sie nur verfestigen. Die Männer sind so patriarchalisch konstruiert, daß sie bei der Abschaffung einer Spielart des Patriarchats nur neue Vaterzustände inthronisieren können. Ohne diesen Mechanismus wäre es nicht zu erklären, warum Revolutionen bisher immer nur neue Variationen der Herrschaft des Mannes über den Mann und die Frau einleiteten.

Den Vater abschaffen, heißt für den normalen Mann nur, selbst Vater zu werden. Vater sein bedeutet – in welcher Verhältnismäßigkeit auch immer –, alles zu können und alles zu haben, kurz Alleinherrscher zu sein. In diese Position rückt der Sohn nicht nach, wenn er den Vater tötet, denn es gibt Brüder neben ihm, die dasselbe vorhaben wie er. Will der Mann mit seinem Begehren, Vater zu werden, vorankommen, muß er den Vater stützen, um von *ihm* die

Vaterschaft übertragen zu bekommen. Und er muß die Brüder, die ihm die Vater*werdung* streitig machen, zerschlagen. Nur über den Tod der Gleichen, der Genossen, der Brüder ist es möglich, der Einzige, der Ungleiche, der Vater zu werden. »Tod« heißt hier Ausschließlichkeit im geschlechtlichen und im gesellschaftlichen Bereich: Wo ich bin, sollst du nicht sein, wo du bist, will nur ich sein.

Der Mann konnte bisher seinen Entwicklungsgang ins Väterliche im Krieg ablaufen lassen. Seit der Krieg als kanalisierte Bruderzerstörung nicht mehr jedem zur Verfügung steht, muß der Mann sein Feindprogramm noch mehr als früher im zivilen Bereich ableisten. Jeder Mann bleibt bei seinem Streben, andere Männer zurückzudrängen, auf einer Stufe relativer Vaterschaft stehen. Absolute Väter wie Könige, Führer, Feldherrn, Päpste, Generaldirektoren und Präsidenten sterben allmählich aus.

Durch die Hierarchisierung des männlichen Lebens erliegt schon der Junge einer qualitativen Unveränderbarkeit seiner Existenz, die ihn dazu zwingt, auch die Veränderung anderer zu verhindern. Auf ihm lastet die Pflicht der Liebe zum Väterlichen gleich einem Irrsinn, dem er sich seit Jahrtausenden unterworfen hat, weil es für ihn zu schwer war, ihn zu durchschauen, und weil es lebensbedrohlich für ihn war, sich ihm zu widersetzen. Der Sohn trägt das Patriarchat doppelt. Mit der Liebe zum Vater stützt er in ihm die bestehenden Verhältnisse und schafft sie durch seine Gefügigkeit in seiner eigenen Person auch noch nach. Alles männliche Leben verväterlicht: Der junge Mann versteht sich nicht als Jungen und Gleichen unter Gleichen, sondern als Einzigwerdenden, als mit dem Vater Zusammenwachsenden, in ihm Aufgehenden, als friedlich zu ihm Stoßenden, geduldig auf ihn Wartenden, willig sich ihm Darbringenden und ihn schließlich schmerzlos Ablösenden. Der Sohn wird erst *systematisch* Vater, ehe er personell Vater wird. Der Sohn stirbt im väterlichen Prinzip ab, ehe der Vater leibhaftig stirbt. Und die Väter sterben erst persönlich, wenn ihr Prinzip in den Söhnen unsterblich geworden ist.

Eine Vatertötung ist im patriarchalischen Mechanismus der Verväterlichung des männlichen Lebens nur ein Unfall, den die Söhne eiligst ungeschehen zu machen versuchen, indem sie die für kurze Zeit durcheinandergebrachten patriarchalischen Verhältnisse selbst wieder reparieren. Der Prozeß der Verväterlichung spielt sich überall ab, sowohl im gesellschaftlichen als auch im individuellen Mannesleben. Nicht nur die Revolution der Zustände, sondern auch die der Ideen verväterlicht. Die umwälzendsten Ideen des 19. und 20. Jahrhunderts – die Ideen von der Machbarkeit gesellschaftlicher und individueller Verhältnisse –, die sich aus den Theorien von Marx und Freud kristallisiert haben, sind inzwischen systematisiert, orthodoxiert, ideologisiert, das heißt zur Mitwirkung an der Verewigung der patriarchalischen Zustände gebogen worden, die sie ursprünglich bekämpfen sollten. Entweder die Schöpfer der Ideen verväterlichten selbst und hielten ihre Ideen in ihrer einstigen Originalität fest, wodurch sie sie steril und reaktionär machten, wie Freud es mit seiner Schule der Psychoanalyse unternahm. Oder die Söhne mumifizieren die Ideen ihrer progressiven Väter für die Mausoleen sogenannter Systeme, die man betrachten oder erleiden muß, die man aber nicht mehr verändern darf, so wie es mit dem Marxismus geschehen ist.

Wollten sich Söhne der Verväterlichung ihres Lebens und ihrer Ideen widersetzen, überforderte sie die Veränderung normalen Sohneslebens so sehr, daß sie verrückt wurden wie Hölderlin, Lenz und Wilhelm Reich, sich das Leben nahmen wie Kleist, Majakowskij, Stefan Zweig und Tucholsky, oder zu jung starben wie Büchner, Körner, Novalis, Kafka und Mozart.

Eines der deutlichsten Zeugnisse mühsamer Verweigerung und schließlich grausamer Vollziehung der Verväterlichung eines männlichen Lebens ist das Schicksal Friedrichs II. von Preußen. Er war ein hoffnungsvoller Sohn mit Eigenschaften, die den Vater übertrafen und dessen Vorhaben widerstritten. Der Vater wollte den Sohn wie Gott seinen Adam stur zu seinem Ebenbilde machen. Diese väterliche Absicht entspringt Resten unbefriedigter homosexueller Bedürfnisse. Die Väter konnten ihre Selbstliebe nicht in bewußten homosexuellen Beziehungen ausgestalten, sondern mußten sie auf ihre Söhne umleiten. Den Sohn der Vaterliebe zu unterwerfen, ihn zu zwingen, ebenbildlich nach dem Vater zu werden, hindert ihn daran, in ein selbständiges Leben zu wachsen. Friedrich widerstrebte seinem Vater, wo er konnte. Später hatte er jedoch das väterliche Prinzip sein Leben lang maßgerecht am Leibe. Er war sadistisch, sexualfeindlich, latent-homosexuell, söhneschindend und brudervernichtend.

Das preußische Militär- und Staatswesen ist eine der geschlossensten Männervereinigungen in der Geschichte des Patriarchats gewesen. In Sachsen, Bayern, Österreich, England und vor allem in Frankreich spielten Frauen als Mätressen und Königinnen wichtige Rollen, in Preußen so gut wie keine. Hier mußte sich der Mann seine durch die forcierte Patriarchalisierung des Lebens geschwollene homosexuelle Neigung im Militär abwetzen wie in keinem anderen Staat. Nirgends in der Neuzeit spielte das Militär eine solche Rolle wie in Preußen, war das soldatische Leben das einer geschlossenen Gesellschaft aneinander sich befriedigender Unbefriedigter. Preußen ist das herausragendste Beispiel dafür, daß der Mann sein Bedürfnis, das gleiche zu lieben, in der perversen Atmosphäre des Soldatenlebens unterbringen soll. Er darf diese Strömung seiner Existenz erst zum Zuge kommen lassen, wenn er das Umgekehrte vollbringt, als er sich wünscht, wenn er das gleiche tötet oder von ihm getötet wird. Männer, die sich im Krieg von anderen Männern abschlachten lassen, drücken in der Verzerrung ihrer Wünsche ihre unerträglich gewordene homosexuelle Unerfülltheit aus. Sie finden noch dann eine Befriedigung dieses Bedürfnisses, wenn sie sich wenigstens im Töten mit einem anderen Mann vereinigen können.

Die Disposition des Mannes für Krieg und Vernichtung – das im Prinzip des Gegeneinander fixierte Sozialverhalten –, wird durch Zersetzung seiner Sexualität produziert. Der Mann wird aus jeder unterdrückten Sexualkraft gewalttätig. Daß er gegen Männer prinzipiell gewalttätig ist, zeugt davon, daß im Patriarchat seine homosexuelle Triebrichtung stärker unterdrückt wird als seine heterosexuelle.

Melanesische und indonesische Kopfjäger müssen sexuelle Enthaltsamkeit üben, wenn sie sich für einen Kampf rüsten. Auch jede militärische Ausbildung im zivilisierten Patriarchat ist mit einem befreiten Sexualleben unvereinbar. Eliteeinheiten wie die SS und die US-Rangers wurden und werden zu absoluter sexueller Abstinenz verpflichtet.

Auch das Leben eines Sportlers ist mit dem Leben eines Liebenden nicht zu vereinbaren. Nicht nur die physische Verzehrung durch den Geschlechtsakt ist der sportlichen Leistung unförderlich, sondern auch der Verbrauch der aggressiven Energien, den ein glückliches Geschlechtsverhalten bewirkt, ist dem Sport so abträglich, daß es ihn überflüssig macht.

Das in der Bundesrepublik für Heranwachsende geltende Verbot homosexueller Betätigung ist nur im Hinblick auf die Bundeswehr bestehen geblieben. Es ist nicht möglich, einen Mann zur Vernichtung eines anderen Mannes zu erziehen, wenn man ihm zugleich erlaubt, ihn lieben zu dürfen.

Seit der Novelle des § 175 des deutschen Strafgesetzbuches dürfen die Übereinundzwanzigjährigen sich lieben. Aber wer darf? Vielleicht die, von denen Giese und andere sagen, sie könnten nicht anders. Die gespannte Situation unter »normalen« Männern hat sich nicht geändert. Der »normale« Mann soll seine Homosexualität dem Lehrer, dem Meister, dem Chef, dem Doktorvater, dem jeweils über ihn herrschenden Mann sublimiert zutragen. Die Angst vor dem eigenen Bestandteil Homosexualität wird im Manne so geschürt, daß er seine Irritation an sich selbst sofort abreagiert, wenn er meint, eines Dauerhomosexuellen oder eines Mannes, den er sich darunter vorstellt, habhaft geworden zu sein. Die bewußten Homosexuellen sind für die latenten eine Provokation, denn sie machen ihnen ständig klar, daß sie nicht so anders sind, wie sie es sollen, daß sie nur als Eisbergspitze über der Homosexualität der gesamten Mann-Schaft hinausragen. Mit Vorurteilen und gesellschaftlicher Verachtung umbrandet der Mann diese Spitze, damit sie nicht sichtbar werden läßt, daß er selbst zu ihrem Grund gehört. Um sich dem Homosexuellen gegenüber sicher abzugrenzen, melancholiert er, daß ein Mann nur selten einen Freund im Leben hat, ja meistens keinen. Freundschaft aufzubauen, ist dem Mann zu schwierig und unnatürlich, leicht gelingt ihm der Abbau, die Zerstörung von Personen, die er für natürlich hält.

Wenn der Mann mit seinem Glied nicht alles machen darf, schafft er sich Ersatzglieder, holt sich die verloren geglaubte Omnipotenz, die ihm die Väter vorgaukeln, aus Metallen wieder. Waffen sind Kopien des männlichen Geschlechts. Was er mit ihnen zerstörerisch macht, spiegelt nur, was er erquicklich mit dem Original nicht mehr vollführen kann. Der Soldat nennt die Waffe seine Braut. Daß sie als phallisches Symbol in Wirklichkeit der Ersatz für *seinen* Geliebten ist, wagt er sich nicht einzugestehen. Jedes Klingenkreuzen, Stechen, Schießen enthält Verzerrungen des phallischen Messers, Eindringens und Spritzens. Das männliche Geschlecht ist Instrument geworden, mit dem vollzogen, und nicht mehr Glied, mit dem verbunden wird.

Soldaten der katholischen Liga im Frankreich der Religionskriege töteten Frauen, indem sie Schießpulver in deren Schöße füllten, es anzündeten und so die Leiber in die Luft sprengten. Die brutale Imitation eines weiblichen Orgasmus ist hier eine besondere Zutat männlicher Umkehrung sexuellen Verhaltens.

Auschwitz' erster Folterer Boger konstruierte eine Stange, um die die Häftlinge sich so gewunden hängen und spreizen mußten, daß ihr Geschlecht allen Traktierungen des Folterers dargeboten war. Die indirekte Homosexualität des katholischen Don-Bosco-Heimes, mit der die Erzieher sich an den Zöglingen befriedigten, hat nicht nur Bartschs Sadismus produziert oder gesteigert, sondern auch andere Schüler in äußerste homosexuelle Irritation gebracht.

Polizisten hauen mit Vorliebe auf die Geschlechtsteile von Demonstranten, wenn sie sie zu mehreren umzingelt und niedergeknüppelt haben. Amerikanische Soldaten töten Frauen in Vietnam in Etappen: erst vergewaltigen sie sie, dann stechen sie Bajonette in ihre Brüste, jagen Pfähle in ihre Scheiden und schließlich Pistolenkugeln in ihre Köpfe. Der leibliche Phallus bereitet vor, was die instrumentellen vollenden.

Der Test »Abraham« zeigt deutlich die Umleitung aggressiver Energien vom Vater auf Bruderpersonen. Eine akademische Autorität mit weißem Kittel in Vaterposition sagt einem Versuchsmann in Sohnesstellung, er soll einen fremden Mann zu einem Verhalten bewegen. Wenn der Fremde dem Verhalten nicht nachkommt, kann der Versuchsmann ihn mit einer Skala von Stromstößen zwingen, gefügiger zu werden. Die Wirkung der Stromstöße wurde ihm genau erklärt. Fünfundsechzig Prozent der Männer bedienten alle Hebel, von denen die letzten zu schlimmsten Folterungen der Fremden führten. Der Versuchsmann wußte nicht, daß der Fremde die Schmerzen der elektrischen Stöße nur simulierte, die Leitung zum Fremden in Wirklichkeit unterbrochen war.

Der Mann darf sich im Patriarchat sexuell nicht entwickeln, seine Teilerfahrungen nicht zum Ganzen fügen, seine Phasen nicht ungestört durchlaufen. Die männlich-paternistische Gesellschaftsordnung braucht die Unerlöstheiten des Mannes aus jeder seiner Phasen. Das väterliche Kollektiv, das die Verväterlichung des Einzelnen überwachen will, braucht die oralen Triebrückstände. Die einzelnen Autoritäten brauchen die homosexuellen Splitter. Die Herrschenden der Gesellschaft brauchen die unerfüllten Bestandteile der erwachsenen Heterosexualität, um den Mann in die Arbeitszwänge spannen zu können.

Für sexualfremde Interessen wird die Libido des Mannes benutzt: Statt ihr den natürlichen Kompositionsprozeß zu erhalten, wird sie Destruktionsverfahren ausgesetzt. Die aus dieser Triebstörung entstehenden Spannungen werden auf den Mann in Bruderposition, auf die Frau und gegen sich selbst aggressiv ausgetragen. Bruder und Frau, die Objekte der Libido sein sollten, werden vom Mann beengt, bekämpft und zerstört.

Das Patriarchat ist durch einen Triebrichtungstausch gekennzeichnet. Die Produzenten der aggressiven Energien – die Väter – erhalten die libidinösen, die Objekte der libidinösen Strebungen – Frauen und Brüder – sind Opfer der aggressiven Abfuhren, die sie nicht heraufbeschworen haben.

Das männliche Leben widersetzt sich dem väterlichen Prinzip nicht. Die originale ödipale Dramatik, die Freud beschreibt, spielt sich nur im Triebschicksal einer verschwindenden Minderheit von Männern ab. Nur in Ausnahmefällen ist der Vater nicht nur Produzent, sondern bleibt im männlichen Leben der Adressat der Aggression.

Dieses Triebschicksal unterscheidet sich von dem des normalen, in einer *Vater*bindung verklammerten Mannes. Die von Freud beschriebene ödipale Situation entspringt der Besonderheit einer *Mutter*bindung des Mannes.

Wenn die Mutter stark und der Vater schwach ist, läßt sich die Mutter die absolute Monogamie nicht gefallen. Ihr ist zwar der sexuelle Kontakt zu anderen Männern ausgeschlossen, aber die Beziehung mit ihrem Sohn kann sie so libidinös gestalten, daß sie in ihm einen Ersatzliebhaber findet. Die Frau läßt sich die intensive Beschäftigung mit dem Sohn vom Manne nicht so einschränken, wie es die Mutter tut, die hilft, ihrem Sohn eine Vaterbindung zu produzieren. Ihr sinnliches Angebot ist für den Sohn so groß, daß dieser an die Erfüllung seiner Wünsche bei der *originalen* Mutter ständig zu gelangen meint.

Indem die Mutter nicht zurückhält, anzuzeigen, wie wenig der Vater ihr gilt, ermöglicht sie auch kaum eine Identifikation des Sohnes mit dem Vater.

Die Psychostruktur von in Banden organisierten Verbrechern entspringt einer solchen Mutterbindung: Kaum ausgebildetes Über-Ich, Hang zu bruderschaftlichem Agieren, Zerstörung und Angriff auf die Gesellschaft als übertragene Vatertötung.

Die Fälle der ausdrücklichen Mutterbindung sind dem Patriarchat ärgerlich. Ein solcher Mann findet keinen Spaß am Väterlichen und meistens auch gar keinen am fremden Weiblichen. Er richtet seine Aggression nicht so sehr auf das Gleiche oder Schwächere wie der vatergebundene Mann.

Der muttergebundene Mann äußert sich entweder hauptsächlich in der Liebe zum Gleichen oder hauptsächlich in der Zerstörung des Stärkeren. Er ist entweder besonders empfindlich oder besonders brutal. Marcel Proust und den Rocker vereinigt dasselbe Triebmodell. Aber auch Marx und Freud selbst als gewaltige Überwinder und theoretische Beseitiger väterlicher Gesellschaftszustände müssen dem Triebmodell einer Mutterbindung entstammen. So sehr Freud im Laufe seines Lebens verväterlicht ist, gehört er durch seine frühen Schriften zu den heldischsten Söhnen des Patriarchats.

Auch die Mutterbindung ist eine direkte Folge der Monogamie. Wenn die Frau ihren Trieb nicht auf einen Mann konzentrieren müßte, würde sie nicht in die Notwendigkeit versetzt, ihre sexuellen Wünsche auf den Sohn abzuleiten. Die Mutter, die dem Sohn eine Mutterbindung produziert, entfaltet aber nur ein viel größeres Angebot. Dem Sohn und sich selbst Erfüllung zu vergönnen, ist auch ihr untersagt. Sie hat mehr Möglichkeiten, die Libido des Jungen auf sich zu richten. Sie schürt die ewigen Muttersehnsüchte des Sohnes mit üppigerer Verheißung, die dem Sohn nur schmerzlichere Entbehrung verursacht als seinem Kollegen aus der Vaterbindung, der sich zur Übertragung auf die Väterbrüste entschließt. Der auf die Mutter gerichtete Trieb des Mannes wird in beiden Bindungsmodellen nicht durch die vergebene Lust, sondern durch die zugemutete Versagung prinzipiell. Das Modell der Mutterbindung unterscheidet sich von dem der Vaterbindung, daß die Mutter sich hier die Besetzungen des Sohnes nicht mit dem Vater teilen muß. Sie konzentriert die Lüste des Sohnes alle auf sich. Sie will ihn, solange sie kann, als ihren sozialen und wenigstens teilsexuellen Partner behalten. Aus dem die Sohnesentwicklung verfolgenden Überangebot der Mutter wird der Vater als aktueller Störer der Mutter-

Sohn-Beziehung begriffen. »Vatertötungen« lohnen sich hier ausnahmsweise. Solche Söhne können durch die Erledigung des Vaters hoffen, an das Ziel ihrer sexuellen Wünsche bei der eigenen Mutter zu gelangen.

Auch in der Konstellation der Mutterbindung schafft das Patriarchat beschränkte Sexualität. Der ihr absolut unterworfene Mann kann sich nur auf eine Person oder sein eigenes Geschlecht konzentrieren. Sexualität, die unverfälscht ein Kosmos ist und darin den Menschen zum einzig Ebenbürtigen und Spiegel der Welt macht, ist in Personen oder Richtungen erstarrt.

Die Disposition zur Vatertötung bleibt nur bei *muttergebundenen* Männern akut: bei den absoluten »Muttersöhnen«, die sich zu keinem nennenswerten sexuellen eigenen Kontakt entschließen können, ist die »Vatertötung« schon vollzogen. Der Vater ist außen, so belanglos, daß er nicht mal einer Gegnerschaft für würdig befunden wird. Die vollziehenden Homosexuellen drücken die Vatertötung durch Abstinenz allen patriarchalischen Einrichtungen gegenüber aus. Der Homosexuelle liebt das Gleiche, arbeitet dadurch dem wichtigsten patriarchalischen Prinzip entgegen. Darüber hinaus ist er kollektiv unergiebig und spricht auf männliche Autoritäten nicht an. Marx, Nietzsche, Lenin, Freud versuchten das Väterliche dort zu töten, wo es sich am mächtigsten verschanzt hat, in der Gesellschaftsstruktur.

Die klassischen Söhne, die sich mit der Vatertötung herumschlagen, sind Gezeichnete einer Mutterbindung. Nur bei ihnen ist der Ödipuskomplex ein *Vater*tötungskomplex. Bei der Mehrzahl der Söhne, die eine Vaterbindung mit sich schleppen, äußert sich der Ödipuskomplex als *Bruder*tötungskomplex. Unter den patriarchalischen Helden sind die Vatertöter spärliche Ausnahmen, die eine Verallgemeinerung auf alle Männer, wie Freud es möchte, ver-

bieten. Eine Konfrontation zwischen Vater und Sohn
kommt zwar im Triebschicksal des Mannes vor, aber die
Sehnsucht nach der eigenen Mutter und der Vernichtungs-
wunsch gegenüber dem Vater ist nur in Ausnahmen das
ursprüngliche und akut bleibende Trauma männlichen Se-
xual- und Sozialverhaltens.

3. Die Übertragung der Enttäuschungen an der Mutter und der Ängste vor dem Vater auf die Beziehungen des Mannes zu seiner Frau und zu seinem Sohn

Wenn der Mann bei seinem spezifischen Verlangen an-
kommt, sich mit einer Frau geschlechtlich zu vereinigen, ist
seine Sexualität so zerrissen, daß er die gesamte Frau nur aus
der Scheide versteht, und diese zu seinem eigentlichen
Triebziel macht. Die beiden Komponenten patriarchalischen Verständnisses von der Frau als Hure und als Mutter
treffen sich im Fetisch der Scheide. Aus der Scheide der
Mutter entspringt das neue Leben, in der Scheide der Pro-
stituierten leistet sich der Mann mechanische Triebabfuhr.
Monogamie und Sexualmoral, mit denen das Patriarchat
die Sexualität auf den genitalen Vollzugsvorgang verkürzt
und diesen erst in der Ehe duldet, beschränken die Heterosexualität des Mannes bis zur völligen Zerstörung dieses
seines Haupttriebstranges. Der vatergebundene Mann
kann Beziehungen zu anderen Frauen zwar leichter ein-
gehen als der muttergebundene. Aber so wie der muttergebundene Mann eine Dauersehnsucht nach der *leiblichen*
Mutter hat, entwickelt und behält der mutterabgebundene
Mann eine unstillbare Sehnsucht nach *institutionalisierter*
Mütterlichkeit. Diese Sehnsucht wird ihm im Vaterkollektiv nur zu einem Teil erfüllt. Zu einem erheblichen Teil
will er sie dazu noch von seiner selbstgewählten Sexual-

partnerin, der Ehefrau, gestillt haben. Die Enttäuschung des Sohnes, in keiner Phase der sexuellen Entwicklung bei der eigenen Mutter selig geworden zu sein, erhält ihm ein so intensives Bedürfnis nach Mütterlichem, daß er es an der Frau, mit der er zusammenlebt, befriedigen muß. Die Frau, die der Mann sich nimmt, hat so auf ihn bezogen zu sein, daß sie ihm an die Stelle der eigenen Mutter tritt. Aus der Monogamie, in die der Mann hineinwächst, entsteht ihm selbst die Notwendigkeit, das sexuelle Verhalten der Frau ihm gegenüber wiederum monogam einzurichten. Ohne diesen Vermütterlichungsprozeß, dem der Mann das Weibliche unterwirft, findet er sich an der Frau nicht zurecht. Er konnte sie im Patriarchat bis zum gegenwärtigen Zeitpunkt außerhalb dieses Vorganges wahrscheinlich nicht lieben.

Wenn der Sohn sich auf die Frau einrichtet, kopiert er zunächst das Verhältnis des Vaters zur Mutter. Er hat seine Mutter als ausschließlichen Besitz seines Vaters erlebt und konzipiert ebenso sich selbst als einzigen Partner seiner Frau. Aus der dauernden Enttäuschung an der leiblichen Mutter, die durchgehend unerreichbar blieb, erfüllt der Mann sich dauernden Vollzug an der eigenen Frau. Die Frau hat für ihn griffbereit zu sein. Sie muß ihn tragen, stützen, täglich nachgebären. Das sexuelle und gesellschaftliche Selbstverständnis des Mannes baut sich auf der Mutterschaft seiner Partnerin auf. Die Hauptfunktion der Frau im Patriarchat ist es, nicht nur Mutter der Kinder, sondern Mutter des *Mannes* zu werden.

Die Beziehung zu seiner Mutter-Frau wird dem Mann sexuell bald so unergiebig und unerfreulich wie die Modellbeziehung zur leiblichen Mutter. Die Lust, die ihm an der Mutter-Frau vergeht, sucht er sich in Verhältnissen und Bordellen. Von den Nebenfrauen verlangt er sodann *nur* Lust und keinen mütterlichen Verhaltenskatalog. Die Verhältnis- und Straßenfrauen kann er sich ohne weiteres mit anderen Männern teilen. Bei dem Kontakt mit der Hure gehört sogar tendenziell die Gegenwart des anderen Mannes in das Konzept der Lust.

Aber auf keinen Fall darf die *Ehefrau* sich sexuell selbständig machen. Durch ihren Kontakt mit »Nebenmännern« bekäme sie den Stachel der leiblichen Mutter, die es mit einem anderen Mann, dem Vater, trieb. Über den patriarchalischen Mann bricht die Katastrophe herein, wenn seine Mutter-Frau sich doch einen Geliebten genommen hat.

In frühen Formen des Patriarchats wurde die Frau für den Ehebruch mit dem Tode bestraft. In germanischen Pfahldorfgemeinschaften wurde ihr Kopf zur Hälfte geschoren, sie dann in den Sumpf gestoßen, und Stangen wurden ihr nachgeworfen. Das neuzeitliche Patriarchat ist nicht besser. Im 18. Jahrhundert reichte ein Brief wie in Schillers »Kabale und Liebe«, im 19. Jahrhundert genügte ein Briefwechsel mit einem anderen Mann wie in Fontanes »Effi Briest«, daß der Mann seine Frau, die sich durch die Beschäftigung mit einem anderen entmuttert hatte, umbrachte. In Schnitzlers »Das weite Land« hat Hofreiter unzählige Verhältnisse. Als seine Frau das gleiche *einmal* tut, bricht er zusammen. Er gewinnt sein Selbstverständnis erst wieder, als er den Geliebten seiner Frau tötet. Hier ist es ganz deutlich, daß ein Mann in Bruderposition umgebracht wird, weil er dem Ehemann gegenüber die Rolle des die Mutter wegnehmenden Vaters eingenommen hat.

Der Mann setzt die Frau entweder nach oben oder nach unten, sie ist für ihn ein Funktionsbündel oder ein Geschlechtsteil, Göttin und Königin oder Tier und Gegenstand. Partnerin ist sie nicht. Das Patriarchat stellt einen Mann her, der die Frau verloren hat und nicht wieder finden kann. In den Funktionen als Mutter und Hure, zu denen er sie zwingt, erfährt er nicht einmal Teile ihrer wirklichen Existenz. Die Aspekte, zu denen er weibliche Substanz zersplittern ließ, erfüllen nichts als Zwecke.

Aus dem Zwang, in einer Dauerbeziehung wie der Ehe das Weibliche nur in der Form des Mütterlichen aushalten zu können, verschiebt sich die ödipale Problematik des normalen Mannes um weitere Dimensionen. Der Mann trägt ihn nicht nur im familiären Verhältnis zum Bruder und im gesellschaftlichen Verhältnis zum gleichaltrigen, gleichstarken Mann aus, sondern er läßt ihn noch einmal in der eigenen Familie dem schwächeren Sohn gegenüber aufleben. Die echte ödipale Situation: Liebe zur Mutter, Beseitigungsstreben gegenüber dem Vater trägt der Mann nicht im Ursprungsgebiet des Komplexes aus, sondern in dessen Kopie gegen seinen eigenen Sohn. Die Ehefrau ist psychosexuell zur Mutter des *Mannes* geworden. Der Mann versteht den Sohn viel deutlicher als sexuellen Rivalen, als ihm je der eigene Vater erschienen ist. Durch die Geburt und die erste Ernährung wird der Sohn vom Mann in totaler sexueller Gegenwart bei der Frau angetroffen. Die Geburt aus der Scheide und die Säugung durch die Brust sind Bilder, die dem Mann plötzlich das Trauma der Ausgeschlossen- und Abgeschnittenheit von der eigenen Mutter verlebendigen. Das Ereignis der Sohnesgeburt ist für den Mann ein Klumpen von gesellschaftlicher Genugtuung, der sich ihm um den Kern seines radikalsten seelischen Schmerzes bildet. Die Präsenz des Sohnes bei der Frau wirft grelle Strahlen auf das ursprünglichste Leid des Mannes, nicht mehr oder nicht ausschließlich bei der Mutter sein zu dürfen. Der Ödipuskomplex wird zwischen Sohn und Vater hergestellt und zwischen Sohn und Sohnessohn ausgetragen. Die Struktur des gesamten Patriarchats wird von der Ambivalenz der Gefühle zwischen *Vater* und Sohn gestaltet. Freud beschrieb die Ambivalenz zwischen Sohn und Vater. Für die Konsistenz des Patriarchats folgenreicher ist die Ambivalenz zwischen Vater und Sohn.

Der Mann haßt den Sohn, weil er an ihm unbewußte Ärgernisse über seinen eigenen Vater abläßt.

Der Mann liebt den Sohn, weil er ihn sachlich und gesellschaftlich, psychologisch und sexuell braucht. Der Sohn ist Ebenbild und Ausweis der Potenz des Mannes, er garantiert in der patriarchalischen Gesellschaft die Aufrechterhaltung der väterlichen Tätigkeit und des Besitzes, die Weiterführung des Stammes und des Namens. Der Mann spiegelt, verjüngt und erneuert sich im Sohn.

Die Homosexualität, die der Mann im christlichen Patriarchat hauptsächlich aggressiv ausleben muß, kann er im familiären Bereich am Sohn sehr viel mehr lustvoll befriedigen als im gesellschaftlichen Bereich. Er darf es zwar nicht so weit treiben wie im alten Griechenland der Mann an seinem nichtverwandten Geliebten. Aber ein Katalog von Möglichkeiten leiblichen Miteinanders aus den Kapiteln der »Vorlust« lassen sich leicht verwirklichen. Diese unbewußte homosexuelle Befriedigung des Vaters am Sohn braucht das christliche Patriarchat dringend für die Produktion der Vaterbindung, die das System am Leben hält.

Der Sohn sieht sich der zweibahnigen Verhaltensweise des Vaters gegenüber hilflos ausgesetzt. Gesteigerte Libido und forcierte Aggressivität erhält der Sohn ohne Einblick in die Motive dieser enorm konträren Verhaltensweisen. Beide Bestrebungen wechseln für ihn unvorhersehbar einander ab, verzahnen sich und zwängen ihn in eine Ausgeliefertheit dem Vater gegenüber, die ihn unmündig macht wie die ersten Menschen gegenüber uneinsehbaren Naturprozessen. Die Wechsel der Wünsche und Ängste des Vaters entwerfen das Bild seiner Willkür. Der allmächtige Gott, der daraus entstand, ist keine Sinngebung für Natur, keine

Brücke zwischen Mensch und Selbstlauf des Alls. Der Gott ist ein Sinnbild für das Verhalten der Institution »Vater«, Zeugnis der Maßlosigkeit, an der sich auszuliefern, sich zu opfern, an der zu leiden, es galt.

Die Konzeption des absoluten Vatergottes, die von der griechisch-jüdisch-christlichen Kultur geprägt wurde, enthüllt Feigheit und Hinterhältigkeit ihrer Schöpfer. Der Vatergott tobt sich libidinös und aggressiv immer am Schwächeren aus. Zeus will nicht, daß die Menschen das Feuer bekommen, der Herr Zebaot will nicht, daß die Menschen sich der Sinnlichkeit hingeben. Im jüdisch-christlichen Gott kulminiert die Perversion des Patriarchats. Zeus *erkämpft* sich noch die Herrschaft, teilt sie sich mit Neptun und Hades als primus inter pares. Der jüdische Gott war schon immer da. Niemanden gibt es neben, über oder vor ihm. Nie brauchte er sich Gleichstarken oder Stärkeren zu stellen. Er läßt ab, wie es ihm kommt, und weiter nichts. Gottes Allgegenwärtigkeit und Allmacht, sein Vermögen zu durchdringen und vorherzubestimmen, sind die ins Unendliche gesteigerten Reflexe väterlichen Wollens.

Das Unheil, in dem wir stehen, und das kurvenhaft zur Katastrophe explodiert, bis es alles Leben mit sich reißen wird, ist nicht Schicksal, sondern die Latenz und der Ausschlag männlicher Nichtbewältigung des Triebes.

Daß menschliches Leben in Bewußtheit, Entwicklung und Wille zu begreifen ist und menschliches Handeln erkennend, ausgewogen, voranschreitend und planend sich selbst regulieren kann, wird seit der Regentschaft der Väter hintertrieben. Freuds autoritäre Konstruktion des Ödipuskomplexes garniert wissenschaftlich die Angst der Väter, umgebracht zu werden, moderner, ihre Furcht davor, daß ihr System der Herrschaft über Männer und Frauen abgeschafft werden könnte.

Die Repräsentanten der normalen Männer im Patriarchat sind Herakles, Orpheus, Kain und Jesus. Sie sind die Gejagten und Vollbringer, die Ausgelieferten und Angepaßten. Jeder verkörpert ein anderes Prinzip von Sohnesverhalten. In jedem wird menschliches Gedeihen nicht nur nicht gefördert, sondern zunichte gemacht. Das grundsätzliche männliche Verhalten spiegelt sich in ihnen. Inzwischen sind alle Männer relative Söhne und bleiben in diesem Zustand ihr Leben lang, strebend nach dem Väterlichen. Die Väter sind in der Gesellschaftsstruktur aufgegangen. Auf dem Weg in die väterliche Gesellschaft muß der Mann die Zustände und Verhaltensweisen der vier symptomatischen Söhne des Patriarchats nachspielen. Herakles ist der Naturbeherrscher, Wissenschaftler und Techniker, Orpheus ist der Künstler und Philosoph. Kain ist der Arbeiter und Bauer. In seiner Brudertötung symbolisiert er den Reflex allen männlichen Kriegsverhaltens. Jesus ist das Mündel, dessen Taten sich unverschleiert nur noch im Zuwillensein dem Vater gegenüber erschöpfen. Sohn, der sich aufmacht, im Schoß des Vaters zu landen.

Herakles, Sohn des Zeus, blühend an Geist und Kräften, tobt während seines ganzen Lebens gegen Elemente an. Als Jüngling treten ihm zwei Frauengestalten gegenüber. Die eine verheißt ihm Glückseligkeit, die andere den Weg der Mühsal und Entbehrung für das Präsent der Krone des Lebens am Ende oder nach dem Leben. Die »Krone des Lebens«, die auch in der christlichen Versagungsmythe vorkommt, ist nicht das Leben, sondern sein Ersatz, schimäres Äquivalent für das vorenthaltene irdische Leben. Herakles – von den Ideologien und Gesetzmäßigkeiten des Patriarchats durchdrungen – wählt das Fräulein mit der Krone. Sein Leben wird daraufhin Zeugnis gräßlicher Dienerschaft. Unablässig verlangt der väterliche Herrscher Eurystheus von ihm die Tilgung unbekannter Gewalten.

Die Sage von Herakles wird oft mißbraucht, um Angst vor der angeblich immer noch übermächtigen, vom Menschen nicht beherrschbaren Natur einzuflößen. Die Schrecknisse, die Herakles überwinden muß, sind keine Symbole von Naturgewalten, sondern weit außerhalb des menschlichen Gesichtskreises liegende aufgeblähte Horrorereignisse. Die Sage entlarvt das entfremdete Forschen und Überwinden, das alles männliche Tun kennzeichnet. Aus unbewältigtem Verhalten zwischen Personen wird der Mann weit über das Ziel hinaus an Sachen zerschlissen, deren Bewältigung nicht der Seligkeit des Lebens dient, sondern es zerreibt. Um das Ausmaß an Forschen und Wissen zu legitimieren, das der Mann unternimmt und verlangt, wird Natur zum bösen Popanz gemacht, der in Atem halten soll, anstatt daß sie in *der* Wirklichkeit belassen wird, in der sie zu bewältigen ist. Die heute verpestete Umwelt zeigt, daß der Mann Natur nicht friedlich, sondern feindlich macht. Die böse gemachte Umwelt spiegelt die zur Feindseligkeit aufgebaute Psychostruktur des Mannes.

Die Aufgaben werden dem Herakles ganz außerhalb aller Notwendigkeit erstellt. Weder Schutz der Gemeinschaft, noch Ich-Erfüllung wird die Krone des Sieges sein. Genugtuung der Väter heimst Herkales ein, mehr nicht, er kommt dafür in den Himmel. Aber seine Kämpfe bringen dem Kollektiv nichts ein und verwirklichen nicht die Person des Helden. Die zwölf Taten des Herakles sind erste Zeugnisse von entfremdeter Arbeit, noch im schicken Grusel des Abenteuers verpackt und vom Schein der Erlösung umstrahlt. Der Verpuffungseffekt der herakleischen Kräfte ist bisher verschleiert worden. Ein gewaltiger Sohn soll hier abgedrängt und benutzt werden, um seine Kräfte nicht gegen die Väter wenden zu können. Man baut ihm überall Ersatzväter auf, die, so schrecklich sie aussehen, gegenüber den echten nur den Schauer von Papiertigern auslösen. Die Gestalt des Herakles umgibt etwas Irres. Er kämpft den vergeblichen Kampf eines Manipulierten. Aus der Sinnlichkeit schöpft dieser Mann sein Leben nicht mehr. In den Genuß eigener voller Vatermacht gelangt er nie. Er ist patriarchalisch schon so durchkonstruiert, daß er in einem Anfall von Wut über eine eigene Angelegenheit seine Kinder tötet, »aus Versehen« formuliert die Sage bemäntelnd.

Herakles leitet seinen eigenen Tod ein, weil er seine Ehefrau Deianera so vermütterlicht hat, daß er sie in Lust mit einem anderen Mann nicht ertragen kann. Als der Kentaur Nessos Deianera über den Fluß trägt und dabei mit ihr zu turteln anfängt, kreischt die Frau. Der sich gehörnt fühlende Herakles jagt Nessos seinen Speer tödlich in den Leib. Von dem Blut – so rät der Sterbende der Spröden – soll sie sich ein paar Tropfen bewahren und dem Helden ins Hemd einträncken, wenn sie an seiner Treue zweifelt. Das geschieht bald: Herakles kommt von einem Kampf zusammen mit einer jungen Sklavin nach Hause. Das Hemd – von Deianera mit dem Kentaurenblut betupft – wird, kaum übergezogen, dem Unbesiegbaren zur brennenden Haut, die ihn langsam zu Tode schmilzt.

Herakles stirbt an der zum Besitzverhältnis gewordenen Liebe zwischen Mann und Frau. Der Muff ehelicher Eifersucht steht in ergreifendem Zusammenhang zum Mummenschanz seiner aufgeriebenen Talente. Das Schöpferische nicht mehr autonom, sondern unter dem Zwang von Direktiven verbraucht, das Erotische zum brennenden Korsett geschmolzen, das ist die traurige Geschichte von Herakles. Man merkt diesem Helden noch an, wie der autonome und erotische Mann gewesen sein muß, ehe er paternistischer Herrschaft unterstellt wurde. Zugleich enthüllt seine Wakkerkeit die Blässe der Reflexion, mit der sich männliches

Leben blindlings in Gefahren stürzt, anstatt die *Voraussetzungen* des anempfohlenen Sturzes zu prüfen und das Konzept des Mordes zu begreifen, aus dem heldisches Wagnis immer wieder geboten wird. Herakles symbolisiert den Mann als Bewältiger entfremdeter Probleme, der in dieser Rolle menschliches Leben nicht nur nicht seliger macht, sondern auch seine Selbstzerstörung vorantreibt.

Orpheus dichtet, singt und philosophiert, verliert dabei die Frau und sein Leben, steht ganz unter dem patriarchalischen Zwang, die Sachbetätigung ohne die Frau vornehmen zu sollen. Seine Kraft liegt nicht in seinen Muskeln und seiner technischen Kombinationsfähigkeit. Sie ist das Raffinement seiner Sinnlichkeit, in Sprache und Gesang ihm von den Lippen fließend, daß sich die Widerstände von selbst aufheben. Orpheus tut, was der patriarchalische Mann soll, er nimmt ein Eheweib, das aber unmittelbar nach der Hochzeit stirbt. Er kann nicht heftig auf Weibliches gewappnet gewesen sein, wenn er seine Frau so eilig sich abhanden kommen läßt. Folgerichtig lastet Ovid in seinen Metamorphosen dem Orpheus den Tod der Gattin an. Orpheus hätte sich zuviel mit sich selbst und seiner Kunst befaßt und seine Frau dabei vernachlässigt. Der Römer berührt vorsichtig das Problem, das sich in der Orpheussage verbirgt: die Geschichte des Verlustes der Frau als ernstzunehmender Partnerin männlicher Beschäftigungen, sowohl seines Liebens als auch seines Arbeitens.

Mit dem Tod und der vorübergehenden Rettung der Eurydice soll auf die angeblich den Mann schwächende Sinnlichkeit der Frau angespielt werden. Eurydice wird von einem Schlangenbiß in die Ferse hinweggerafft. Die Ferse ist im Altertum das Symbol des Penis. Die Schlange – im paternistischen Denken gern als Phallus verstanden – ist in Wirklichkeit Sinnbild für die weiblichen Genitalien. Eurydice stirbt unter Dekret: ihre Sinnlichkeit wird ihr – hier durch einen Zwischenfall verschleiert – als Verhängnis umgebildet. Eine Frau, die an der sexuellen Beschäftigung mit dem Mann interessiert ist und den dadurch nur von seinen patriarchalischen Aufgaben ablenken würde, verdient den Tod. Eine Frau, die in ihrer Scheide (Schlange) den Penis des Mannes (Ferse) festhalten will, stirbt an sich selbst, an ihrem zu patriarchalischen Doktrinen nicht passenden Verhalten.

Orpheus rebelliert vorübergehend. Er will ohne Frau nicht sein, trotzt von den Vätern eine Ausnahme ab. Ein »Ja« wird möglich, die Rettung aus der Unterwelt erlaubt. Orpheus darf Eurydice aber während des Rettungsaktes nicht ansehen. Erst auf der Erde darf er sich ihr wieder zuwenden. Die Sache mißlingt. Orpheus kann nicht widerstehen, Eurydice ist für immer verloren. Die Auflage entlarvt die Unmöglichkeit der scheinbar gewährten Ausnahme. Ansehen und Erkennen bedeutet in allen alten Vorstellungen Lieben. Das soll Orpheus nicht während der Prozedur der Rettung. Die sogenannte Rettung ist die Zurichtung der Frau für ihre angepaßte sinnentledigte Rolle im Patriarchat, funktionsbegrenzte Dienerin des mit sich und den Dingen beschäftigten Mannes zu sein. Wenn der Mann sich nicht enthalten, wenn er der Frau die Triebe nicht abschlagen kann, entfällt sie ihm ganz. Die Unterwelt ist hier nicht ein Abstellraum gewesener Leiber, sondern Repräsentanz des unbewußten Trieblebens. Es paßt nicht in das patriarchalische Konzept, daß Mann und Frau sich unterdrückungslos zueinander verhalten. Die dem Mann verlorene Partnerin darf er nur als Figur, das heißt als patriarchalischen Bestimmungen Ausgelieferte wiedererlangen. Eurydice aber will das Spezifische des orphischen Tuns erfahren und sich nicht Doktrinen beugen. Ohne die Erkenntnisgabe des Orpheus, ohne seine Liebe, ohne das Wissen, daß sie als Subjekt gemeint ist und nicht als Objekt benutzt wird, will sie nicht in die Welt der patriarchalischen Gesetze zurück. Sie soll dem Mann blind vertrauen. Die Erfüllung dieses Gebotes hat die Frau im Laufe des Patriarchats zu Tode gebracht. Eurydice weigert sich noch. Sie kann dem Mann nicht vertrauen, wenn sie ihn nicht begreifen, sein Tun nicht überprüfen darf. Der Kampf zwischen Orpheus und Eurydice um den Blick des Orpheus ist die Auseinandersetzung des patriarchalisch gewordenen Charakters des Mannes mit dem Verhalten einer den patriarchalischen Gesetzen noch nicht unterworfenen Frau. Der Mann ringt um die Funktion, den Auftrag, das Ergebnis, das er losgelöst aus allen Zusammenhängen erreichen will. Die Frau ringt um die Person, das Wesen, den Zusammenhang eines Vorgangs, den sie nicht sehen kann, wenn sie ihm erkenntnislos gehorchend folgen soll.

Orpheus gibt der Frau seinen Blick. Die Väter wissen, daß ihre Zwänge aufhebbar sind. Deswegen müssen sie sie tiefer und tiefer in das Individuum hineinverlegen, wollen sie der immer absoluter werdenden Wirkung ihrer Gebote sicher sein. »Über-Ich« ist die wissenschaftliche Umschreibung der totalen Präsenz der Väter in den Seelen der Söhne.

Der große Moment des Orpheus ist sein verzweifelter Versuch, sich dem Dekret zu widersetzen, die Frau wieder als Subjekt an den Prozessen teilnehmen zu lassen, ihr nicht die willenlose Ergebenheit in die Führung des Mannes zuzumuten. Das ist verboten und wird mit vollkommenem Entzug der Frau bestraft. Orpheus liebt nach der Entreißung von Eurydice keine Frau mehr, weil er weiß, daß er mit ihr seine Triebe, sein Tun und seine Gedanken nicht mehr teilen darf. Durch seine Knabenliebe, der er verfällt, entlarvt er das onanistisch-homosexuelle Prinzip, das den Mann im Patriarchat prägt.

Orpheus ist der erste vollausgebildete patriarchalische Mann, der Frauen nicht mehr lieben kann. Bilde sich keine Frau ein, die auf der Funktionsskala zwischen den Enden Mutter und Hure sitzt, daß sie vom patriarchalischen Mann noch geliebt wird. Besitzen und Benutzen widerfahren ihr. Der Mann ist Päderast geworden. Der griechische Mann durfte seine Lust hier noch austragen, der christliche muß seine Päderastie ins System einbringen oder vollzugsblokkiert an seinem Sohn ablassen.

In Orpheus kündigt sich das narzistische Produktionsverfahren an, mit dem der Mann nunmehr seine patriarchalische Kultur aufbaut. Die Frau ist der Kultur verloren gegangen.

Verloren ist dem Mann das Bild, der Geist der Frau. Wenn er in ihren Augen Rätsel zu finden meint, so trifft er auf die Spuren dieses Geistes, dessen verkrüppelte Existenz sich ihm zur ewigen Sphinx verschließt. Die patriarchalisch gezeichneten Exemplare des weiblichen Geschlechts können für sich ein substanzielles Interesse des Mannes nicht mehr beanspruchen, auch sein Interesse an Dingen und Männern nicht mehr begleiten, geschweige denn ihn zur Korrespondenz mit *ihren* Interessen bewegen. Auf die Frau fallen nur noch Späne von der Konzentration auf anderes ab, der Mann leistet sich ihr gegenüber bisweilen den Luxus der Anbetung, Spiegelung seines Grundverhaltens der Verachtung alles Weiblichen.

Philosophieren, konstruieren, lehren, forschen, entdecken, dichten und musizieren sind nun der kunstreiche Überbau zu seinen Grundsatztätigkeiten bauen, versorgen, kriegführen.

Die kurioseste männliche Beschäftigung ist die abendländische Musik gewesen. Vereinzelt haben Frauen kulturerheblich gedacht, gedichtet, entdeckt, gebaut, versorgt und zerstört. Aber die verfängliche Glückseligkeit, die in dieser

Musik verborgen ist, gebiert nur die erotische Zerrissenheit des patriarchalischen Mannes. Durch die Musik hat er sich eine Geliebte aus Aura geschaffen. Die Suche nach der Frau ist abgeschlossen, wenn das Weibliche in die raffinierte Lust von Tönen umgewandelt wird.

Herakles und Orpheus erinnern bei ihren Taten an Leben, bevor es patriarchalisch gestutzt worden ist. Sie erleben Grenzsituationen, sie versuchen, sich nicht zu fügen und demonstrieren in ihrer Wehr ihr Ausgeliefertsein an das absolut mächtige patriarchalische Prinzip. Im ganzen griechischen Mythos tobt noch der Kampf, ist das patriarchalische Gefüge nicht gesichert. Noch weiter sind die ägyptischen, persischen, indischen und germanischen Kulturen von einer totalen Patriarchalisierung entfernt. Erst die jüdisch-christliche Mythe hat das Vaterprinzip zum allein herrschenden machen können. Helden, das heißt sich aufbäumende Söhne, gibt es nicht mehr. Es gibt eine Kette von Propheten, die mit ihren Weissagungen die Netze ihrer Väterlichkeit über Generationen von Nachfahren werfen. Lebendige Macht über Familie und Volk genügt nicht mehr. Die Söhne sind jetzt dem väterlichen Wollen total ausgeliefert.

Die patriarchalisch funktionsfähigsten Söhne sind Adam, Kain und Jesus. Die Vatergebundenheit spitzt sich von einem zum anderen weiter zu. Adam ist, ähnlich wie Orpheus, noch nicht davon zu überzeugen, daß das weibliche Prinzip schädlich sein soll. Er läßt sich aber für seine dem Gebot trotzende Zuwendung zur Frau die Existenzgrundlage streitig machen, anstatt den Vater für sein rigides Ansinnen, auf Sinnlichkeit und Erkenntnis zu verzichten, umzubringen, wie es bei solcher Gewaltausübung als Notwehr geboten gewesen wäre. Der Vertreibungsmythos zeigt den Sohn schon im Zustand des zerfließenden Selbstgefühls.

Kain und Jesus sind vom Aufbau des Mythos her nur noch Werkzeug des Vaters. Kain überträgt die gespannte Vater-Sohn-Situation auf den Bruder, er führt den Umschaltmechanismus bei der Sohnesaggression vor. Der Vater löst den Mechanismus durch Ungerechtigkeit aus. Die erlittene Unbill reagiert Kain nicht an Gott, sondern am Bruder ab. Kain ist Bauer, Abel Hirte, beide opfern die Früchte ihrer Arbeit. »Und der Herr sah gnädig an Abel und sein Opfer, aber Kain sah er nicht gnädig an. Da ergrimmte Kain sehr und seine Gebärde verstellte sich ... und es begab sich, da sie auf dem Felde waren, erhob sich Kain wider seinen Bruder Abel und schlug ihn tot.« Kain ist eifersüchtig auf die größere Aufmerksamkeit, die der Vater seinem Bruder zuteil werden läßt, außerdem ärgert ihn die Willkür des Vaters, sein Opfer nicht mit der üblichen Reverenz zu beachten. Der Vater ist zu stark, als daß Kain die erlittene Unbill an ihm abgelten könnte. Der Bruder ist schwächer und vom Tötungsverbot nicht betroffen. Der Vater scheint die Zusammenhänge genau zu durchschauen und ist nach dem Brudermord nur begrenzt und vorübergehend böse. Außer Vertreibung und Herumhetze, die seine grundsätzlichen Mittel sind, Sohnesleben in Schach zu halten, tut er ihm keine Vergeltung an, versichert ihn sogar seines besonderen Schutzes und der vielfältigen Rache über alle, die Kain ein Leid zufügen sollten. Das Vergehen Kains ist nicht der Brudermord, den hat der Vater ja selbst provoziert, es ist das selbständige und spontane Tun, das Ärger schafft.

Das gesamte Patriarchat hält sich mit diesem Kainsmechanismus am Leben, indem die von den Vätern produzierte Aggressivität der Söhne auf deren Brüder gehetzt wird. Der Krieg, in dem diese Umlenkung kaserniert wird, ist eine gewaltige libidinöse Prozedur der Väter. Die Rekrutierung der Söhne ermöglicht ihnen lustvolle Beschäftigung mit den Körpern der Exerzierenden, die Verfolgung der gegenseitigen Abschlachtung der Jungen stimuliert nicht minder ihre Homosexualität. Zugleich beruhigt sie der Aderlaß der Söhne, die – am Leben geblieben – keine Kräfte mehr haben, das Väterliche zu zerschlagen.

Auch der griechische Mythos ist voll von sich kaputtmachenden Brüdern, deren Tun nicht anders einzusehen ist, als daß sie sich um Land und Frauen streiten, die sie gemeinsam haben könnten. Die Söhne und Ursöhne des Tantalos zerschlagen sich, die Söhne des Ödipus zermalmen sich, Großvater und Großonkel des Perseus stehen ihr Leben lang Messer bei Messer.

Der Mythos von Christus ist das Irritierendste, was eine patriarchalische Gesinnung hervorgebracht hat. Christus trug oder erneuerte ein Patriarchat, das die gewalttätigsten Ausfälle gegen menschliches und jetzt an seinem Ende gegen jegliches Leben vollführt.

Wer Jesus von Nazareth war, ist hier nicht wichtig. Wahrscheinlich war er ein zentraler *Antipode* zur gesellschaftlichen Vaterstruktur, lebte in Frieden mit Brüdern und nicht gegen sie. Neueste Forschungen bestreiten seine in der Bibel behauptete Sterilität und Ehelosigkeit. Schon das biblische Kapitel mit der Ehebrecherin und die Hinweise auf ihm nachfolgende Frauen lassen bezweifeln, ob er vom homosexuellen Konzept des Patriarchats durchdrungen war. Die in paternistischem Bewußtsein zweifelsfrei gefestigten Evangelisten haben die kollektiv-*hetero*erotischen Situationen, in denen Jesus gelebt hat, zugunsten der homoerotischen verkürzt oder unterschlagen. Wichtig ist die Betrachtung der Religion, die aus seinem Leben und vor allem aus seinem Tod gemacht worden ist. Sie ist der Gipfel patriarchalischer Perversion. Mit ihr wurde in unüberbotener Bravour menschliches Leben im Sinne des Vaterkonzeptes reglementiert. Dieses Konzept, das sich im christlichen Mythos spiegelt, heißt: Herrschaft älterer Männer über jüngere Männer und alle Frauen, Desexualisierung des Lebens, völlige sachliche Kompetenzlosigkeit der Frau, Schwächung des Sohnes, Aufhebung der Vater-Sohn-Gegensätze, Zerstörung aller vom Patriarchat nicht brauchbaren Sohneskräfte im Gegeneinander der Brüder und der Geschlechter. Das Spektakel beginnt mit einem allmächtigen und doch beleidigten Vater. Alle Kinder haben sich versündigt, das bedeutet, sie kommen nie ganz nach mit der Erfüllung patriarchalischer Gebote.

Vater Freud half im 20. Jahrhundert mit seiner psychoanalytischen Konstruktion vom Vatermord nach: Der Jesustod sei endlich die Sühne für den vor 500 000 Jahren nach Freuds Ansicht vorgefallenen Vatermord.

Diese Version widerspricht der *Einheit,* in der Gottvater und Sohn schon von Anfang an verschmolzen waren und sich nur für die Parade des Sohnestodes getrennt haben. Der Mythos erklärt Jesus so: Gott sei in Gestalt des Sohnes auf die Erde gekommen, um den Menschen zu verzeihen, daß sie ihm fortwährend nicht gehorchen. Interpretiert man das patriarchalische Interesse, das hinter dem Mythos steht, so sollen die Unterdrückten mit dem Trick des Gottopferungsaktes noch gefügiger gemacht werden, sich patriarchalisch konform zu verhalten, als sie es schon tun. Erlösung ist nicht mehr eine Folge, sondern eine Voraussetzung geworden, die nicht mehr nur errungen werden muß, sondern einfach entfällt, wenn die Betroffenen unangepaßt sind. Leben als Verscherzung von etwas, das schon empfangen worden ist, kann viel besser in den Takt geklopft werden, in den es kommen soll. Die Unterdrückten haben jetzt Seligkeit unverdient als Vorleistung erhalten, für die sie moralisch verpflichtet sind, mit patriarchalischer Gefügigkeit *gegenzuleisten.*

Der alte alleinstehende jüdische Gott war ein Reagierender, Vergeltender. Dort maß sich, wie das Buch Hiob lehrt, die Stärke des vorgegeben allmächtigen Vaters an dem Selbstbewußtsein des Sohnes. Der Vater stand vor ihm, nicht schon hinter ihm. Das Einschüchterungsmoment der Vorleistung, das den christlichen Gott kennzeichnet, beschämt und hemmt den Menschen über alle Maßen, macht ihm echte Emanzipation von dieser Religion fast unmöglich.

Die paradiesische Vereinigung von Vater und Sohn – die schauerlichste Blüte paternistischer Homosexualität – geschieht nicht durch Absterben des Väterlichen, was einem Naturprozeß ähnelte, weil es das Ältere ist, sondern durch Opferung des Sohnes. Um mit dem Vater eins zu werden, muß der Sohn *sterben*, so will es das Vaterverständnis vom Fortgang des Lebens. Das patriarchalische Gesellschaftssystem kann nur dann unumstößlich werden, wenn das Prinzip des jungen Mannes, der immer aufs Neue sich dem Zwang der Verväterlichung widersetzen will, in einer Gottheit verewigt zu Tode kommt. Mit dem im Kult ständig reproduzierten Tod des Jungen zelebriert das Patriarchat die Unmöglichkeit seiner gesellschaftlichen Beseitigung.

Künstler haben dem universalen Widersinn, der sich im christlichen Mythos spiegelt, in ihren Arbeiten Ausdruck gegeben. In seinem Allerheiligenbild läßt Dürer den erlösten Jesus im Himmel und Schoß des Vaters immer noch ans Kreuz geschlagen bleiben. Corinth zeigt in seinem Stich »Kreuzabnahme« einen Jesus, der von der Mutter schon getragen, die Arme immer noch nicht zusammenschließen kann. Vom Kreuz kommt der Sohn nicht mehr herunter, wenn er sich erst einmal dem Vater zu Willen gezeigt hat.

Schon lange verflüchtigt sich die christliche Religion, das unter ihr ruhende Gewaltverhältnis aber ist bestehen geblieben.

Das Jüngere hat fort und fort durch Absterben im Älteren einzumünden. Dieser Vorgang ist das Prinzip des Patriarchats. Es lebt weit jenseits familiärer Vater-Sohn-Problematik gesellschaftlich von »Ewigkeit zu Ewigkeit«.

Das Weibliche wurde im christlichen Mythos ganz im Mütterlichen ertränkt; nicht genug damit wurde die sexuelle Voraussetzung, die Weibliches zum Mütterlichen macht, die Vater-Mutter-*Geschlechts*beziehung, aus dem Konzept der Gottheit gestrichen. Die Mutter Maria hat nicht mal mehr einen *väterlichen* Penis kennenlernen dürfen. Der Sohn kann ohne rivalisierenden Ärger im Schoß des Vaters landen. Der Vater ist keine Sextotalität mehr wie der griechische Zeus, das entkrampft die Beziehung zum Sohn. Beide wollen sie keine Frau haben und haben auch keine mehr. Weil Gottvater geschlechtlich nicht ist, mußte ihm eine menschliche Frau geschlechtslos einen Sohn gebären. In Maria spiegelt sich die Funktion der Frau, die sie im christlichen Patriarchat noch stärker reduziert als sie es im griechisch-römischen war. Sie ist nur noch Gebärerin von Söhnen, die dem Vater gehören und ihm hörig sind.

Die Zumutung, in einer Kultur zu stehen, die die Frau nicht kennt, ist so allgegenwärtig, daß über sie nicht mehr nachgedacht wird. In manchen Phasen seiner Herrschaft konnte der Mann die Frau ganz gut seinem Geschlecht nutzbar machen. Das gab einigen Vertreterinnen der Frauen Positionen, die gesellschaftlich denen der Männer ähnelten. Sie waren Königinnen und Mätressen. Die Frau ließ sich in einigen Epochen nicht auch noch die Geschlechtslosigkeit gefallen, die vom Mythos ihr zudiktiert wurde. Königinnen und Liebesdamen, erotische Brisanz in einigen Verhältnissen täuschen aber nicht darüber hinweg, daß das Konzept der Gesellschaft den Mann dem Väterlichen verpflichtet und ihn vom Weiblichen und Brüderlichen entfremdet hat. Der patriarchalisch gewordene Mann von Tukydides bis

Nietzsche hielt der Frau gegenüber den Atem an oder die Nase zu.

Die Repräsentanten der Söhne sind auf dem Höhepunkt christlicher Kultur, die matten Jünglinge ohne Heldenglanz: Juan, Carlos und Hamlet. Juan hat den männlichen Geist Jahrhunderte vollauf beschäftigt, Hamlet versetzt ihn in Spannung, und den Carlos kennt er nicht.

Juan schwankt in der männlichen Vorstellung vom Wollüstling – der sein ganzes Leben entgegen der patriarchalischen Doktrin auf Frauen eingestellt hat –, bis zum Kranken, der von einer Frau zur anderen jagen muß, weil ihm jede, mit der er schläft, entmuttert wird. Lieben kann er nur seine eigene unerreichbare Mutter, die Geschlechtsgenossin sinkt sofort zur Hure hinab, die Verehrung nicht mehr verdient. An Don Juan irritiert den Mann die Verknüpfung von Voraussetzungen und Folgen. Begleitet er die Voraussetzungen mit Genugtuung – die Verachtung Juans für Frauen, die ihm geschlechtlich nachgeben –, so erschrickt er über die Folgen fürchterlich, weil die an altes Lustverhalten der Söhne erinnern, das das Patriarchat noch immer zu eliminieren sucht: Deswegen muß ein solcher Mann schließlich der Hölle überantwortet werden. In Mozarts »Don Giovanni« wird Juans Tun massiv mit einer direkten Vatertötung ins Böse transponiert. Don Juan geht zuweit. Die Söhne sollen nicht so exemplifizieren, wie sie aufs Mütterliche ausgerichtet sind, und schon gar nicht probieren, sich daraus zu befreien. Die Vatertötung, die hier indirekt durch die immerwährende, wenn auch verirrte Beschäftigung des Sohnes mit der Frau bewirkt wird, zahlt die Gesellschaft dem Bösewicht heim, Juan wird nicht gejagt, weil er Frauen schändet – ob er das tut, ist zweifelhaft –, sondern weil er zu offensichtlich das Gebot der Monogamie übertritt.

Das Schicksal des Don Carlos ist zu deprimierend und zu

klar, als daß der Mann sich so deutlich sagen ließe, wie es um ihn steht. Die Geliebte wird Carlos zur Mutter gemacht, nicht umgekehrt. Der Mann weiß nicht, daß das ein Leid ist. Deshalb versteht er das Leid des Carlos nicht oder er interpretiert es in den bekannten Ödipusmechanismus falsch hinein.

Don Carlos liebt ja die durchaus seinem Alter entsprechende Elisabeth von Valois, die er von klein auf kennt. »Aus Staatsraison«, wie es in den Büchern heißt, heiratet aber Philip sie, der Vater Carlos'. Der Vater macht dem Sohn die Geliebte zur Mutter. So funktioniert die grundsätzliche Triebzurichtung der männlichen Libido. Im Fall des Carlos ist das so überzeugend, und die Allgemeinheit des männlichen Schicksals verdeutlichend, daß es bisher übersehen wurde, obwohl zwei hervorragende Künstler – Schiller und Verdi – den Stoff aus der sich verflüchtigenden Geschichte in das Beispielhafte eines Symptoms gerettet haben. Carlos darf nichts, weder die ersehnte Frau lieben, noch politisch aktiv arbeiten. Besonders bedrohlich ist es für das Patriarchat, wieweit er den Marquis Posa liebt. Ein Mann, der das Brüderliche nicht vernichtet, sondern mit ihm vereint Befreiung der Völker und seiner selbst plant, hat irrsinnig zu werden. Noch sicherer ist es, ihn umzubringen. Carlos – das ist der klägliche, neuzeitliche Versuch, sich noch einmal heldisch gegen das Patriarchat zu wehren. Taten kann er nicht mehr vollführen. Er kann das Neue und Widersetzende nur noch denken und ersehnen. Seine Liebe zur Frau *und* zum Mann und seine geplante gesellschaftsverändernde Tat sind aber ungehörig genug, um die Väter zur Liquidierung eines solchen Kopfes zu drängen. Von einer Doppelstock-Väterlichkeit umstellt, fällt er schnell. Der Vater Philip belegt die Geliebte und verhindert die politischen Aktionen in Flandern. Die katholischen Herren, die als Oberväter noch über Philip stehen, verlangen den Tod des Geliebten und sehen keine Schuld, wenn sich der Vater entschließt, auch den eigenen Sohn umbringen zu lassen.

Hamlet genießt das Schaudern des Patriarchats wieder vollauf. Jeder Mann ist patriarchalisch deformierter Sohn und läßt sich von Hamlet rühren, ohne daß er weiß warum. Das Drama kündigt das Ende an, und das hat der Mann gern, denn einen Ausweg aus seinem Dilemma findet er nicht mehr. So wie er ist, kann er nur noch untergehen. Das tut er lieber als sich zu verändern. Hamlet ist in seinem originalen Ödipuskomplex ganz konfus. Der Vater, den er in Wirklichkeit töten möchte, ist schon tot. Er muß sich statt dessen mit ihm im Rachebündnis gegen die Mutter vermählen. Will Hamlet rächen, merkt er, daß er sich gegen sich selbst verhalten muß, denn *er* will bei der Mutter sein. Das muß er verdrängen und die Mutter als Hure verhöhnen, weil sie einen neuen Mann liebt. Hamlet wälzt Mutterwünsche und -verachtungen auf die junge Ophelia. Am Schluß tötet er alle mit sich selbst. So wird es der Mann in der heutigen Wirklichkeit ebenfalls machen. Seine Kräfte laufen ihm auseinander. Für alles ist er stark, aber seine Kräfte wieder zu klären und zu ordnen, dafür ist er zu schwach. Die Anzeichen sprechen dafür, daß er sich wie Hamlet aus dem Kollaps seiner Kräfte und Wünsche heraus*reißen* will und dabei alle um sich herum töten wird.

Der Mann wird heute nicht weniger zur Vatergefolgschaft zubereitet als früher. Abenteuerfilme für Jungen und Männerfilme für Männer zeigen Männer und Knaben im Verband, die die Welt nur vom Vater-Sohn-Verhältnis her behandeln. »Western« und »Krimis« strotzen von homosexuellen Effekten. »Billy the Kid« tanzt einmal auf einer fremden Hochzeit mit einer Zehnjährigen. Er hält dabei seine und ihre Arme in Ringelreihe-Manier weit ab von beiden Körpern. Eine erwachsene Frau rennt ihm nach, für die er nichts übrig hat, ansonsten ist er für und gegen Männer und sehr für sich selbst.

»Tarzan«, die Wagenschmiere des heranwachsenden Knabenunbewußten, hat einen Sohn und als weibliche Begleiterin eine Äffin. Sein Körper ist mit einer Tinktur überzogen, die ihn unerotisch glitzern läßt. Tarzan ist nur scheinbar ein Held. Er lebt ohne Trieb und ohne Aggression. Er vereint in sich alle guten Eigenschaften, die ein Mann haben kann. Er ist gut, klug, schön, schlau, scharfsinnig, gütig, schnell, nachsichtig, vorausschauend, immer gegenwärtig, wenn er gebraucht wird, immer zum Kampfe bereit. Er ist Betreuer, Beschützer, Bewahrer. Er ist die leibgewordene Konzentration väterlichen Wunschdenkens von sich selbst. Tarzan ist die verlogene Darstellung eines *Vaters*. Manchmal verirrt sich eine Frau zu ihm, die mit allem Makel des Törichten einer Zivilisationsschnepfe seinen starken Arm begehrt, den sie immer erhält. Sein Geschlecht bekommt sie dafür nie. Sollte sie das wollen, wäre sie gerichtet, hier ist doch der Vater mit dem Sohn ...

Die Frau verstand nicht, warum sie vor der »Love-story« weinte und welche Freudentränen der Mann neben ihr vergoß.

»Hallo«, Jennifer, du mußt sterben, du mußt es immer wieder. Erst kannst du ein bißchen schön tun und das Vater-Sohn-Konzept durcheinanderbringen, dann mußt du beiseite, entweder ins Haus oder in die Fabrik oder abkratzen. Wollüstig schluchzt sich das Patriarchat seine (deine?) story-»Love« zu und weiß, du erkennst den tödlichen Hinterhalt deiner Geschichte nicht.

Im Tremolo der Trauergesänge für Jennifer brechen sich noch einmal die alten und immer neuen Qualen des gefolterten Geschlechts. Die Söhne bluten dabei längst nicht mehr.

»He«, Oliver, wie du tapfer bist und erst – nein erstmalig in deinem Leben – weinst, wenn dich die Schultern deines Vaters umschließen. Dein Schöpfer Segal weiß genau, wie die Geschichte funktioniert: Wenn der Sohn sein Verlangen nach Geschlecht und gesellschaftlicher Veränderung abtötet, darf er heute blutlos im Schoß des Vaters landen.

Gewalt soll nicht mehr bluten, die Väter mühen sich um diesen Fortschritt.

Der Mann als Zerstörer der Frau
Der Geist ohne das weibliche Fleisch

> *»Gesicht und Genitalien dachte ich
> mir als korrespondierende Pole des
> weiblichen Geschlechts, meine Ge-
> danken zeigten mir bei weinenden
> Mädchen eine mitweinende Scham.«*
> *Der zwölfjährige Paul Klee
> in seinen »Tagebüchern«*

Der Mann, der herrscht, ist ein verunstalteter Mensch. Die
Frau, die vom Mann beherrscht wird, ist ebenso verunstaltet wie er. Verschieden sind nur die deformierten Verhaltensweisen von Mann und Frau. Auch die Prozedur ist verschieden, mit der das Patriarchat die Geschlechter in ihre
verzerrten Charaktere des herrschenden Mannes und des
ihm unterworfenen Weibes hineintreibt. Die Frau verdient
das Attribut »patriarchalisch«, weil sie wie der Mann vom
Patriarchat gezeichnet ist. Patriarchalisch ist ihr geschlechtlicher und ihr geistiger Zustand, in den sie von der Gesellschaft gezwungen wird und der ihr so fremd ist wie eine
zu kleine, über den Leib gezogene Gummihaut. Die Frau
kann sich in diesem Zustand nicht bewegen, nicht entfalten
und nicht erkennen. Langsam begreift sie, wie patriarchalisch sie ist, ohne zu wissen, wie anders »sie sein oder
gewesen sein kann«, wie Germaine Greer es am Anfang
ihres Buches »Der weibliche Eunuch« formuliert.
Die Frau ist von einem Leid verunstaltet, das wächst, je
mehr sie sich selbst ansieht, ohne sich daraus befreien zu
können. Ihr Leid wird eine Schärfe erreichen, die mit dem
Leid des unterdrückten Mannes, der es immer in Kultur
umsetzen konnte, nicht zu vergleichen ist. Denn die patriarchalische Kultur ist so maskulin bestimmt, daß die Frau

sich in ihr nicht ausdrücken kann, es sei denn, sie kopiert die männlichen Ausdrucksmittel oder Verhaltensweisen. Das will die ihrer Situation bewußt werdende Frau heute gerade vermeiden. Die Frau ist nicht nur von der Kultur ausgeschlossen, sondern auch in das vom patriarchalischen Verständnis des Mannes her geprägte Bild vom Menschen schwer einzuordnen. Der Mensch ist eine Summe aus Geist und Geschlecht. Die Frau ist im Patriarchat zur Gebärerin, Kinderernährerin und Haushälterin degradiert, eingesperrt in ihre angeborenen Fähigkeiten und Instinkte. Das Ergebnis dieser Fesselung ist an ihr selbst greifbar: Spaltung ihres Geschlechts, Schwächung ihres Körpers und Verkümmerung ihres Geistes.

Mit Genugtuung kann das Patriarchat auf diesen Zustand verweisen, die Frau als Menschen geringeren Standes veranschlagen und darüber hinwegtäuschen, daß es selbst sie in diese Situation gezwungen hat.

Die Herstellung des patriarchalischen Charakters der Frau unterscheidet sich von der des Mannes, weil für ein reibungsloses Funktionieren dieser Gesellschaft die Frau sich anders verhalten muß als der Mann. Der Mann ist in die Gesellschaft einbezogen. Er muß gleichermaßen lernen, zu herrschen und sich zu unterwerfen. Sein Charakter schwankt im Pendel, das zu beiden Verhaltensweisen ausschlagen muß. Es gibt keinen herrschenden Mann, der nicht auch den Zustand des Beherrschtwerdens erfahren hat und während seiner Herrschaft gleichzeitig erdulden muß.

Für ein gutes Gedeihen des Patriarchats darf die Frau eine Anlage zu diesem Verhaltensantagonismus nicht entwickeln. Sie muß ohne Wechsel im Zustand der Unterworfenheit verharren und darf zu einem *gesellschaftlichen* Herrschaftsverhalten grundsätzlich nicht befähigt werden. Formung der patriarchalischen Frau heißt, die Frau unter einen generellen Entwicklungsstop zu setzen. Bei aller Fehlleitung der Kräfte wird dem Mann ein *Aufbau* seiner Existenz ermöglicht. Aufzucht der Frau geschieht im Patriarchat ganz klar über den *Abbau* aller ihrer Kräfte.

Gleich dem Manne übersteht die Frau die Prozedur ihrer Zurichtung nicht ohne Schäden.

Das Patriarchat erklärt die von ihm selbst verursachten weiblichen Defekte als Naturkonstanten der Frauen und behauptet, auf die scheinbar als unverrückbar angetroffenen Zustände mit Normen und Verhalten nur zu *reagieren*.

Otto Weininger philosophierte in der ersten Hälfte des 20. Jahrhunderts der Frau die geistige Existenz ab.

Von diesem Standpunkt sind die Männer der zweiten Hälfte des 20. Jahrhunderts immer noch nicht weit abgerückt. In den siebziger Jahren werden weibliche Wissenschaftler nur in Ausnahmen auf Lehrstühle berufen, und das deutsche Parlament konnte sich mehrheitlich nicht entschließen, einer Frau den Sessel des Bundesverfassungsgerichtspräsidenten zuzuweisen. Die meisten der deutschen berufstätigen Frauen fristen in Hilfsarbeitertätigkeiten ein beschämendes Dasein. Aus weiblichen Hausdienstboten des 19. Jahrhunderts wurden Industriesklaven des 20. Jahrhunderts, die zwanzig bis dreißig Prozent weniger Lohn erhalten als Männer in den gleichen Stellungen.

Sigmund Freud suspendierte die Frau von ihrer autonomen geschlechtlichen Existenz und leitete ihre sexuelle Psyche und Physis von der Sexualität des Mannes ab.

Die gegenwärtige Gesellschaft entspricht diesem Dogma, indem sie noch immer fordert, daß das Geschlechtsverhalten der Frau auf *einen* Mann bezogen sei.

In der Geschichte der Menschen ist es bisweilen gelungen, einen Glauben in Spuk aufzulösen. Das ist nicht so geschehen mit dem patriarchalischen Glauben an das »unverrückbar Weibliche«, als das »Andere«, »Böse« und für den

Mann »Unerklärliche« und »Unheimliche«. Dieser Glaube ist in Wirklichkeit unentbehrlich als Stütze der Herrschaft des Mannes über die Frau und wurde längst in politischer Praxis zur gesellschaftlichen Realität und mit wissenschaftlichen Konstruktionen zur Doktrin verfestigt.

Die Frage Freuds: »Was will das Weib?« ist angesichts der gesellschaftlichen Lähmung der Frau, von der Freud wußte, eine Lästerung. Die Frau ist in ihrer Entwicklung patriarchalisch so manipuliert worden, daß sie ein eigenes Wollen als historisch gewordenes Konzept von Selbst- und Weltverständnis nicht entwerfen konnte. Erst, wenn die patriarchalischen Sollensmaximen, die auf ihr lasten, durchschaut und aufgehoben werden, könnte die Frau sich ihre Bestimmung und ihre hypothetische Entwicklung rekonstruieren und daraus ihr Konzept von der Gesellschaft formulieren.

Je mehr die Frauen entziffern, wie sie vom männlichen Bedürfnis her in der patriarchalischen Gesellschaft sein müssen, je mehr sie begreifen, was der patriarchalische Mann aus ihnen macht, weil er sie so und nicht anders will, um so mehr werden sie sich erklären, wer sie sein oder gewesen sein können.

Bisher sind »Charakter«, »Wesen« und »Bestimmung« der Frau nicht anders zu begreifen gewesen als ein »Wolfsjunge«, der, nachdem er gefunden und in die Zivilisation zurückgebracht worden ist, stirbt, ehe er richtig laufen und reden kann, so daß wir nicht wissen, wie er hätte menschlich sein können.

Um Wesentliches über die Frau zu erfahren, kann heute noch nicht gefragt werden, was will *sie*. Statt dessen muß der Mann untersucht werden: was will *er* mit der Frau, wie *verhält* er sich zu ihr?

Die patriarchalische Gesellschaft will von der Frau, daß sie

Bestimmtes *nicht* ist und Bestimmtes *nicht* macht. Die Frau muß so werden, daß sie sich komplementär zu den Zuständen des Mannes innerhalb der paternistischen Herrschaft verhält.

1. Sie darf die personellen Interessen des Mannes nicht unterbrechen, das heißt, weder in seine latente homosexuelle Idylle eingreifen, noch sein aggressives Spannungsfeld betreten.

2. Sie darf ebensowenig die Sachinteressen des Mannes stören, vor allem keine Selbstverwirklichung durch eine sinnvolle Sachbeschäftigung anstreben.

3. Die Frau soll am Konzept der Bedrängung und Zerstörung des Menschen passiv mitwirken. Sie soll das Patriarchat regulieren helfen, was bedeutet, das Leben um sie so beschädigen, daß es patriarchalisch nutzbar ist.

Jede patriarchalische Gesellschaft vergewaltigt zu einem Teil oder im ganzen die Existenz der Frau, um sie ihren Zielen nutzbar zu machen. Keine von Männern gemachten Revolutionen haben bisher diese Unterdrückung der Hälfte der Menschheit aufgehoben.

Die Beschränkung der Frau, die am augenfälligsten im geistigen Bereich ist, wird durch die Zurichtung ihres Geschlechts vollzogen. Die Beschränkung des Geschlechts ermöglicht alle anderen Beschränkungen. Wer das Geschlecht unter Verfahrenszwang setzen kann, hat die gesamte Person unter seiner Kontrolle.

Auch die Zurichtung der patriarchalischen Frau ist wie die des Mannes zu einem Komplex zusammenzufassen. Freud hat den psycho-sexuellen Zustand der Frau mit dem Begriff »Penisneid« umschrieben. Wie beim Ödipuskomplex des Mannes hat er über psychoanalytische Studien bei der Frau ein Verhaltenssyndrom entziffert, dem er patriarchalisch rationalisierte Deutungen gab und es aus den gesellschaftlichen Bezügen riß, in die es gehört, aus denen es sich erst ergibt.

71

Der dem Ödipuskomplex des Mannes gegenüberstehende Kastrationskomplex der Frau ist nicht Hirngespinst eines Einzelnen, sondern Konzept des gesamten Patriarchats, die weibliche Sexualität zu verunstalten, dem die Mehrzahl der Frauen erliegt.

Der »Kastrationskomplex« ist ein Zerrspiegel von Fakten, die in der Interpretation des patriarchalisch gewordenen Geistes von Sigmund Freud noch weiter entstellt, zu Gesetzmäßigkeiten gemacht werden, die die vom Manne manipulierte Sexualität der Frau als unverrückbaren Zustand besiegeln sollen.

Freud baut die psychoanalytische Konstruktion des weiblichen Komplexes auf seinem Dogma der penislosen und daher kastrierten Frau auf. Er ortet die Sexualität, sogar die Genitalität allein in den Penis des Mannes. Da die Frau einen Penis nicht hat, ist sie nach Freud ohne Geschlecht. Mit dieser ihr als mangelhaft indoktrinierten Physis läßt Freud die Frau die aussichtslose Jagd nach dem Penis des Mannes antreten. Ihr erstes Trauma sei die Entdeckung in der »phallischen« Phase – ungefähr vom fünften Lebensjahr an –, daß der Junge einen Penis hat und sie keinen. Aus dem Eindruck der genitalen Verschiedenheit zwischen Mann und Frau kombiniere das Mädchen für sich einen Verlust. Nach der Festlegung solcher Voraussetzungen der weiblichen Psychophysis komplimentiert Freuds männliche Logik das Weibliche in ein Labyrinth von Unlogik, das den Begriff »Entwicklung« nicht mehr verdienen kann. Trotz des angeblichen Wissens der Frau um den Verlust des Penis setze sie alles daran, ihn (wieder) zu erlangen. Sie spekuliere auf ein nachträgliches Ankleben oder Anheften. Da die Mutter erste Lustspenderin auch für das Mädchen ist, werde sie in dieser prekären Angelegenheit als erste bemüht. Die Mutter soll dem Mädchen den Penis zurückerstatten, den sie – wahrscheinlich bei der Geburt, so nehme das Mädchen an – ihr hat abhanden kommen lassen. Aber die Mutter besitzt selber keinen, stellt das Mädchen bald fest. Es wechsele deshalb mit seiner Zuneigung von der Mutter zum Vater über, denn der hat noch einen Penis.

Auf dieser Reise nach dem Penis lerne die Frau, ihre Libido vom eigenen Geschlecht, dem die Mutter angehört, auf das gegenüberliegende Geschlecht des Mannes zu übertragen.

Aber der Vater gibt seinen Penis weder dauernd noch – wegen des totalen Inzestverbotes – zeitweilig her. Die Frau werde dadurch gezwungen, ihre Libido vom Vater auf den nichtverwandten Mann weiterwandern zu lassen, denn der darf ihr seinen Penis geben.

Der Mann gibt der Frau seinen Penis, aber nur zuweilen, das reiche der Frau nicht, so wie Freud ihren Anspruch beschreibt. Sie sehe sich betrogen in ihrem Wunsch, den Penis selbst am Venushügel tragen zu können. Weil sie endlich ihre Physis kapiert, füge sie sich in ihre Niederlage, kastriert zu sein, aber sie verlange Ersatz: so oft es geht, wolle sie den Penis wenigstens in sich haben. Unersättlich sei sie. Da sie den Penis nicht ständig bekomme, verlange sie die gesamte Existenz des Mannes für sich. Ruhe gebe sie erst, wenn sie in ihrem Leibe vom Manne einen Fruchtansatz bekommen habe. Den kann sie sich nachreifen lassen, um hoffentlich selbst einen Knaben mit Penis hervorzubringen, der ihr wenigstens über die sozial unabreißbare Nabelschnur der patriarchalischen Mutter-Sohn-Beziehung ewig vom Schoße baumelt – später, armseliger Ersatz des fleischlichen, ansichtbaren, habhaften und immerfesten Penis des Vaters.

Das Ende dieser Psychoklamotte liest Freud von der Kultur ab. Die Frau habe für Kultur nichts Herausragendes geleistet. Das könne sie nicht. Aufgezehrt von ihrer Penisodyssee, ihrem mühsamen, komplizierten Gang zu Mann

73

und Kind habe sie keine Kraft mehr für andere Dinge übrig. Aber sie verzehre auch ihre eigene Sexualität. Aus Verzweiflung über die Penislosigkeit verkümmere ihr Geschlechtstrieb, sterbe bei den meisten Frauen sogar ab. Habe sie aber kaum Trieb, müsse sie nichts sublimieren. Kultur – so Freud – entstehe aus abgespaltenem Geschlecht. Die Frau, die zuwenig sexuellen Grundstoff für sich zurückbehalte, könne davon nicht noch für andere Zwecke etwas abgeben oder umwandeln. Die Kultur ist ohne die Frau.

Die Feministen Christiane van Briessen, Germaine Greer und Kate Millett lachen über den »Penisneid«, weil sie unter den gesellschaftlich produzierten Zuständen der Frau, die sich hinter dieser Konstruktion verbergen, nicht (mehr) leiden. Sie unterschätzen aber die die Befreiung des Menschen immer wieder fesselnden Verhaltensweisen der Frauen, die die Zustände um den »Kastrationskomplex« erzwingen. Mit den unter diesen willkürlichen Begriff subsumierten Zuständen der Frau sichert sich das Patriarchat einen zweiten wichtigen Selbsterhaltungsmechanismus ähnlich dem des unechten Ödipuskomplexes.
Es ist belanglos herauszufinden, ob Frauen den »Kastrationskomplex« haben. Es kommt darauf an, die Zwänge darzustellen, unter die das Patriarchat die Frauen setzt, auf daß sie einen »Kastrationskomplex« bekommen, zumindest sich so verhalten sollen, als hätten sie ihn.

Die Frau erscheint in der Freudschen Konstruktion des weiblichen Triebschicksals nicht nur geschwächt und beschränkt, sondern von einer Brutalität gezeichnet, die sie in direkte Beziehung zu patriarchalischen Gepflogenheiten des Mannes setzt. Nicht nur ihr Zustand, sondern auch ihre von Freud dargestellte sexuelle Ontogenese spiegelt Verhaltensweisen des patriarchalischen Systems. Die Freudsche

Voraussetzung der weiblichen Entwicklung ist ein dysfunktionales Bedürfnis, das der Frau niemals Befriedigung verschaffen kann. Nach der Konstruktion vom Penisneid soll sich die Frau etwas aneignen wollen, das ihr nicht zusteht, das ihr immer nur in der Form des Surrogats zukommen kann und bei dessen Aneignung sie nie zu echter Befriedigung gelangen wird.

Das ununterbrochen patriarchalische Tun des Mannes, sich Land, lebende und tote Produktionsmittel anzueignen, spiegelt sich tragikomisch im angeblich weiblichen Begehren, den Penis zu besitzen und Mann und Kind in die Fänge zu bekommen oder darin zu behalten. Denn am Anfang der *männlich* patriarchalischen Genesis steht ein irrationales Bedürfnis, das den Mann zu der Brutalität seiner Lebensverwirklichung immer und immer wieder nur durch das Vertreiben oder Beseitigen fremden Lebens zwingt. Das Prinzip, etwas auf Kosten anderer für sich zu haben und es nicht mit ihnen gemeinsam zu haben, hat den Mann im Laufe seiner Geschichte aber nie selig gemacht, sondern ihn immer mehr von sich selbst entfremdet.

Die patriarchalische Gesellschaft pflegt diese in der *männlichen* Psyche steckende lebensfeindliche Wurzel nicht zu reflektieren, sondern sie als eine unveränderbar *gesamtmenschliche* Eigenart hinzustellen. Unter allen Umständen muß die Frau zur Teilnahme am System der Besitzgier, der Ausschließlichkeit und der immer möglichen Vernichtung der sich unter den gleichen Prinzipien verwirklichen wollenden Männer gezwungen werden. Deshalb muß auch für den Anfang der weiblichen Genesis ein pathologisches Selbstverwirklichungsbedürfnis konstruiert werden. Ob die Frau ein solches Bedürfnis wirklich hat, ist dem Manne gleichgültig. Er setzt alles daran, es der Frau zu schaffen.

Zunächst muß das Patriarchat der Frau eine grundsätzliche Entbehrung aufzwingen, die sie erst in die Lage versetzt, Surrogate wie Penis, Mann und Kind tatsächlich als Ausgleich dieser Entbehrung benutzen zu müssen. Freud entdeckte richtig, daß die Frau durch diese Aneignungen nicht glücklich wird. In patriarchalischer Hybris konnte er dieses Unglück aber nur auf die Ersatzbefriedigung durch Mann und Kind zurückführen, die an die Stelle des angeblich ursprünglichen, aber nie zu befriedigenden Bedürfnisses nach Penis treten müßten.

Die Frau hat kein solches ursprüngliches dysfunktionales Bedürfnis. Ihr Unglück entspringt aus anderen Wurzeln. Eine permanente Unbefriedigtheit wird ihr vom Patriarchat künstlich eingesetzt.

Das Konzept der Herstellung der patriarchalischen Frau betrifft nicht nur den libidinösen Zwang, das körperliche Glied des Mannes besitzen zu wollen. Es dekretiert viel allgemeiner, die Sexualität der Frau müsse vom sexuellen und gesellschaftlichen Verhalten des patriarchalischen Mannes *abgeleitet* werden. Mit dieser Ausrichtung des Lebens der Frau auf das Geschlecht und die Gesellschaft des Mannes wird der Frau unheilbares Unglück zugefügt.

Das Konzept steht zur sexuellen Substanz und zum sexuellen Verhalten der Frau in Widerspruch. Es garantiert überhaupt erst, daß die Frau – so in rigider sexueller Unterwerfung gehalten – ihre sexuelle Substanz verkümmern lassen mußte.

Frauen, die den patriarchalischen Zwängen entkommen sind, oder die sich aus ihnen befreien konnten, lassen mit einiger Sicherheit ihre originale sexuelle Konstitution erkennen.

Das weibliche Geschlecht ist keine Verringerung des männlichen. Alles, was die Frau sexuell kennzeichnet, ist eine *Hinzufügung* zum tierischen *und* zum männlichen Geschlecht. Die Geschlechtsorgane sämtlicher höherer Säugetiere sind spiegelbildlich zueinander angelegt. Die Natur hat die äußere Verschiedenheit der Organe aus einer substanziellen Einheitlichkeit entstehen lassen. Scheidenschaft und Penis, Hoden und Eierstock sind die aufeinander bezogenen Äquivalente, die beim frühen Embryo noch nicht voneinander zu unterscheiden sind. Beim weiblichen Nasziturus werden die Organe nach innen, beim männlichen nach außen verlegt.

Ein Mensch, der sein physisches männliches Geschlecht zu seiner weiblichen seelischen und sozialen Stimmung im Widerspruch fühlt, kann in neuester Zeit dieses Geschlecht ändern lassen. Die Hoden können zwar nicht zum Eierstock umgewandelt, aber der Penis kann zu einer Scheide konstruiert werden. Die Eichelhaut wird zum vaginalen Kranz gespannt. Die Ärzte können eine Scheide bauen, aber keine Klitoris.

Weder das weibliche Tier noch der Mann haben einen diesem Organ entsprechenden Teil. Die Klitoris ist weder Äquivalent des Penis – denn das ist physiologisch die Scheide – noch eine in der Entwicklung zurückgebliebene Kopie des männlichen Gliedes, erst recht kein Rudiment davon. Es ist ein Novum, ein über die Natur und über den Mann hinausreichender Teil, mehr Symbol in organischer Andeutung, als abgezirkeltes Organ selber.

Die Klitoris ist Wahrzeichen der sexuellen Entwicklung der menschlichen Frau aus dem weiblichen Tier heraus.

Die tierischen Weibchen sind zu geschlechtlichem Kontakt nur innerhalb eines festgelegten Fortpflanzungszyklus fähig. Die Frau ist das einzige weibliche Lebewesen, das – außer in Menstruations- oder Geburtsvorgängen – ständig physisch zur genitalen Betätigung bereit ist. Sie tendiert zur Kopulation aber nicht nur mit Hilfe eines Dranges, der kaum mehr ist als eine allgemeine körperliche Unruhe, wie sie bei den weiblichen Tieren festgestellt wird. Die Frau begehrt den geschlechtlichen Kontakt mit einem Trieb, der in der Natur nur den männlichen Lebewesen zur Verfügung steht. Sie erlebt sexuelle Steigerungen, wie sie im Tierbereich ebenfalls nur vom Männchen physisch produziert werden. Mit der Klitoris ist der Frau eine Entwicklung aber noch weit über die Sexualität des Mannes hinaus geglückt. Dem tierischen Weibchen gegenüber hat sie die fortpflanzungsunabhängige Lustaktivität hinzugewonnen. Den Mann überwiegt sie durch ihre prinzipielle geschlechtliche Unerschöpfbarkeit. Der Mann konnte seine Sexualität nicht aus den intervallischen Abläufen befreien, denen auch das höhere männliche Säugetier unterworfen ist. Der Orgasmus des Mannes schließt für ihn das geschlechtliche Verfahren wie eine »Runde« ab. Für kurze oder längere Zeit ist der Mann zu neuen geschlechtlichen Aktivitäten unfähig und unwillig. Er muß einen neuen Anlauf nehmen, der nach jedem Orgasmus anstrengender wird.

Das sexuelle Verhalten der Frau wird von An- und Abläufen nicht so klar begrenzt wie das des Mannes. Die Frau kann während einer geschlechtlichen Aktivität mehrere Orgasmen haben. Sie enden bei ihr nicht in Erschöpfung. Sie sind nicht so eindeutig an physische Erscheinungen wie Abgabe von Flüssigkeiten und Muskelkontraktionen geknüpft wie beim Mann. Das geschlechtliche Geschehen wirft die Frau nicht in eine Ermattung, sondern ermöglicht ihr eine Überwindung des Fleisches. Der dem Patriarchat liebste Bibel-Slogan zu Fragen des Geschlechtsaktes: »... und er schwächte sie« verdreht die Gegebenheiten. Es ist anders. Die Lust, die die Frau erlebt, konzentriert und spiritualisiert ihre Existenz so sehr, daß sie sie zu schöpferischen Ausbrüchen befähigt. Gegensätze und Grenzen werden ihr aufgehoben. Die Lust, die die Frau als gewesen erinnert, schüttelt ihr die Kräfte der eben vergangenen wieder und wieder zu. Bilder und Gedanken überstürzen sich ihr. Von ihren Lippen sprudelt ihr ein Paradies. Die

Zwangsläufigkeit naturhafter Abläufe hat die Frau überwunden. Aus den Gluten ihres Schoßes entzündet sich ihr eine Bewußtheit, die sie in eine dem Manne kaum nachvollziehbare Freiheit trägt.

Keine Frau hat über die Qualität ihrer Lust geschrieben, weil die schon selbst eine Schöpfung ist und nicht über Reflexionen und Abstraktionen dazu erst gemacht werden muß.

Die Frau hat über die Entwicklung ihres Geschlechtes dem Menschen die Lustfähigkeit zugeführt. Lust ist das Phänomen, das den Menschen konstituiert. Weit hinaus über das Gefühl der Bedürfnisbefriedigung des Hungers und des Ausscheidedranges, von der sich die sexuelle Prozedur des männlichen Tieres nicht viel unterscheiden wird, eröffnet die Lust das Bewußtsein von der unverwechselbaren Individualität eines Lebewesens, durch die der Mensch erst Mensch ist.

Der Mann kommt da kaum nach. Auch seine Lust lebt dort, wo sich seine Sexualität vom Zwang des Ablaufs befreit. Die Lustzone, die ihn an seine Person empfiehlt und von seinem Geschlecht entbindet, liegt zwischen Drang und Samenabgabe. Das ist nicht viel, was ihn vom männlichen Tier unterscheidet, und es unterscheidet ihn nur, wenn er einer lustfähigen Frau begegnet. In der Sinnlichkeit einer befreiten Frau wird der Mann zum Menschen gemacht.

Die Sexualität des Mannes leitet sich von der der Frau ab. Der Mann kann nur glücklich werden, wenn er sich einer sexuell befreiten Frau hingibt. Das Patriarchat will das Umgekehrte: einen Mann, der an der Frau unglücklich wird, weil er an ihr unbefriedigt ist, dazu braucht es eine Frau, die in sich selbst unglücklich ist.

Die Frau benötigt für ihre Sexualität einen differenzierten Entwicklungs- und Erfahrungsprozeß, das Gegenteil dessen, das das Patriarchat ihr zumutet. Das Konzept von der Abrichtung zur patriarchalischen Frau erschöpft sich darin, den Weg der Frau zu ihrer paradiesischen Sexualität zu versperren oder abzubrechen.

Wenn der Frau die Entwicklung ihrer Sexualität nicht möglich ist, fällt sie in die Lustlosigkeit des weiblichen Tieres zurück, auf die der Mann dann mit dem Begriff der Frigidität spuckt. Nur hin und wieder erschrickt er, wenn die Frau aus ihrer Lethargie durch Eruptionen heißer Ahnung von dem, was sie zu sein fähig ist, geschüttelt wird.

Im Konzept des patriarchalischen Mannes liegt das Geschlecht der Frau begraben. Auferstehung des Fleisches darf es nicht geben.

Den Schoß der Frau zum Grab zu machen, gelingt dem Patriarchat über zwei Wege:

1. Es legt die Frau sozial in Ketten, so daß sie sich nicht entfalten und ihren eigenen Weg zum Manne nicht gehen kann.

2. Es verunstaltet die Sexualpsyche des Mannes soweit, bis er an einer gefesselten Frau sein sadistisches Vergnügen findet.

1. *Das Patriarchat legt die Frau sozial in Ketten.*

Solange es das Patriarchat gibt, darf sich die Sexualität der Frau ihr ganzes Leben über nur an *einem* Manne auswirken. Einige der ehrbarsten Väter, die heute was zu sagen haben, die alten Herren der evangelischen Kirche, gaben 1971 eine »Denkschrift zu Fragen der Sexualität« heraus, in der sie mit freundlich-moralischen Worten der Frau das jahrtausende während patriarchalische Unterdrückungskonzept noch einmal anempfehlen. Die Frau darf ihr Geschlecht nur hinter dem kirchlichen oder staatlichen Verschluß lebenslangen Zusammenseins mit einem Manne öffnen. Die Frau soll zwar nicht mehr mit verbundenen Augen in die Ehe treten. Von klein auf schon kann sie sexuell aufgeklärt und vorbereitet werden. Verbunden muß sie aber noch immer ihr Geschlecht in die Lebenslänglichkeit der Ein-Mann-Geschlechts-Gemeinschaft einbringen.

Noch immer beginnt die Frauenherstellung mit der Anpassung des Keuschheitsgürtels. Er wird ihr spätestens in der »phallischen« Phase umgeschnallt, auf daß ihr vor allem unmöglich gemacht ist, selbst ihr Geschlecht zu entdecken.

Den Schlüssel zum Keuschheitsgürtel teilt die patriarchalische Gesellschaft nur dem Ehemann aus.

Die »phallische« Phase, die eine Epoche ist, in der der Mensch die Sensibilität seines Geschlechts, noch nicht deren genaue Funktionalität entdecken kann, ist für das Mädchen von nicht minder entscheidender Wichtigkeit wie für den Jungen.

Unbestreitbar erhält der Junge durch seinen Penis, dessen Funktion des Pinkelns ihm immer wieder deutlich wird, einen direkteren und simpleren Anstoß zu sexuellen Experimenten als das Mädchen. Das Mädchen hat solch einen offenliegenden Hinweis nicht. Dadurch wird es aber noch nicht mit sexueller Untätigkeit geschlagen oder vom Penisneid ergriffen. Wird das Mädchen in Ruhe gelassen, legt es sich in diesem Alter das differenzierte Fundament seiner späteren vielfältig-leuchtenden Sexualität. Befreite Frauen bauen ihre Sexualität auf einer gesicherten Masturbationskultur auf. Die Sexualität der Frau ist lebensnotwendig auf die masturbatorische Praxis in der »phallischen« Phase angewiesen.

Das Mädchen erlebt das Umgekehrte als der Junge. Der Junge entwickelt sich von der Funktionalität zur Sensibilität seines Geschlechts. Das Mädchen bekommt über die Sensibilisierung seines Geschlechtes einen Eindruck von seiner

Funktionalität. Das Bewußtsein vom Geschlecht, das beim Jungen durch den optischen Eindruck eingeleitet wird, entsteht beim Mädchen durch den sinnlichen. Das Wissen von der speziellen Bezogenheit der primären Geschlechtsorgane ist nicht notwendig für die Bildung eines Geschlechtsbewußtseins in dieser Phase. Es reicht das Wissen, etwas selbst zu haben, das der Beschäftigung wert ist. Aus der Fähigkeit, sich Entzücken zu machen, erwächst das Bewußtsein, entzückend zu sein.

Je ungestörter die Sensibilisierung des Mädchens in der »phallischen« Phase verlaufen durfte, um so stärker entwickelt sich sein geschlechtliches Selbstverständnis, das ihm aus der vollkommenen Befriedigung am eigenen Geschlecht keine Lücken hinterläßt, in denen sich der Neid auf den Penis des Jungen bilden könnte. Die Frau, die ein Geschlechtsbewußtsein entwickeln konnte, hat einen so gesicherten Eindruck von der Realität ihrer Scheide, daß ihr die optische Unterscheidung zum männlichen Penis nicht als Benachteiligung erscheinen kann. Freud gibt zu, daß Mädchen in der »phallischen« Phase masturbieren, interpretiert das Verhalten aber als Perversion und Durchgangsstadium, das die Frauen aufgeben müßten, um mann-gerecht zu werden, und in das sie nur aus Nachäffung von Knabenaktionen gekommen seien. Die Behauptung, daß ein Mädchen nicht von selber forscht, um sich Gewißheit über sich zu schaffen, entspringt patriarchalischer Überheblichkeit. Daß das Mädchen etwas Zugewonnenes – das Bewußtsein von der eigenen sexuellen Betätigungsfähigkeit – wieder aufgeben muß, um an den Mann zu kommen, ist Teil des Vernichtungskonzeptes, das im Patriarchat auf der Frau lastet und das als wissenschaftliche Doktrin dessen Zerstörungsgehalt nur verschleiert.

Die »phallische« Phase enthält die Zündung zur Autonomie des Menschen. Das Patriarchat lebt vom Umgekehrten. Die Autonomie der Frau bedroht seinen Bestand am gefährlichsten. Es wacht mit seinen verdorbenen Müttern über den Momenten der Selbstentdeckung der Mädchen. Masturbation ist verboten, vollstreckt wird dieses Gesetz in den übersichtlichen Kinderzimmern der Familien. Wenn es nicht anders geht, werden die Hände der Kinder gebunden.

Hat das eine oder andere Kinderzimmer seine Mission nicht erfüllt, schadet das dem Patriarchat wenig. Jede Frau wird aus dem Kinderzimmer in das geschlechtliche Gefängnis der Gesellschaft gezwungen, deren Desexualisierungsmaxime lautet: Macht ödes Land aus allem weiblichen Geschlecht!

Das gelingt dem Patriarchat sehr einfach. Die Autonomie eines Menschen entwickelt sich vom geschlechtlichen Bewußtsein über Selbstbewußtsein zum Bewußtsein seines autonomen Geistes. Dieses letzte Bewußtsein erst setzt dem Menschen die Kräfte für gesellschaftliche Aktivität frei. Die Frau ist im Patriarchat in der Regel gesellschaftlich passiv. Der Mann nimmt ihr Geschlecht so in die Zange, daß sie ihr ganzes Leben zwischen den Klammern zerreiben muß. Die geistige und gesellschaftliche Mattigkeit, die über der Frau hängt, sind die Folgen ihres Kampfes um ihr Geschlecht. Das Patriarchat zermürbt Potenzen der Frau so sehr, daß es triumphierend behaupten kann, sie seien nicht da. Die ganz wenigen Frauen, die in diesem Kampfe siegen konnten, sind hinterher oft von Kälte und Härte gezeichnet, aus denen das Patriarchat ihnen noch Verirrung ihres Seins und Tuns nachweisen zu können sich erdreistet.

Das geschlechtliche Selbstverständnis der Frau bildet sich mehr durch kommunikatives Verhalten im Gegensatz zum mehr instrumentellen Verhalten des Mannes. Das Geschlecht der Frau erstirbt, wenn es nicht kommunizieren darf. Das Bedürfnis der Frau richtet sich nicht auf funktionale Konfrontation mit dem männlichen Organ »Penis«, sondern auf den Austausch mit der Substanz eines anderen Menschen.

Die Frau braucht für ihre geschlechtliche Entwicklung breite Entfaltung ihrer Sensibilität. Das Patriarchat konzipiert die sexuelle Existenz der Frau statt dessen in den Zustand einer Wartezeit auf den Phallus des Ehemannes. Die Frau darf aber nicht erfahren haben, worauf sie wartet, und sie soll auch nicht sicher sein, ob sie mit Erfolg wartet. Durch diesen Zustand schuf das Patriarchat eine Gattung eigener Prägung, die alte Jungfer, die mit schal gewordener Lieblichkeit auf dem Gesicht im erotischen Niemandsland eines Weihnachtsapfels sich in den Tod schrumpeln muß.

Das Mädchen darf sein Geschlecht am Jungen nicht probieren. Die Maximen »Jungfräulichkeit«, »ein Mann das Leben lang«, und »Ehe-Empfängnis« werden zu Zähnen eines Stacheldrahtes, der ihm die Knospe seines Geschlechts bald erdrückt.

Durch den Zwang zur Abstinenz bis zur Ehe macht das Patriarchat das Geschlecht der Frau zu einem Vakuum. Die sexuelle Gebrechlichkeit, die ihr dadurch entsteht, reden und schreiben ihr kluge Männer als sexuelles Nichtsein höhnisch nach. Die Lippen der Mulde dürfen oder können meist nicht mehr widersprechen.

Der primitive Mann sagt besser, was er fühlt: Loch ist Loch!

2. Das Patriarchat
verunstaltet die Sexualpsyche des Mannes

Wenn der Moment gekommen ist und der Ehemann – nach der »Denkschrift« heute in großen Ausnahmen auch der ganz sicher und fest Verlobte – im Entjungferungsverfahren den Riegel von der Scheide zieht, erhält die Frau den Phallus und soll nun endlich mit *dem* ihre Sexualität gemacht bekommen.

Erst nachdem die Sexualität der Frau in ein Vakuum geknebelt worden ist, kann sie von der des Mannes abhängig gemacht werden. Der Frau wird eingeredet, der Mann sei ihr Entwickler, Entfalter, Einweiher und Erwecker.

Der Zwang zum Warten verwandelte sich in Trost, wenn der Mann diese Kräfte wirklich noch hätte und in den Schoß der Frau den Garten Eden pflanzen könnte. Die Sexualität des Mannes sieht aber anders aus. Sie ist so konfus, daß aus ihr sich nicht mal der Mann selber Lust verschaffen kann. Der Frau aber tritt aus der männlichen Sexualität nur noch Terror ins Geschlecht.

Die Sexualität ist dem Manne in den Zustand eines Körperteiles, seines Phallus' geschrumpelt.

Die Vorstellung Freuds vom Penisneid der Frau ist eine wissenschaftliche Schleife um das armselige Konzentrat männlichen Sexualbewußtseins. »Penisneid« heißt »Phallusneid«. Pinkeln kann die Frau auch, neidisch soll sie auf die Kraft und Leistung des *steifen* Gliedes sein, aus dem heraus der Mann seine gesamte Existenz idolisiert.

Die Entwicklung des männlichen Geschlechtsbewußtseins verlief entgegengesetzt zur Emanzipation des Geschlechts der Frau vom Natur-Weiblichen und vom menschlichen Mann-Verhalten. Die Frau entwickelte Dauerbereitschaft und Unabreißbarkeit der Lust, der Mann steigerte sein geschlechtliches Bewußtsein immer mehr in den Zustand, der innerhalb des sexuellen Geschehens am flüchtigsten und begrenztesten ist. Der patriarchalische Mann ist selber phallisch fixiert.

Die Kultur des Patriarchats hat sich auf dem Bewußtsein phallischer Stärke aufgebaut, die in Wirklichkeit nur die herrschende Angst vor und die Schwäche nach der phallischen Prozedur des Mannes vertuschen soll.

Was ist Phallus? Ein Moment, ein ständig zum Vergehen gezwungener Zustand höchster Exaltiertheit, ein Ereignis, das seine Aufhebung voraussetzt und zu seiner Existenz sich nur auf die Wiederkehr und die Wiederauferstehung, niemals auf ein Sein berufen kann.

Weil der Mann sich in seinem sexuellen Selbstverständnis vom Makel des Flüchtigen bedrängt sieht, wollte er sich Dauerhaftigkeit phallischen Gebarens außer seiner Physis garantieren. Er erfand die Schimäre »Ewigkeit« und einen Vatergott, der in ihr eingebettet thront. Er entwickelte in seinem Geschlecht keine der Frau entsprechende Fähigkeit, sondern transponierte die phallische Unregelmäßigkeit in die außersexuelle Welt. Er kopierte das Auf und Ab seines hervorstechendsten sexuellen Ereignisses, das ihn im Angesicht der Sexualität der Frau in Bann schlug und mit dem er versuchte und erreichte, seinerseits die Frau in Bann zu schlagen.

Was ihm mit seinem natürlichen Instrument nicht gelang, vollführt er mit den unzähligen kulturellen Kopien seiner biophysischen Außerordentlichkeit: Mit Instrumenten, Werkzeugen, Geräten, Waffen, Autos, Schiffen, Bahnen, Flugzeugen, Raketen hält er die Welt in Schach. Überall verstellt er die Landschaft mit seinen hochtrabenden Monumenten, zerfetzt die Kontinuität von Linien und Lebensvorgängen. Je unsicherer das Patriarchat in sich selbst wird, um so offensichtlicher trumpft es phallisch auf. Die moderne Kriegsinstrumentalistik ist durch ihre genitalische

Bezüglichkeit pornographisch. Alle Vernichtungsinstrumente kopieren das aufgeblasene Geschlecht des Mannes, das er immer exaltierter ans Firmament verpufft.

Seine Kultur, die er auf seinem phallischen Bewußtsein aufgebaut hat, ist zum Untergang bestimmt. Verharren im Phallischen heißt den Abbau einplanen. Auf und Ab ist das Gesetz solcher Kultur, Entwicklung ist unmöglich. Das phallische Prinzip ist ein tödliches. Es zwingt immer wieder zu dem Ausgangspunkt zurück, an dem man war. Die Ersatzphalli sind inzwischen immer größer und gewalttätiger geworden. Wenn sie jetzt Leben zum Zusammenbruch zwingen, ist Auferstehung nicht mehr zu erwarten.

Die Sexualität des Mannes – im Phallus verkürzt – ist im Laufe der Geschichte des Patriarchats langsam zum Erliegen gekommen. Mit seinem kulturellen Überbau, seiner gesteigerten Ewigkeit von Bauten und Werken hat der Mann Jahrtausende nur zu täuschen versucht, welch ein sexuelles Vakuum in *ihm* selbst ausgebrannt ist.

Die Sexualität, wie sie sich in der Frau manifestiert und über sie zu einer Angelegenheit des Menschen werden könnte, schließt das Unerschöpfliche und Selbstspeichernde von Kräften ein. Das Phallische universalisiert Begrenzung und Abriß.

Der phallische Narzißmus des Mannes ist in höchstem Maße unerotisch. Der sichtbare, in die Gegend stehende Phallus ist das Symbol der Trennung zwischen den Geschlechtern. Der Phallus schafft erst Seligkeit, wenn er in der Scheide der Frau verschwindet. Symbol für Sexualität wäre er in der Form einer Brücke. Der Moment des Einsam-in-die-Gegend-Stehens, auf dem der Mann sein Sexualbewußtsein aufbaut, ist kein kommunikatives Zeichen. Der Phallus idealisiert die unüberwindbare Verschiedenheit der Geschlechter. Er genügt sich selbst und tendiert nicht mehr zu seiner ursprünglichen Bestimmung der Verbindung.

Im Gegensatz zur phallischen Glorie der männlichen Kultur, ist es um sein leibhaftes Vorbild kümmerlich bestellt. Durch das Ausmaß, in dem Männer um sich schlagen, schießen und zerstören müssen, lassen sie erkennen, wie weit ihr Geschlecht heruntergekommen ist. Was da am Mann noch baumelt, ist ein substanzverlorener Fussel, Ort von Ängsten und Nöten: Größe, Potenz und Orgasmus –, selbst schon zu jener dümmsten Erfindung geworden, die männliche Lustlosigkeit hervorbringen konnte, zur Gummihülle »Männerschutz«.

Das Fleisch unterhalb seines Bauches denkt der Mann nur noch in Funktionen, Mechaniken und Neurosen; markberaubt muß es immer wieder mit Krücken und Korsagen durch anderweitige Leistungen hoch zur Kultur gehalten werden.

Ein solches Ding kommt der Frau nicht bei, wenn sie es erhält.

Das Vakuum der weiblichen Sexualität, das es vergeblich zu füllen sich noch bemüht, wird dem Mann zum Gespenst der Frigidität.

Sexuelle Einweihungsbücher halten die Frauen beim Geschlechtsakt zum Gaukelspiel an, damit der Mann zufrieden in seiner Täuschung verharren kann, mit seinen gesellschaftlichen und persönlichen Machenschaften wäre der Frau recht getan.

Die Frigidität der Frau ist dem Manne unbehaglich, weil er in ihr – einem Scherbenhaufen der Sexualität – sein eigenes totes Land zurückgeworfen sehen muß. Der Mann hofft, daß die Verkümmerung seiner eigenen Sexualität unter der Mechanik des Stoßens, Reibens und Spritzens, zu der er in der Regel fähig bleibt, von der Frau nicht bemerkt würde. Die Frau aber ist in ihrem Schoße nicht zu betrügen. Sie hat keine Mechanik, mit der sie über Veränderungen in der Substanz hinwegtäuschen könnte.

Der Mann hat sich während des Patriarchats innerhalb seiner sexuellen Phylogenesis nicht nur von seiner Mechanik nicht befreit, sondern sich sogar noch hinter sie verschanzt. »Potenz« ist der oberste Götze seines phallischen Kultes, und Potenz beweist sich, wenn die Mechanik klappt. Der Mann hat noch seinen Drang behalten, den er sich abreagiert, so wie es sein Genosse bei den Tieren auch schon kann. Die Existenz der Prostitution und die durch Statistiken Kinseys und anderer bewiesene Frigidität der Mehrzahl der Frauen entlarvt das sexuelle Erlöschen des *Mannes*.

Da die Frau gesellschaftlich zum geschlechtlichen Vakuum konstruiert wird, müßte sie persönlich durch den Mann erst wieder sexualisiert werden. Indes, in den Zahlen von Tabellen finden die Frauen ihre geronnenen Hoffnungen wieder: Frauen unter zwanzig haben kaum einen Orgasmus, meistens erst, wenn sie über dreißig sind. Am Anfang der Ehe öfter, später immer weniger, bald gar nicht mehr.

Frigidität bedeutet Lustlosigkeit. Mit der Lustlosigkeit beginnt die Entmenschung. Lust hat den Menschen gemacht, Lustlosigkeit zerstört ihn. Der Tod schleicht sich durch Millionen von Ehen. Er bringt den Mann dazu, daß er den gesellschaftlichen Tod immer mehr vorantreibt, und er bringt die Frau dazu, daß sie Effektives bisher gegen diese Verelendungsvorgänge nicht unternehmen kann.

Solange seine Mechanik noch funktioniert, meint der Mann, an der Frigidität nicht teilzuhaben. Es ist anders. Frigidität ist das letzte Bindeglied der Geschlechter. Der Mann bekommt sie vom Patriarchat ebenso produziert wie die Frau. Bei ihm ist sie das *Kennzeichen* funktionsgefesselter Mechanik.

Der Junge wird im Gegensatz zum Mädchen sexuell nicht totalgehemmt. Er darf mal etwas ablassen. Aber wo, als in Instrumenten an weiblichen Leibern? Das Mädchen darf sexuell überhaupt nicht sein. Dadurch kann sich der Junge von seiner Funktionalität nicht befreien. Er hat für die Erfahrung seiner Sensibilität keine Partnerin. Sexualität darf nicht gelernt werden. Alles, was der Mensch kann, hat er gelernt. Das Aufregendste in seinem Leben – die Sinnlichkeit – soll er nicht lernen, weil er sie nicht können darf. Sie machte ihn frei und deshalb für die patriarchalischen Zwänge nicht zugeschnitten.

Der Junge kann hier und da in Löchern stochern. Mehr Freiheit stellt das System für seine zukünftige sexuelle Einweihetätigkeit, wenn er Mann geworden ist, nicht zur Verfügung.

Manchmal hat die patriarchalische Bürgerlichkeit für ihn eine Ausnahme bereit, die »reife Frau«, die – wer weiß, woher, wohin gereift? – ihm die Sinnlichkeit beibringen soll.

Das Patriarchat exkulpiert sich gern mit einigen kurtisanischen Exemplaren befreiter Weiblichkeit. Mal eine Malerin, mal eine Schauspielerin kann ihr Geschlecht zum Pavillon erweitern. Aber da hört es schon auf. Lehrerinnen, Beamtenmütter und Arbeiterinnen bleiben von Salonallüren ausgenommen.

Thomas Mann sagt es in seiner »Betrogenen« ganz deutlich, was das Patriarchat für reife Frauen, die endlich doch noch zu ihrem Geschlecht wollen, übrig hat. Lust darf der Frau erst zu Bewußtsein kommen, wenn sie ihr Fortpflanzungssoll erfüllt hat.

Die »Betrogene« – eine nachklimakterische Fünfzigerin – erhitzt sich für die strammen Unterarme des zwanzigjährigen Hauslehrers ihres Sohnes soweit, daß sie ihn bald als Ganzen möchte. Bei dem Gefühl, das aus ihr bricht, weiß man, sie hat während ihrer zehn- bis zwanzigjährigen Ehe solch ein Verlangen auf ihren einzigen Ehemann nicht gespürt. Erst nach Empfängnistoresschluß ist für sie Erwachen statthaft. Die Zwänge der Schande bei einer unehelichen Geburt, der Makel des Verhältnisses vor oder neben der Ehe bedrohen sie nicht mehr.

Aber der Leib der »Betrogenen« glühte nicht nur für den jungen Mann. Ihre Wärme, die ihr Blut noch einmal aus der Scheide trieb, kam von Geschwüren, die ihr den Tod ankündigten.

Der Unterleibskrebs der Frau ist das perverse Selbstgericht von Schuldlosen. Ihr »Vakuum« war Ort der Reibung, Reizung, des eingeschleusten Schmutzes und des Schmerzes, der irr gewordenen Hoffnung. Wenn aus ihm endlich Gewächse wuchern, schließt die Frau selbst den Kreis der Zerstörung, der um sie geschlungen wird, und liefert ihre Existenz auf dem letzten Operationstisch der Herrschaft ab.

Im Angesicht des Krebses tausender Frauen entblößen sich die Behauptungen vom naturgegebenen weiblichen Masochismus als zynische Bemäntelungen des der Sexualität der Frau zugedachten Mordprogramms. Das von der patriarchalischen Gesellschaft ausgeschabte Geschlecht der Frau ist frei für allen Schmutz des Mannes. Wie er jetzt die Natur mit Fremdstoffen bewirft, so macht er es mit der Frau schon lange. Ihr Geschlecht ist ein Abladeplatz für den Schutt seines Denkens und seiner Taten, den er nach seinen Tagesverrichtungen, sich selbst erlösend, dort abwerfen will. Wenn es schließlich birst von schlimmen Wucherungen, klappt der Mann es zu, wundert sich und macht mit der nächsten Generation von Frauen dasselbe.

Mit dem Unterleibskrebs wachsen der Frau ihre patriarchalischen Schrecken aus dem Körper. Der für die Frau vorgesehene Keuschheitsgürtel foltert aber nicht nur ihr Geschlecht. Er hat die Größe eines Leibespanzers, bestehend aus unveränderbaren Abläufen und stereotypen Funktionen, mit dem das Patriarchat die gesamte Existenz der

Frau umstellt. Ihre Atmung ist dadurch gehetzt, ihr Lebensmut ist kurzgeschlossen. Die fehlgeleiteten Kräfte können durch den Panzer nicht nach außen. Die Frau zerstört sich selbst. Wenn sie Mensch erst sein darf durch den Mann und der ihr davon nichts anzubieten hat, lohnt sich für sie Leben nicht.

Daß die patriarchalische Frau fast alle Aggressionen gegen sich selbst richtet im Gegensatz zum Mann, der sie gegen Frauen und Brüder zielt, ergibt sich aus einem einfachen Modell: die Triebfrustration der patriarchalischen Männer und Frauen kann mit einer Eisentonne, einem mittelalterlichen Folterinstrument, verglichen werden. Diese Eisentonne hat nach innen spitze Nägel und Stifte. Wenn die Tonne um ein Opfer geschlossen wird, stechen die Nägel dem Gefolterten in den Leib. Diese Frustationstonne, die »eiserne Jungfrau« – von der patriarchalischen Gesellschaft um das Leben jedes Menschen geschmiedet – sieht bei Männern und Frauen verschieden aus. Bei den Söhnen wird eine Öffnung gelassen, bei den Töchtern wird sie ringsum verschlossen. Die Söhne bekommen ihr Eisen zur Seite ihrer Frauen und Brüder einen Spalt breit geöffnet, weil sie dorthin ihre Aggressionen ablassen sollen. Zur Seite der Väter ist die Tonne zu. Die Töchter dürfen zum Wohle des Patriarchats die Aggressionen nicht nach außen lassen. Gewalttätige Frauen sind im Patriarchat nicht typisch, sondern ein Produktionsunfall. Der Panzer solcher Frauen hat aus Versehen einen Riß gekommen. Die normalen Frauen können in ihrer Not nur gegen sich selbst oder gegen ihre Kinder vorgehen. Die Frauen fühlen ihre Kinder noch lange Zeit nach der Geburt, manchmal lebenslang, als einen Teil von sich. Die Mütter schinden sie wie sich selbst. Das sollen sie auch, um mitzuwirken, daß die patriarchalischen Foltertonnen der nächsten Generation aufs Neue angelegt werden.

Sexualität soll und kann im Patriarchat nicht leben, wie sie aus sich heraus könnte. Wenn die Welt durch das Triebelend der Menschen nicht bald kaputtgemacht würde, wäre die Situation komisch: der Mann bleibt eben durch das kalt, was er sich selber schafft. Das der Frau verbotene eigene Geschlecht wird dadurch auch für den Mann verboten. Der Knabe kann sein Geschlechtswerkzeug ein bißchen einschleifen, mehr an Sexualität darf aus seinem Leib nicht sprießen. Kein Kinderzimmer lädt zum erquickendsten aller Spiele ein. Für Eltern, die ihren Kindern das Geschlecht gönnen wollten, hält die Gesellschaft sogar Strafen bereit. Den geduldeten Geschlechtsverkehr ihrer verlobten Kinder rechnete der Deutsche Bundesgerichtshof Eltern immer noch als Kuppelei an.

Der Mann bleibt zeitlebens instrumentell verhakt. Wenn er die Frigidität seiner Frau bemerkt, strengt er sich an. Es gibt ja Technik. Er setzt den Orgasmus seiner Frau, den er nie richtig kennenlernen durfte, zu seinen Spritztouren in Beziehung, macht Pläne, zeichnet Tabellen, zieht Kurven, übt Nummern, erforscht Zeitmaße, drillt sein Glied zu Marathonschüben, und alles nützt wenig. Gestern hatte die Frau einen Orgasmus, heute nicht, morgen wieder nicht, vor drei Wochen aber jeden Tag. Der Mann studiert die Scheide und Bücher dazu, die Klitoris ist wichtig, da soll man gezielt was machen und doch, Sicherheit gibt es nicht. Vielleicht war alles nur Trug. Maupassant beschreibt eine Frau, die nur ein einziges Mal in ihrer Ehe einen Orgasmus hatte.

In dem Satz der geschlagenen und vergewaltigten Russin: »Aber meine Seele bekommst du nicht!« triumphiert die gefolterte Frau. Nachdem sie sich selbst nicht eröffnen durfte, verschließt sie ihre Lust – es könnte auch heißen, ihren Geist – vor jedem mechanisch agierenden Mann.

Das Geheimnis der Sexualität ruht in ihrer Kontemplativität. Ein Mensch durchdringt einen anderen nur mit seiner *eigenen* Lust auf ihn. Um Lust produzieren zu können, muß man sie schon haben. Die Lust auf einen anderen ist an die Unverwechselbarkeit seiner Person geknüpft. Eifersucht entsteht erst, wenn die Personen instrumentell austauschbar werden. Ein Instrument kann verlorengehen und durch ein anderes ersetzt werden. Der patriarchalische Mann ist wegen seines instrumentellen Geschlechtsverständnisses ganz besonders der Eifersucht unterworfen. Sie bezieht sich immer direkt auf die Scheide seiner Frau. Ihn überfällt Panik, wenn er sich einen fremden Phallus an diesem Orte vorstellen muß. Da er sexuell nichts anderes mehr kann, als mit seinem Phallus zu beeindrucken, stellt er sich vor, der seine sei ungenügend, die Frau sei gezwungen, sich von einem anderen mehr Lust zu verschaffen, als ihr sein eigener bieten kann. Der gegnerische Phallus sei größer, durchhaltender, öfter wiedererstehbar als der eigene.

Aber die Eifersucht des Mannes bezieht sich gar nicht so sehr auf die Frau, wie er es durch sein Verhalten vorgibt. Das wird deutlich in der kuriosesten Spielart phallischer Verletzlichkeit des Mannes, in seinem Jungfräulichkeitswahn. Der Anspruch auf Jungfräulichkeit, den gegenwärtig in Deutschland noch die Hälfte aller heiratsfähigen Männer vertritt, ist nicht nur Diktat bei der Zurichtung der Frau zum sexuellen Vakuum, sondern Auswirkung der Bedrängnis unerledigter sexueller Kräfte des Mannes.

Schon längst kann er diesen Anspruch nicht mehr mit der übersichtlichen Erbfolge rationalisieren, für die das archaische Patriarchat Unberührtheit bis zur Ehe von der Frau verlangte.

Die Frau im zivilisierten Patriarchat soll keine Übersicht über die Sexualität erhalten, nicht das phallische Rudiment der männlichen Sexualität durchschauen lernen, um keinen Preis das phallische Prinzip des Mannes übernehmen, was bedeutete, sich in Ruhe das phallische Angebot zur Scheide zu nehmen, die gespreizten Kräftigkeiten selber auszuprobieren, zu prüfen, zu wechseln und zu verwerfen. Der Mann hat eine erhebliche Angst davor, daß die Frau wirklich so wäre, wie Freud sie diktiert und sie sich danach auch noch verhielte, nämlich so phallusversessen wäre, wie er es selber ist.

Das Jungfrauendogma hat der Mann nicht nur aus Angst vor einer sexuell emanzipierten Frau erhoben. Hinter diesem Wahn verbergen sich Ängste vor und Interessen an seinem *eigenen* Geschlecht. Mit der von der Frau geforderten Jungfräulichkeit bis zur Ehe spült der Mann seine verdrängte Homosexualität in die Moral. Die Frau, in deren Scheide sich ein Mann mit seinem Phallus begibt, muß gereinigt sein von allem Sexuellen eines anderen Mannes. Schon die Reminiszenz eines fremden Phallus' bringt Männer in widersprüchlichste Unruhe. Wenn sie von sexuellem Kontakt ihrer Frauen mit anderen Männern vor oder neben ihnen erfahren, winden sie sich in extremer Pein. Sie wollen das Geschehen genau protokolliert erfahren, die Geschlechtsteile und -szenen minutiös dargestellt bekommen, die gesamte physische Beschaffenheit des anderen Mannes kennenlernen. In ihnen wachen mit heißer Begierde die unbefriedigten Bedürfnisse nach Selbsterforschung und Erfahrung des gleichen Geschlechts aus den Anfängen der genitalen Phase auf.

Wegen der unbewältigten Probleme des Mannes werden der Frau Entwicklung und Erfahrung abgeschlagen. Hinter dem patriarchalischen Sexualkonzept der Jungfräulichkeit lugt Ängstlichkeit des Mannes hervor. Nur eine leere Scheide, einzig vom eigenen Phallus angestochen, wühlt nicht dauernd das homosexuelle Gemüt des Mannes auf.

Sexuelle Praxis unter Männern verärgert den »normalen«, seine Homosexualität verdrängenden Mann, weil er sich durch sie an seine phallische Fixierung erinnert fühlt. Wie die Heterosexualität setzt er auch die Homosexualität unter das Dogma des Phallischen. Phallische Betätigungen unter Männern phantasiert er sich zu Ungeheuerlichkeiten zusammen, vor denen er sich daraufhin meint ängstigen zu müssen, und auf die er glaubt, draufschlagen zu müssen.

Oskar Wilde spricht von Küssen des anderen Mundes, wenn er über die Worte der Salome seine Liebe zu einem Mann formuliert.

Phallische Lust und phallischer Schrecken des Mannes gelten nur dem Phallus selber, entweder seinem eigenen oder verdrängt dem des anderen Mannes.

Auf die Scheide, das technische Äquivalent des Phallus bezieht sich das instrumentelle Bewußtsein des Mannes nicht. Die Scheide ist dem Mann nicht mehr als ein Spülbecken. Das wird ganz deutlich im Präservativ, einem der Kulminationspunkte männlicher Pornographie, zu der der Mann allgemein seine Sexualität heruntergewirtschaftet hat.

Der männliche Geist war zu den unverhofftesten Kühnheiten fähig, wenn es galt, Bestehendes zu ändern. Die männliche Lust entwickelte er hingegen nicht weiter. Er mußte sie sogar ständig mit Gesetzen boykottieren und schließlich in Gummiwänden strangulieren. Für die männliche Suspendierung von der Fortpflanzungskausalität brachte er nur einen Jammerbeutel zustande. Der Präservativ ist letzter Beweis der in der Mechanik ersterbenden Sexualität des Mannes. Nichts mehr von der bettenden Feuchte des weiblichen Schoßes, nicht mal die eigenen Tropfen des Mannes kommen ihm in dieser sterilen Hülle zugute. Gummi ist das Ende männlicher Sexualität. Umsonst entdeckte Wilhelm Reich die physikalischen Gründe der Lust, die elektrolytischen Vorgänge zwischen Haut und Sekreten.

Auch das, womit die Frau die physische Lust garantiert, hat der Mann für überflüssig erklärt. Frigide Frauen produzieren nichts von dem, was einem Mann den überwältigendsten Taumel seines Lebens bereiten kann.

Die Männer wollen von der Frigidität ihrer Frauen nichts wissen, um nicht auf die Zusammenhänge mit ihrer eigenen hingewiesen zu werden. Deshalb verlangen sie von den Frauen Lustspuk, ganz gleich, was diese fühlen. Selber fühlen können sie Frigidität nicht. Damit beweisen sie, daß sie die Scheide der Frauen nicht kennen und auch nicht beabsichtigen, sie kennenzulernen.

Wenn der Frau der Gaukel nicht gelingt oder wenn sie aufhört, Lust zu täuschen, ärgert sich der Mann über die plötzlich erwiesene Frigidität. Er will mit ihr nichts zu tun haben. Er kennt keine Verantwortung für einen Zustand, den er selbst produziert hat. Er läßt sich scheiden. Meist schubst er die Frau weg, wenn sie zwischen Vierzig und Fünfzig ist. Dann kann sie sehen, wie sie sich in das Berufsleben »rückgliedern« oder »rückführen« läßt, wie die Scheidungsgesetze es neuerdings formulieren, wie sie sich in Wirklichkeit in entwürdigenden Hilfsdiensten zermartern muß.

Zu Hause allein mit zwei Kindern, brütend an der Asche ihres Geschlechts, beschämt von der höhnenden Ungerührtheit der Gesellschaft an ihrem Fall, sitzt sie mit ihrer letzten Aussicht auf den erbarmungslosen Weg in das Alter. Hoffnungen zerronnen, Selbsterfüllung vertan. Die Gesellschaft hatte ihr nur ein Leben mit und unter dem Mann eingeredet. Das Leben ohne Mann, schlimmer *nach* dem Mann, bespricht kein Patriarchat in seinem Programm für Mädchen.

Die Frau, die zum sexuellen Vakuum produziert und von dorther auf den Phallus fixiert wird, ist grausamer zerrissen worden, als es ihr auf den ersten Blick anzusehen ist. Durch die phallischen Allüren des Mannes ist sie sexuell konfus geworden. Ohne sexuelles Fundament und ohne Befriedigung an dem, womit ihr zum Ersatz vor der Scheide herumgegaukelt wird, gerät sie in den Zustand der Unersättlichkeit.

Die Unersättlichkeit der Frau darf man aber keineswegs verwechseln mit ihrer dem Mann überlegenen sexuellen Kapazität. Sie ist nicht Ausdruck ihrer Konstitution, sondern Ergebnis ihrer Deformierung. Mit Goethes: »Das ewig Weibliche zieht uns hinan« gruselt sich der Mann zu Recht vor der Unersättlichkeit der Frau. Nur muß ihm untersagt werden, das Ziehen und Zapfen der Frau am Mann, ihr Zehren an männlicher Substanz mit dem Wort »ewig« als Natur zu veranschlagen. Die Stereotypen vom Weiblichen als »Gefäß« und »Topf« sind nur wahr, weil die Gesellschaftsordnung des Patriarchats sie seelisch und körperlich der Frau *aufgezwungen* hat. Die Frau verlangt nach fremder Substanz, weil sie keine eigene haben darf. Der Phallus ist keine Substanz, sondern eine vorübergehende Erscheinungsweise einer Substanz. Die Frau – im Patriarchat zum sysiphallischen Faß gemacht – muß sich die Substanzen aus weiteren Surrogaten holen. Freud beschreibt das Kind als Ersatz des unerreichbaren Surrogates »Phallus«. Das ist aber nur eine Form des Ersatzes. Bevor die Frau zum Kinde kommt, hat sie sich schon den ganzen Mann zur Füllung ihres Vakuums genommen und behält den in der Regel als Ersatzbefriedigung ihrer unerfüllten Existenz ihr ganzes Leben lang. Es gelingt der Frau leicht, ihre Befriedigungsbedürfnisse vom Phallus auf den Mann zu übertragen, weil der seine Existenz mit dem Phallus identifiziert.

Die Frau klammert sich fest in die Existenz des Mannes ein, wodurch der Mann wiederum an die Frau gefesselt wird.

Die Ausbildung der auf den Mann ausgerichteten Frau garantierte sich das Patriarchat durch die ökonomische Abhängigkeit der Frau vom Mann. Bis in das 20. Jahrhundert hinein war es der Frau unmöglich, ihre Existenzgrundlage außerhalb des Zusammenlebens mit einem Mann aufzubauen.

Der Versuch einer echten sexuellen Emanzipation von ihrem Ernährer drohte immer tödlich auszugehen. Die Frau konnte die Abhängigkeit auswechseln oder sie in kurtisanischen Epochen zwischen mehreren Männern ausspielen, ohne daß ihr dabei eine wirkliche Lösung vom ökonomischen Fundament der Männer gelang. Die einzige ökonomische Alternative war das Kloster, das ihrem Leben aber eine ebenso große Sterilität wie die Abhängigkeit vom Mann einbrachte.

Die Frau ist dem Mann ökonomisch nicht mehr total untergeordnet. Die sexuellen Zwänge sind entsprechend geringfügig verringert. Aber die aus den Zwängen entstandenen psychosexuellen Mechanismen der Frau sind geblieben. Die Sexualität der Frau wird immer noch auf die verunstalteten Interessen des Mannes hingetrimmt.

Die Sexualität des Mannes wird immer gebrechlicher, surrogatärer, fetischistischer und damit immer weniger geeignet, die sexuelle Aufarbeitung oder Erfüllung der Frau zu gewährleisten. Die Frau wird durch den Mann heutiger Prägung entweder nie sexualisiert oder bald wieder desexualisiert. Das Patriarchat entläßt die Frau allmählich aus ihrer ökonomischen Abhängigkeit, aus ihrer sexuellen noch lange nicht. Ursachen und Folgen haben sich vertauscht. Die sexuelle Unselbständigkeit der Frau hat heute erneut ihre ökonomische Unfreiheit zur Folge. Die Frau flieht in die Abhängigkeit von *einem* Mann. Die überwiegende Mehrzahl aller Schülerinnen sehen ihre Zukunft an der Seite eines Mannes in einer herkömmlichen Ehe und den eigenen Beruf nur als Übergangsstadium.

Die unselbständige Frau ist eine der Hauptstützen und -produzenten des patriarchalischen Systems. Die Ehefrau, deren Triebe man verkümmern ließ, stellt ihrerseits patriarchalisch funktionierende Männer und Frauen her. Sie verfestigt dem Mann die Verhältnisse noch ärger, als sie es ohnehin schon für ihn sind. Die Unfreiheit, die der Mann der Frau als konstitutives Geschlechtsmerkmal produziert, macht ihn selber unfrei. Der sexuelle Bann, der auf der Frau noch immer lastet, wird zum seelischen Zwang des Mannes, der seinen Zustand durch die Begriffe »Sorge«, »Verantwortung« und »Ernährer der Familie« sich erträglicher machen möchte. Die Fesselungskraft der unselbständigen Frau trifft jeden Mann. Das Beispiel der streikbrechenden Verhaltensweisen englischer Arbeiterfrauen, die im falschen Moment Lysistrata spielten, zeigt die Bedrohung aller Befreiungsbemühungen durch perspektive- und erkenntnislos weibliches Fixiertsein auf den Mann und den Zustand einer irrationalen Ruhe, die die Frau vom Mann ständig garantiert haben will.

Durch die auf ihn bezogene Frau wird der Mann endgültig ins System eingefügt. Der perverse Drang der Frau, sich eines Mannes zu versichern, bringt sie soweit, die Sicherung perversester Verhältnisse in Kauf zu nehmen und sogar anzustreben.

Noch schlimmer wirken ihre Verzerrungen auf ihre Kinder. In die keimende Sexualität schüttet sie das Blei der Besitzverhältnisse, ohne die Mann und Frau im Patriarchat sich erotisch nicht mehr gebärden können und sollen. Das Kind erfährt Sexualität nur im Gatter des Privateigentums und erlebt sich speziell darin als das Eigentum der Mutter. Sind die meisten Frauen immer noch sexueller Besitz ihrer Männer, vergelten sie die Unwürde, Objekt zu sein, durch seelische Inbesitznahme von Männern und Kindern. Durch den Zwang der Frau zur surrogatären Lebensweise sichert sich das Patriarchat die seine Herrschaft tragenden Besitzverhältnisse *in* jedem einzelnen Menschen mit der Macht einer Veranlagung.

Die Not der Frau, ihr sexuelles Vakuum zu füllen, garantiert dem Patriarchat am sichersten die Legierung von Sexualität mit Herrschaft. Das Patriarchat hält sich so hartnäckig am Leben, weil es die Begabung des Menschen, zu herrschen, an die Sexualität gekoppelt hat, wodurch es sich selbst ständig reproduziert. An den stärksten Sinn des Lebens – die Sexualität – hat es den ärgsten Unsinn gebunden, die Tendenz zur Zerstörung von Leben. Die Verwachsung der destruktivsten Veranlagung mit dem konstruktivsten Trieb ist die Sphinx der Unablösbarkeit von Herrschaft. Ausgerechnet die Frau, die im Patriarchat am meisten beherrscht wird, produziert den grundsätzlichsten Zustand, der ihre eigene Beherrschung weiterhin ermöglicht. Das Patriarchat funktioniert auf satanische Weise simpel wie die Natur.

Die Bedürfnisse der patriarchalischen Frau sind zu einem Moloch geworden, der unaufhörlich Nachschub an dysfunktionaler Befriedigung erfordert. Die latente Unbefriedigtheit der Frau lenkt der Mann auf Funktionen und Sachen, die der Frau immer weniger Befriedigung verschaffen können: die Tätigkeiten im Hause werden aufgeplustert, die Selbstverständlichkeit, anderen Menschen beizustehen, wird in der totalen Mutterrolle zweckentfremdet. Die Notwendigkeit, sich zu bekleiden und dem eigenen Körper Aufmerksamkeit zu widmen, schlachtet das Patriarchat zur Zeit am gründlichsten aus, um den amor-

phen Trieb der Frau mit erfüllungs*un*geeigneten Mitteln
weiter zu stopfen. Der Mann konstruierte den Fetisch von
der weiblichen Schönheit, ließ damit die Frau ständig in
Sackgassen rennen, erstickte in ihm ihre originale Triebbefriedigung auf ewig. Die Frauen, die aus diesem Fetisch
ihre Existenz aufbauen wollen, läßt die Gesellschaft kalt-
blütig abkratzen, wenn sie ihm durch Altwerden nicht
mehr genügen können. Die alt und unschön werdende
Frau ist wieder nur noch »Loch«, das ohne Ehemann nichts
wert ist.

Marilyn Monroe, Martine Carol, Vivien Leigh, Renate
Müller, Pier Angeli, Luli von Bodenhausen waren in ihr
Vakuum zurückgestürzt, bevor sie ihr Leben aufgaben.
Die periodisch wiederkehrenden Selbstmordversuche der
Brigitte Bardot sind keine Allüren.

Für die Surrogate aller Frauenbefriedigung hat das kapitalistische Patriarchat Industrien aufgebaut. Die Industrien sind mit den entfremdeten Bedürfnissen über ein
Verhalten verzahnt, das bisher zum entscheidendsten Träger des Systems geworden ist, dem Konsum.

Die Frau, die nach den Doktrinen des Patriarchats lebt,
muß zwischen den Löchern ihres eigenen Geschlechts und
den phallischen Neurosen des Mannes straucheln, an Kindern und Konsum Halt und Erfüllung suchen.

Wie offensichtlich der »Penisneid« nicht das Schicksal der
Frau, sondern Diktat über ihr Leben ist, zeigt das Patriarchat den Frauen, die sich auf ihn nicht festlegen lassen wollen. Frauen, die kein Kind und keine männliche
Substanz wollen, die den Penis des Mannes als das nehmen,
was er ist, als eine Möglichkeit, sich gesteigerte Lust zu
verschaffen, Frauen, denen männliche Existenz zu nichts
anderem dient, als zu vorübergehender libidinöser Konfrontation mit ihrem Leben, solche Frauen werden noch

immer in einem Katze-und-Maus-Spiel durch die Gesellschaft gejagt. Das Patriarchat zahlt es Frauen böse heim, wenn sie sich ihrer Abrichtung zum Moloch widersetzen oder aus dem Produktionsverfahren der patriarchalischen Frau immer wieder aussteigen.

Es beginnt mit dem Titel »Fräulein«, mit dem die Gesellschaft alles Weibliche, das sich nicht vom Männlichen ableiten möchte, in eine Verkleinerungsform stellt. Viele Frauen heiraten nur, um nicht zeitlebens als »Fräulein« durch das Patriarchat geschubst zu werden. Es hat etwas Beschämendes an sich, wenn Männer hartnäckig auch älteren Frauen den Titel »Frau« verweigern. In der Anrede »Fräulein« einer erwachsenen Frau gegenüber liegt ein »Ätsch«, du warst nicht mann-gerecht genug, das sollst du täglich zu spüren bekommen!

Das Bedürfnis nach ökonomischer Selbständigkeit wird der Frau mit einer Kette von Strapazen vergolten. Die Frau, die die nichtbezahlte Arbeit im Haushalt des Mannes verweigert und vor der Ehe keinen Beruf erlernen konnte, muß unterbezahlte Hilfsarbeitstätigkeiten in der Fabrik ausführen. Die ärgste Ausbeutung, die das kapitalistische System sich in aller Öffentlichkeit noch leistet, ist die Behandlung von Industriearbeiterinnen im Akkord. Der Grundlohn ist so gering gehalten, daß sich die Arbeit für die Frauen nur auszahlt, wenn sie sich zu äußerster Geschwindigkeit antreiben, um die wenigen verlockenden Pfennige Akkordzulage zu erringen. Am Fließband im Akkord zu arbeiten, steht eine Frau nur zehn Jahre ihres Lebens durch. Ausgeflippte Akkordarbeiterinnen – meist zwischen Dreißig und Vierzig – stellt kein Betrieb mehr ein. Wie ausgequetsche Schalen werden diese Frauen in der Mitte ihres Lebens weggeschmissen.

Spitzenpositionen erreichen Frauen nur, wenn sie mit einem Übersoll an Leistungsnachweisen antreten. Will eine Frau sich einen Beruf ernsthaft erarbeiten, muß sie sich doppelt so anstrengen wie ein Mann.

Das Leben einer ungelernt arbeitenden Frau krümmt sich unter totaler Ausbeutung. Die Last unabänderlicher Arbeitsverhältnisse ist für diese Frauen noch schwerer als die der Ehe und Familie.

Das Leben einer beruflich ausgebildeten Frau ist dagegen ein Seiltanz über einer Männergesellschaft, die ihr bei ihren Anstrengungen hämisch lauernd von unten zwischen die Beine sieht und in Wirklichkeit nur darauf wartet, daß sie abstürzt.

Eine Frau, die im Beruf Erfolg haben will, muß die fachlichen Mühen mit besseren Ergebnissen als der Mann durchstehen und zugleich gegen das ihr seit Generationen eingewachsene Rollenklischee der Ehegattin, Hausfrau und Mutter ankämpfen. Zur sachlichen Strapaze kommt die personelle Unsicherheit, ob sie un(–ab–)geleitet von einem Mann überhaupt leben und glücklich werden kann.

Das Geschlecht einer arbeitenden Frau hat unter allen Umständen vor den Toren ihres Arbeitsplatzes zu bleiben. Trotzdem wird es von den Kollegen abgeschätzt und provoziert wie das einer Hure. Die Männer stehen bei einer arbeitenden Frau ständig auf der sexuellen Lauer, mit Put-put-Allüren wollen sie erst mal sehen, ob die Befähigung einer Frau nicht doch allein von unten kommt. Wegen dieses Verhaltens wird eine unter Männern berufstätige Frau gezwungen, ihr Geschlecht einfrieren zu lassen. Und sowie sie es aufzutauen versucht, wird sie in ihre alte Position gedrängt, die sie dem Mann gegenüber zur Unterordnung zwingt. Denn der Mann kann sich der Frau sexuell gegenüber nur im Konzept der Herrschaft gebärden. Die Chefsekretärinnen-Sexualität ist für ihn keine Kunst. Die Sekretärin ist die aus dem Haus in das patriarchalische Berufsleben übertragene, vom Mann abgeleitete Frau.

Die alte sexuelle Position der Frau im Patriarchat verträgt sich keinesfalls mit ihrer qualifiziert beruflichen, bei der sie auf Partnerschaftlichkeit und Kollegialität angewiesen ist. Also muß die berufstätige Frau in einer dem Mann gegenüber gleichberechtigten Position, noch mehr aber in Direktionsstellungen, auf ihre sexuelle Emanzipation verzichten. Durch diese Spaltung ihrer Existenz bleibt der Wert ihrer beruflichen Emanzipation gering.

Ist die berufstätige Frau eine noch so partnerschaftliche Ehe eingegangen, muß sie entweder doppelte Belastungen auf sich nehmen oder andere Personen für sich arbeiten lassen, um Kinderpflege und Haushalt gerecht zu werden.

Das Patriarchat ermöglicht der Frau in beiden heute von ihm erlaubten Lebensweisen von ihren drei Bedürfnissen immer nur die Befriedigung eines einzigen. Die Frau möchte ihren Begabungen und Neigungen, ihrem Geschlecht und ihren Kindern leben. In der patriarchalischen Ehe kann sie sich nur mit ihren Kindern beschäftigen. Ihr Geschlecht bleibt oder wird so irritiert, daß es zu seiner Befriedigung selten kommt. Die Ausübung einer ihrer Befähigung entsprechenden Tätigkeit entfällt in der herkömmlichen Ehe.

Ihr unter den Vorzeichen des Patriarchats gewählter Beruf kann der Frau zwar existentielle Sicherung bereiten. Das Kinderkriegen muß sie dann aber unterlassen, wenn sie weder eine patriarchalische Ehe noch die Doppelbelastung auf sich nehmen will.

Das Geschlecht außerhalb der Ehe zu befriedigen, verwehrt die Gesellschaft der Frau noch immer mit einer Kette von Boshaftigkeiten. Die gesellschaftliche Ächtung der ehemannlosen Mutter, ihre amtlichen Bevormundungen und Entrechtungen sind ein vielfältig behandeltes

Thema. Verbot und Bestrafung der Abtreibung ist der Hauptbeweis männlicher Herrschaft über die Frau. Eine offenkundigere Entlarvung männlicher Falschheit gibt es kaum. Ein Mann wie Nixon, der in Vietnam Tausende von Männern durch ein paar Befehle in den Tod hineintreibt, schürzt beim Problem der Abtreibung sein Friedensmäntelchen vor die böse Scheide der Frau, die Leben hinter ihrem Tor nicht lassen will.

Kein Mann hat das Recht von Lebensschutz im Mutterleib zu reden, solange er gemäß seiner patriarchalischen Aufgabe Leben außerhalb des Schoßes unter ungezählten Vernunftvorwänden vernichtet.

Da es im Konzept des patriarchalischen Mannes in der Regel nicht um den Schutz des Lebens geht, müssen andere Gründe ihn veranlassen, der Frau die Befugnis über ihren Körper zu verweigern.

Die vom Mann abgeleitete Sexualität der Frau sanktioniert das Patriarchat am übelsten durch den Samen des Mannes. Nicht genug, daß der Mann keine sexuelle Mutation zustandebrachte, die seine Sexualität von der Fortpflanzungsfunktion allmählich hätte emanzipieren können, ist sein Samen sogar das brutale Mittel seiner Herrschaft geworden.

Durch ihn hält er die Frau in Angst. Mit Hilfe seines Samens sichert der Mann die Monogamie schärfer als mit allen gesellschaftlichen Ordnungssystemen. Jede sexuelle Betätigung der Frau außerhalb der Ehe war von der Angst begleitet, befruchtet zu werden. Der zur außerehelichen Frucht herangewachsene Samen ist für den Mann ein Überführungsmittel, um seine Repressionsmechanismen gegen die Frau loszulassen. Um die Frucht selbst geht es dem Mann selbstverständlich nicht. Leben ist millionenfach zu viel auf der Erde. Wenn es dem Mann paßt, zerstört er es kriegerisch oder friedlich millionenfach und geniert sich nicht, von Reinigungen durch den lieben Gott oder die Natur zu sprechen. Bei der Verfügung der Frau über ihren Körper kämpft der Mann um die Macht seines Samens. Er will mit ihm nicht beliebig aus der Frau verwiesen werden, wann *ihr* es paßt, sondern weiter ihr Geschlecht in seinen Fesseln, Gürteln und Ketten gefangen halten.

Im kapitalistischen System sichert sich der Mann mit dem Verbot der Abtreibung immer wieder das Nachwachsen einer Unterschicht. Mit Kindern, die nicht gewollt werden, beschäftigen sich die Mütter nicht oder leiten auf sie noch mehr Aggressionen ab als auf »Wunschkinder«. Die geistige Entwicklung ungewollter Kinder stagniert meist unwiderruflich, ihre seelische geht den Weg der Verrohung und Kriminalisierung. Der unterentwickelte Geist schafft neues Akkordarbeiterpotential. Die brutalisierte Seele schafft im Kriminellen einen Gegner, der zum Prügelknaben der irregeleiteten Massen wird und sie vom wahren Gegner ihres Lebens, den herrschenden Vätern, ablenkt. Kriminalität ist der Auspuff der patriarchalischen Gesellschaft. Man weiß, woher sie kommt und produziert sie doch. Das Verbot der Abtreibung ist das erste Verfahren, sie herzustellen.

Versteckter liegen die Zwänge, die der Mann der Frau über die »Pille« zugedacht hat. Es läge ganz außer den patriarchalischen Gesetzmäßigkeiten, daß der Mann etwas für die Frau erfindet, das ihr Geschlecht zu befriedigen und zu befreien hilft.

Die »Pille« schafft der Frau zunächst organische, psychische und soziale Schwierigkeiten. Die patriarchalische Frau geniert sich, als lüstern zu gelten, als eine, die nicht nur für eine Mutterschaft koitieren möchte. Die Frau weiß nicht, was mit ihr in Zukunft durch die »Pille« organisch alles geschieht. Die Einnahme ist ein demütigender und Sinnlichkeit zersetzender Turnus. Spontaneität wird gebrochen, neue Angst produziert. Jeder Tag zwingt sie, sich routiniert des Geschlechtlichen zu erinnern, das eine schale Notwendigkeit erhält. Der Kummer ist doppelt groß, wenn die Frau trotz »Pille« ihren Schoß nicht befriedigen kann. Hat sie die Einnahme einmal vergessen, ist sie zur Abstinenz während der ganzen Periode gezwungen, weil sie durch diesen Lapsus überempfänglich geworden ist. Die Frau hat mit der »Pille« eine Anlaufzeit, ehe die Verhütung sicher ist. Sie erleidet drei Monate lang physische Schwankungen, wenn sie sie absetzt.

Die tolldreiste Infamie dieser Verhütungskonstruktion besteht aber in der Art ihrer Wirkung. Die »Pille« setzt in der Frau eine schwebende Schwangerschaft in Gang. Es ist medizinisch gesichert, daß die Frau von einer Schwangerschaft erschöpft wird. Eine solche leichte immerwährende Erschöpfung hat sich der Mann mit seiner Erfindung »Pille« ausgedacht. Viele Frauen unterliegen leichten Schwankungen, Veränderungen, Verringerungen ihres Wohlbefindens, wenn sie die »Pille« genommen haben.

Eine Schwangerschaft verzehrt aber nicht nur die physische Kraft der Frau, sie setzt auch ihre geistigen Kräfte vorübergehend Schwankungen aus. Auch diese Wirkung der »Pille« ist dem Patriarchat willkommen. Die Frau soll ständig an die Funktionen ihres Geschlechts so erinnert werden, daß sie ihre Aufmerksamkeit von ihm schwerlich abziehen und auf gesellschaftlich erhebliche Dinge konzentrieren kann.

Die »Pille« ist das Konzentrat patriarchalischer Unterdrückung der Frau in der zweiten Hälfte des 20. Jahrhunderts, verpackt in die Harmlosigkeit eines Medikaments und in die Lüge von der befreiten Lust. Der Mann demonstriert mit der »Pille«, wie er die Sexualität der Frau nicht verstanden hat und sie nicht verstehen will. Die »Pille«

soll angeblich bisher die Sexualität der Frau am weitesten von ihrer Fortpflanzungsfunktion befreien und heftet sie in Wirklichkeit heimtückischer an sie, als alle Natur dies je vermocht hat.

Seit der Mann über die Frau herrscht, ist ihr die Souveränität über ihren Körper geraubt worden. Als die Frau noch im Einklang mit ihrem Leibe stand, wird sie autonom befähigt gewesen sein, Liebe an Fortpflanzung zu knüpfen, wann es zu ihren Bedürfnissen paßte.

Gestörtes Gleichgewicht in Menschen und Natur versucht der Mann mit Chemie wieder auszubalancieren. Der Mensch verträgt die höllisch gemachte Umwelt nicht. Aber der Mann will sie nicht wieder mit dem Menschen versöhnen. Statt dessen greift er nach den Genen, um den Menschen selbst für seine verheerende Umwelt passend zu verändern.

Die »Pille« ist zur Zeit lebens- und liebesnotwendig, der Frau die Selbstbestimmung wenigstens mit der Krücke eines Medikamentes zurückzugeben. Aber es wären unzählige Schwangerschaftsvereitelungen denkbar, die weder lustbrechend wirken wie das Präservativ noch konstitutionsirritierend wie die »Pille«. Solche stellt der Mann nicht her oder denkt sie sich erst gar nicht aus. Einer »Pille danach«, die die Einnistung des Eies unmöglich oder nur die Wirkung des Samens rückgängig machen würde, halten die gesammelten Kirchen noch immer ihr Kreuz entgegen.

Herstellen der patriarchalischen Frau bedeutet sie schwächen. Sie zu schwächen, erreicht das Patriarchat mit der Zerschlagung ihres Geschlechts. Der körperliche und seelische Zugewinn an Lust wird der Frau vom Mann wieder abgetrieben. Die Wunde, die ihr dadurch geschlagen wird, legt der Mann ihr als Masochismus aus und schämt sich nicht, daran noch Spaß zu haben.

Das männliche Bewußtsein vom weiblichen Geschlecht orientiert sich immer von neuem am Verhalten des Maulwurfs. Der Maulwurf kommt erst dann in das Geschlecht seiner Frau, wenn er es zerreißt. Er jagt das Weibchen durch seine Irrwege und fügt ihm dann mit seinem Phallus die größten Schmerzen zu.

So naturverwachsen, nur über Schmerzen zu benutzen, stellt sich der Mann auch das Geschlecht der Frau vor. Er treibt die Lust, bevor er das Geschlecht benutzt, aus ihm heraus und heftet es mit neuen zivilisatorischen Mitteln an die Funktionen der Fortpflanzung wieder an.

Der Geist des weiblichen Sexus ist erlegen. Aus der Muschel einer Maulwurfsfrau klingt gewiß kein Meer.

Der Mann als Zerstörer der Partnerschaft
Jünglingsmord und Frauenkastration

> *»Der Krieg ist der Vater aller*
> *Dinge«* Heraklit

Alle Gesellschaftsformen, in denen Menschen heute leben müssen, sind patriarchalisch. Das Patriarchat ist für alles verantwortlich, was das Leben furchtbar und erst erlösungsbedürftig gemacht hat. Die Menschen sind sich dieser ihre Existenz grundsätzlich beeinflussenden Tatsache noch immer nicht bewußt.

Die herrschenden Männer bestimmen nicht nur die gesellschaftlichen Verhältnisse, sondern auch die Gegenstände, über die nachgedacht wird. Da sie bis ins 20. Jahrhundert das Denken für sich selbst reserviert haben, gebrauchen sie ihre gesellschaftliche Macht und ihre theoretische Kraft dazu, über die Voraussetzungen ihrer Herrschaft *nicht* nachzudenken.

Der herrschende Mann denkt über das Patriarchat nicht nach, weil er an seiner Veränderung nicht interessiert ist. Dadurch fixiert er es zu einer Naturgesetzmäßigkeit.

Zum ersten Male entwickelte eine Frau, Kate Millett, eine Theorie des Patriarchats. Sie beschrieb 1970 den von Männern gemachten Zustand, der seit mehreren Jahrtausenden besteht.

Noch immer sind die Kenntnisse von den *Entstehungs*bedingungen dieses Zustandes unvollkommen, so daß der Glaube sich erhalten konnte, das Patriarchat sei der Anfang und müßte auch das Ende menschlichen Zusammenlebens sein.

Das Patriarchiat ist die Gesellschaftsordnung, die während des kürzesten Zeitraums menschlicher Existenz das Gruppenleben bestimmt hat, kaum mehr als ein Fünfzigstel dieser Zeit.

Der Mann verfolgt in seiner Geschichte bisher nur Systemveränderungen, Kulturenkurven und Völkerbewegungen. Selbst die Revolutionstheoretiker befaßten sich fast ausschließlich mit Klassen- und Ständeauseinandersetzungen, Verhältnissen unter Männern. Die Frau ist im Patriarchat so unterstande geraten, daß die Kämpfe, die der Mann mit ihr geführt hat, nicht mehr behandelt werden.

Im Wort »Patriarchat« steckt ein Hinweis auf die Entstehung des mit ihm umschriebenen Zustandes. Das lateinische »pater« – das entsprechende deutsche »Vater« – bedeutet Oberhaupt der Familie, aber nicht das sexuelle, sondern das ökonomische Oberhaupt. »pater« ist der Ernährer der Familie im Sinne von Nahrungsmittelbeschaffer. »pater« ist nicht der Geliebte der Frau und nicht der Erzeuger der Kinder. Das Wort entstand, als die Zeugung noch nicht bekannt war. »Patriarchat« heißt demnach nicht einfach Herrschaft der Väter als Ehemänner der Frauen und Erzeuger der Kinder, sondern es kennzeichnet die Herrschaft der ökonomisch Mächtigen. Das Patriarchat ist eine Gesellschaftsordnung, in der Männer herrschen, die die Wirtschaft der Familie, des Stammes, des Volkes oder wie heute ganzer Nationalblöcke in der Hand haben.

Ökonomische Verhältnise und ihre Veränderungen sind nur zu einem Teil Ursache für die Entstehung des Patriarchats. Die entscheidende Rolle spielte die Veränderung der sexuellen Beziehungen. Die ökonomischen Bedingungen verändern sich, das Privateigentum und die Hausknechtschaft der Frau wurde in einigen Spielarten des Patriarchats aufgelöst, ohne es selbst zu beseitigen. Es bleibt erhalten, weil noch immer die sexuellen Bedingungen erzwungen werden, die seine Entstehung ermöglichten.

Die Errichtung der väterlichen Herrschaft ist von einem

Miteinander und Ineinander ökonomischer *und* sexueller Geschehnisse vorangetrieben worden. Hunger und Trieb sind die stärksten Kräfte des Menschen, sie sind auch die einzigen, die ihn verändert haben. Hunger konstruierte die Entwicklung, Sexualität lenkte sie in eine bestimmte Bahn.

Die Menschen ernährten sich auf ihrer untersten Stufe von dem, was ihnen ihre tropischen und subtropischen Herkunftsgebiete griffbereit boten: von Früchten, Nüssen und Wurzeln.

Ihre sexuelle Kommunikation wird sich kaum von den Formen der Geschlechtsgemeinschaften unterschieden haben, die heute bei den Affen vorzufinden sind. Es gibt bei Affen Einzelpaare, Vielweiberei und die Vater- oder Ältestenhorde, ein Verband von weiblichen und männlich-adoleszenten Mitgliedern unter dem sexuellen Vorrecht eines Leit-Mannes.

Allmählich wurden kleine Land- und Wassertiere zur Nahrung verwendet. Die Menschen waren gezwungen, längere Wege zwischen ihrem Aufenthaltsort und der Fundstelle der Nahrung zurückzulegen. Außerdem konnten sie die Tiere nicht nur greifen wie die Pflanzen. Sie mußten sie erjagen. Nur mit Hilfe zweckgerichteter Handlungen konnten sie in den Besitz der Tiere gelangen. Die Menschen begannen Werkzeuge herzustellen, die ihnen das Ergreifen und Zerlegen der Tiere erleichterten. Sie entdeckten in diesem Abschnitt die Produktion und Erhaltung des Feuers. Infolgedessen waren sie nicht mehr auf die gleichbleibende Witterung angewiesen. Es begann die Zeit des Wanderns. Die Jagd, das nunmehr bevorzugte Mittel der Bedarfsdeckung, ermöglichte und erzwang eine Kumulation der Verrichtungen, die ein ständiges Beisammensein der Gruppenmitglieder erforderte. Fische fangen und wilde Tiere erlegen konnten nur mehrere Personen gemeinsam. Alleingeblieben, mußte der einzelne auf die Ernährungsstufe zurückfallen, aus der sich die Gruppe gerade befreit hatte. Noch heute heißt es von Einsiedlern, die in den Wald gehen: »Sie ernährten sich von Früchten, Wurzeln und Beeren.«

Der ökonomische Zwang zur ständigen Gemeinsamkeit stand einer sexuellen Praktik entgegen, die Merkmal des Verhaltens der höheren Säugetiere ist, und der der Mensch zu Anfang seiner Entwicklung ebenso verpflichtet gewesen sein muß: die Unmöglichkeit der Vielmännerei. Es gibt bei Tieren das Paar und eine Gemeinschaft von einem Mann und mehreren Frauen, aber nicht die Gemeinschaft einer Frau und mehrerer Männer.

Die Tiere, die in der erweiterten Geselligkeitsform der Horde leben, müssen während ihrer Brunstzeit ihre Verbindung zur Gruppe lockern oder vorübergehend aufgeben. Dies wird durch die »Eifersucht« des Männchens erzwungen. Der aktuelle Geschlechtsverband zweier Tiere stört durch seine Prozedur der Paarung den gesellschaftlichen Verband.

Der Mensch senkte seine Überlebenschancen herab, wenn er das Prinzip des sexuellen Gegeneinanders der Männer in der Brunstzeit beibehielte. Die Horde eröffnete dem einzelnen enorme Entwicklungsmöglichkeiten. Durch sie war er von seinem das Tierleben beherrschenden ununterbrochenen Zwang zur Nahrungssuche und zur Verteidigung seiner Haut zeitweilig befreit. Er konnte sich auf planende Tätigkeit konzentrieren. Die Emanzipation von den ärgsten Naturzwängen, die die Horde erbrachte, wollte der Mensch nicht immer wieder während seiner sexuellen Aktivität aufgeben müssen. Er war gezwungen, nicht nur den Hunger, sondern auch die Sexualität innerhalb der Gruppe und nicht gegen sie zu befriedigen.

Forscher urgemeinschaftlicher Lebensformen stellten fest,

daß die vorgeschichtliche Geschlechtsgemeinschaft der Menschen promiscue war. Sie verlieren keinen Gedanken darüber, *wie* es zu dieser Vielmännerei gekommen ist. Denn Promiskuität heißt nicht nur Geschlechtertausch zwischen einem Mann und vielen Frauen, sondern auch zwischen einer Frau und vielen Männern.

Es ist unmöglich, daß der Ausschließlichkeitsanspruch, der das männlich-sexuelle Verhalten des Tieres kennzeichnet, vom menschlichen Ur-Mann mit Hilfe der »Einsicht« in die Gruppenschädlichkeit der Eifersucht aufgegeben worden sein soll, wie Freud und Engels es sich vorstellen. Vielmehr muß eine *Entwicklung* stattgefunden haben, die erst die Bedingung ungetrübten sexuellen Gruppenlebens eröffnete. Voraussetzung dieses Gruppenlebens ist die Entwicklung des weiblichen Tieres zur menschlichen Frau. Das Weibchen der höheren Säugetiere ist während seiner Brunstphase nur einmal zu einem Geschlechtsakt bereit, und brünstig ist es nur innerhalb bestimmter Zyklen von mehreren Monaten oder sogar Jahren. Der Geschlechtsdrang des Männchens ist dagegen ständig aktualisierbar und schon von seiner Konstitution her viel labiler als der zyklisch festgelegte des Weibchens. Bei den Tieren sind die sexuellen Einrichtungen nicht sehr harmonisch aufeinander abgestimmt. Das Männchen ist aus sexueller Not eifersüchtig. Es schubst den Rivalen vom Weibchen weg wie den Genossen vom »Knochen«. Die Eifersucht des männlichen Tieres ist das Korrelat zu der selten möglichen geschlechtlichen Bereitschaft des Weibchens und ruht in einem ganz anderen Vorgang als die Eifersucht des menschlichen Mannes, die erst viel später in anderen Zusammenhängen auftritt und eine entscheidende Motorik bei der Entstehung des Patriarchats sein wird.

Die Frau mutierte in den 400 000 bis 500 000 Jahren, in denen die Menschen in der Horde lebten, ein für alle männlichen Mitglieder kopulationsfähiges Geschlecht. Sie hob selbst die in der weiblichen Physis des Tieres ruhende Beschränkung sexueller Betätigung auf, die die kostbare Horde durch die männlichen Rivalitätskämpfe ständig von innen her bedrohte. Mit ihrer Entwicklung löste die Frau ihr Geschlecht aus den Zwängen des Fortpflanzungszyklus. Über diesen Vorgang wurde die menschliche Sexualität geboren. Die erste Emanzipation der Frau fand in dieser Epoche statt. Sie war zugleich eine Emanzipation des Menschen. Durch ihre genitale Veränderung hat die Frau die erste Befriedigungschance – zugleich die einzig mögliche überhaupt – eröffnet. Das Konzept der weiblichen Sexualität ist nicht für den Mann, sondern für die Gruppe geschaffen. Die Frau hat durch ihre sexuelle Dauerbereitschaft in ihren Genen eine sozialistische Wurzel, die bei aller späteren patriarchalisch oktroyierten sexuellen Konzentration auf *einen* Mann ihr nie wieder ganz ausgerissen werden konnte. Die Klitoris, das für den selbständigen Trieb der Frau wesentliche Lustorgan, fehlt der Äffin. Sie ist vorn oberhalb der Scheide angebracht, so daß sie vom männlichen Schambein nur bei den Gesicht-zu-Gesicht-Positionen berührt wird. Wäre bei den Menschen noch das Aufsteigen des Mannes von hinten wie bei den meisten Tieren die häufigste Kopulationsart, hätte sich die Klitoris wahrscheinlich am anderen Ende der Scheide gebildet. Vom Sitz der Klitoris kann darauf geschlossen werden, daß die Frau sie erst entwickelt hat, als der Mensch durch seine aufrechte Gestalt die Gesicht-zu-Gesicht-Stellung einnehmen konnte.

Die weibliche Sexualität ist sogar fortpflanzungsfeindlich geworden. Die Säfte, die die weiblichen Drüsen im Begattungszyklus abgeben, wirken zersetzend auf den Samen des Mannes. Die Frau ist zu Umarmungen am geneigtesten vor und nach ihrer Menstruation, wenn sie zur Empfängnis am unbegabtesten ist. Frauen, die sich mit vielen Männern austauschen und das zudem häufig, empfangen seltener als Frauen, die eben anfangen, selten fortfahren und bei einem Mann bleiben.

Die der Fruchtbarkeit entgegenwirkenden neuen sexuellen Begabungen der Frau stehen in engem Zusammenhang mit dem ökonomisch-sozialen Fundament, aus dem sie erwachsen sind und das sie fortentwickelt haben. Die Harmonisierung der sexuellen Bedingungen zwischen Mann und Frau lebte in Korrespondenz zu einer sachlichen Gleichberechtigung und zu einer Gleichverpflichtung aller Hordenmitglieder.

Frauen waren nicht nur so stark wie Männer, sie taten auch das gleiche wie sie. Es existieren zahlreiche Berichte über Gemeinschaften, die noch Spuren dieser Zustände in ihrem Zusammenleben zeigten, als andere Völker schon die Frau in das patriarchalische Joch der Mutter und Haushälterin gezwungen hatten.

Nach Herodot nahmen die Frauen der Skythen am Kampfe teil. Eine skythische Jungfrau durfte erst heiraten, wenn sie einen Feind erschlagen hatte. Die Frauen in diesen Gemeinschaften waren den Männern weder an Körperkraft noch an Gewandtheit unterlegen. In Westafrika gab es im 19. Jahrhundert amazonische Frauenheere der Aschantis und des Königs Dahome. Kolumbus hatte vor Santa Cruz ein Gefecht mit einer indianischen Schaluppe zu bestehen, in dem die Frauen ebenso tapfer wie die Mäner kämpften. Havelock Ellis berichtet von Frauen der Andombies am Kongo, die hart arbeiteten, schwere Lasten schleppten, und dabei ein glückliches Leben führten. Sie seien oft kräftiger gebaut und besser entwickelt als die Männer. In Nordamerika protzte ein Indianerhäuptling, daß die Frauen zur Arbeit geschaffen seien; eine könne so viel tragen und heben wie zwei Männer. Die Papuafrauen in Neuguinea waren stärker als die Männer. Von Frauen in Kuba berichtet Ellis, sie hätten an der Seite der Männer gefochten und sich allgemein großer Unabhängigkeit erfreut. (Zitiert bei Bebel S. 69.) Im antiken Sparta nahmen die Mädchen gleich den Knaben an allen körperlichen Übungen teil. Die Germanin Brünhilde wollte nur den lieben, der ihr ebenbürtig war. Außer Siegfried waren alle Männer schwächer als sie. Die griechischen Göttinnen Hera und Athene waren sehr potent. Sie kleideten Helden nicht nur in Kriegszeug, sie griffen auch selbst in die Kämpfe ein, wenn einer ihrer Schützlinge in Not geriet. Medea verfügte über gewaltigere Kräfte als alle Männer ihrer Umgebung. Der griechische Gott der Jagd war Artemis, eine Frau.

Im Zeitalter der Jagd gab es noch keine Rollenverteilung. Das Kinderkriegen geschah nebenbei und war keine Hauptbeschäftigung der Frau. Es belästigte die Gruppe genauso wie ursprünglich der Umstand, daß die Frau nicht von mehreren Männern umarmt werden konnte. Die Horde mußte beweglich sein, ihren Aufenthalt nach dem Nahrungsangebot ständig verändern. Das Kind hemmte diese Beweglichkeit und verbrauchte zusätzlich Nahrung, ohne gleichzeitig Nahrung herbeizuschaffen.

Obgleich man die Zusammenhänge bei der Erzeugung eines Kindes noch nicht kannte, entwickelte man instinktiv verschiedene antikonzeptionelle Praktiken. Nicht nur die sexuellen Verhaltensweisen der Gruppe wirkten schwangerschaftsvereitelnd, auch die gleichberechtigte Funktion der Frau in der Horde war einer Schwangerschaft abträglich. Noch heute erinnern primitive Abtreibungsversuche an das Verhalten der Frauen zur Zeit der Jagd. Die Beschäftigungen selber waren antikonzeptionell. Frauen, die einen vorzeitigen Fruchtabgang mit den simpelsten Mitteln versuchen, springen, laufen, tanzen oder setzen sich ausgiebig heißem oder kaltem Wasser aus. Das alles sind

Handlungen, zu denen die jagenden und fischfangenden Frauen gezwungen waren, ohne daß sie wußten, was sie damit verhinderten. Das Sexualverhalten einiger glücklicher Südseeinsulaner-Gruppen ist mit antikonzeptionellen Ritualien verbunden, die mehr auf unbewußte als auf rationale Verhinderungen von Schwangerschaften schließen lassen. In Jugoslawien gibt es einen Trick, den ausfallenden Monatszyklus wieder in Gang zu bringen. Die Frauen führen die Wurzel einer bestimmten Pflanze ein, die die eingenistete Frucht hinaustreiben soll.

Das Kinderkriegen ist erst Mode geworden, als das Patriarchat hereinbrach und es nicht nur den Frauen zur Verzweiflung, sondern – wie an der gegenwärtigen Überbevölkerung abzulesen ist – der Menschheit zur Pest werden ließ. Die Mutter*rolle* wurde erst erfunden, als der Mann unter ganz anderen sexuellen und ökonomischen Bedürfnissen die Frau in sein Privateigentum nahm, sie in sein Haus sperrte und dort für sie eine Beschäftigung brauchte.

Euripides' Medea klagt noch: »(Die Männer) sagen wohl, wir leben ungefährdet, bequem im Haus, indes sie Schlachten schlagen! Törichter Traum, lieber dreimal wollt' ich im Kampfe stehn, als einmal nur gebären«.

Aus der in Höhlen gefundenen Kunst der letzten Eiszeit läßt sich nachweisen, daß Fruchtbarkeit noch nicht die Losung jener Zeit war. Die Ren- und Mammutjäger malten die Frauen in den Brust- und Lendenpartien so üppig aus, daß erkennbar wird, wie sie sie nicht als Vermehrungsinstitut sondern als sexuelles Idol verehrten. In den Felsmalereien finden sich Symbole, Formen und Linien, die von der Faszination zeugen, die von der Sexualität auf die Jäger der ausgehenden Altsteinzeit ausgegangen sein muß. Verehrt werden Penis und Vagina gleichermaßen als die Träger des Geheimnisses wollüstigen Unterschiedes zwischen Mann und Frau.

Ende der sechziger Jahre des 20. Jahrhunderts verbreitete der Engländer Desmond Morris in seinem Buch »Der nackte Affe« die vom Patriarchat mit Genugtuung aufgenommene angebliche Sensation, die Frau hätte ihre spezifische Sexualität für die Ehe konzipiert: »Folgerichtig hatte sich bei der Frau die Tendenz zur Bindung an nur einen Mann – zur Paarbindung – zu entwickeln.« »Der nackte Affe mußte Fähigkeiten gewinnen, sich zu verlieben, damit er sexuell nur auf einen Partner geprägt wurde.« »Einmal verliebt, mußte der nackte Affe also verliebt bleiben.« (Morris S. 100 ff) Morris dekretiert die Mutation der Frau gleich einem Geistlichen, der Menschen bis zum Tode gesellschaftlich aneinanderheften muß, ins sexuelle Leben eines einzigen Paares. Das, was sein soll, wird zu dem gemacht, was war.

Die Menschen lebten 400 000 bis 500 000 Jahre als Jäger. Ehen gibt es erst seit höchstens 10 000 Jahren auf einer ganz anderen ökonomischen Grundlage. Morris' patriarchalischer Geist wollte dem »nackten Affen« etwas vormachen, ohne zu berücksichtigen, daß sich schon beim »angezogenen« Affen Übergangsverhaltensweisen zur menschlichen Vielmännerei abzeichnen.

Jane van Lawick-Goodall lebte zehn Jahre unter Schimpansen und beobachtete, wie alle Männchen, die sich um eine brünstige Schimpansin bemühten, zum Zuge kamen. Die Männchen waren weder ungeduldig noch gegeneinander feindlich. Sie standen Schlange. Jeder kam innerhalb der fünfwöchigen Brunstzeit zu mehreren Kopulationen. Der Hauptpartner der Brünstigen hatte gegen die sexuellen Wünsche und Aktivitäten der anderen Männchen nichts einzuwenden. Aber im Unterschied zu den Begabungen der Frau war die Schimpansin nach dieser Zeit erst wieder in fünf Jahren zu genitalen Kontakten mit den Stammesgenossen fähig.

Auch ökonomisch leben die Schimpansen in einer vorurmenschlichen Übergangsphase. Sie ernähren sich noch hauptsächlich von Früchten, erjagen aber schon mit selbstgebastelten Geräten Schweine, Meerkatzen und Paviane, die sie danach zerreißen und auffressen.

Der Mensch hat gegenüber den Affen zusätzlich sexuelle Reize entwickelt, die der Promiskuität förderlich sind. Parallel zur ständigen Aktualität des männlichen *und* des weiblichen Triebes verlagerte sich die sexuelle Anziehung vom Geruchs- oder akustischen zum optischen Reiz. Die Behaarung fiel. Zurück blieb eine äußerst sensibilisierte Haut. Der optische Reiz wäre für die Bindung und Erhaltung einer Zwei-Personen-Beziehung überflüssig gewesen. Der optische Reiz ist ein *soziales* und kein individuelles sexuelles Anknüpfungsmoment. Akustische und Geruchsreize sind dagegen *speziell:* ein bestimmtes Signal wird von einem bestimmten Lebewesen abgegeben, das ohne Signal sexuell für die anderen uninteressant ist. Durch die Verlagerung des Reizes ins Optische ist der Geschlechtstrieb auf *jede* Person ohne deren Reizabsicht konzentrierbar. Der optische Reiz des Menschen ist für generelle Reaktionen eingerichtet. Er bedarf nicht noch besonderer Herrichtung wie das Balzen des Taubers oder das Radaufstellen des Pfaus, Beispiele optischer Reize, die den Geruchs- und akustischen Reizen entsprechend speziell hergestellt werden müssen.

Morris behauptet, die menschliche (Ehe-)Sexualität habe sich im Interesse der Aufzucht der Jungen entwickelt, die Aufzucht könnte nur ein Paar von Mutter *und* Vater leisten. Sein Buch ist einer der aktuellsten Versuche, die menschliche Sexualität wenigstens im Einklang mit der Fortpflanzung zu beschreiben, wenn sie sich aus ihr schon nicht ergibt.

Soweit die Aufzucht der Kleinen zwei Erwachsene benötigt, wird im Tierbereich der Sorgeinstinkt ständig vom Zusammenhalteinstinkt begleitet. Der Zusammenhalteinstinkt funktioniert ohne die lüsterne Verkettung der Geschlechter. Auch der Mensch braucht die Sexualität nicht für die Aufzucht. Morris geht von Kindern aus, die er vor sich sieht und die durch patriarchalische Institutionen wie Ehe und Familie erst soweit degeneriert sind, daß sie ohne sie nicht mehr aufwachsen können. Das Patriarchat schwächte das Kind. Die dem Menschen verwandten Tierbabys können noch vieles allein, was dem neugeborenen Kinde im Laufe des Patriarchats abgewöhnt wurde. Es gibt heute noch Kinder, die nach der Geburt Kopfstehen und andere auf uns als übernatürliche Kraftakte wirkende Handlungen vollbringen können, ehe sie in ihrer totalen kulturellen Mutterabhängigkeit zusammenbrechen.

Die unzähligen ausgesetzten Knaben des alten Griechenlands, die überlebten, müssen sich erinnert haben, daß sie, wenn keine Pflegepersonen anwesend sind, etliches allein können. An eine Bärin, Löwin, Wölfin oder Ziege mußte das Baby erst herankommen, ehe sie es säugten. Die ausgesetzten Söhne sind hundertmal stärker geworden als ihre zivilisierten Brüder. Der »Wolfsjunge« des Truffaut zeigte wie sein Vorbild aus dem 18. Jahrhundert sogar Schnittstellen an der Kehle, die er überstanden hatte.

Es gibt für das Patriarchat keine Ausflucht, die menschliche Sexualität ist für einen freien Gruppenkontakt und gegen die Fortpflanzung entstanden. Für die Ehe konnte sich dieser lange Prozeß nicht abspielen, denn die Ehe ist eine gesellschaftlich diktierte Kommunikationsform, an die der Geschlechtsakt zwischen Erwachsenen gefesselt wurde. Ehen im patriarchalischen Sinne des lebenslangen sexuellen Miteinanders von nur zwei Personen gibt es erst, seit es das Patriarchat gibt, das aber erst vor 5000 bis 10 000 Jahren hereinbrach.

Mit der Zähmung des Wildes und der Bearbeitung des Bodens tritt bei einigen Gemeinschaften eine Störung des sexuellen und ökonomischen Gleichgewichtes ein, die sich im Patriarchat unumstößlich verfestigte. Die Veränderungen begannen im ökonomischen Bereich. Die Menschen fingen die Tiere jetzt und beuteten sie aus. Das Tier war nicht mehr nur selbst ein Nahrungsmittel, es wurde auch als Produzent von Nahrungsmitteln benutzt. Aber noch immer mußte man nomadisieren, nicht mehr, um die Nahrungsmittel für sich zu erlangen, sondern um sie für die Tiere aufzusuchen. Seßhaft konnte man erst werden, als man begann, den Boden zu bearbeiten und selbst die Nahrung für die Herden zu produzieren und später die Bodenerzeugnisse auch für die eigene Ernährung zu benutzen.

Die Möglichkeit, seßhaft zu werden, eröffnete eine Kette von Veränderungen. Mit dem Vieh besaß man die Nahrungsquelle, und in dem Boden wurden sie hergestellt. Die Unsicherheit, Nahrung zu erlangen, schwand. Die Nahrungsmittelbeschaffung konnte geplant werden. Die neue Ernährungsart ermöglichte nicht nur ein Anwachsen der Gruppe. Sie verlangte auch mehr Mitglieder als die engbegrenzte Horde. Sie erzwang differenziertere Kooperation als die Jagd. Bei der Bebauung des Bodens, der Züchtung und Behandlung der Tiere gibt es eine Anzahl von Tätigkeiten, die ohne eine vielgliedrige Personengruppe nicht geleistet werden können. Erst in dieser Epoche entsteht ein ökonomisches Interesse an Nachkommen. Die Frau wurde verehrt, weil sie die Gruppenzahl sicherte, was man durch die Anschauung der Geburt allein ihr zu verdanken glaubte. Die Übersichtlichkeit der Nahrungsquellen – bestimmte Größe von Land und Viehherde – verlangte aber auch eine umgrenzbare Gruppe, die sich nicht beliebig vergrößern durfte. Die Gruppenstärke wurde mit Hilfe der Verwandtschaft festgelegt. Hier wuchs ebenfalls der Frau Bedeutung zu. Da man die Zeugung noch nicht kannte, galt nur die Verwandtschaft mit der Mutter. Es entstand das »Mutterrecht«, eine Organisationsform, mit deren Hilfe eine Gruppe über die weibliche Ahnenlinie zusammengestellt wurde. Durch die neue Nahrungsquelle an einen Ort gebunden, baute der Mensch das Haus, das nicht mehr nur Unterkunfts- und Schutzfunktionen zu erfüllen hatte wie die Höhle oder die Hütte, sondern Produktionsstätte wurde, in der die letzte Zubereitung der Nahrung stattfindet und Teile von ihr gespeichert werden.

Die Kultivationsmaßnahmen differenzierten sich bis zu Arbeitsteilungen. Als erstes wurden die Tätigkeitsbereiche des Feldes und des Hauses getrennt. Der Frau wurde wegen der gestiegenen gesellschaftlichen Bedeutung der Geburt und Aufzucht von Nachkommen der Bereich des Hauses zugeteilt. Feld und Vieh behielt sich der Mann vor. Die erste Arbeitsteilung geschah zwischen Mann und Frau. Sie ist der Vorgang, der die gesellschaftliche Ungleichheit der Geschlechter einleitet. In allen primitiven Kulturen, die ohne Vaterherrschaft angetroffen wurden, gab es keine Arbeitsteilung. Die Frau ist dort Feldarbeiterin und Viehzüchterin wie der Mann. Nicht zu verwechseln damit sind patriarchalische Spielarten, in denen der Mann nach seinem Herrschaftsantritt zum absoluten Nichtstuer avanciert ist. Nachdem die Frau dem Manne unterworfen war, konnte ihr neben der Haus- auch noch die Außenarbeit aufgebürdet werden. Der Mann sah »nach dem Rechten« oder führte Krieg.

Die Arbeitsteilung führte zu ökonomisch und sexuell verschiedenen Entwicklungen von Frau und Mann. Jeder machte die seiner Produktionssphäre zugehörenden Erfindungen. Die Frau entwickelte die Weberei, die Flechterei und die Töpferei, schuf damit die Voraussetzungen der

Schrift, die den Beginn der geistigen Kultur ermöglichte. Die ersten Schriftzeichen wurden in Ton geritzt. Mit der Aufteilung der Produktionsbereiche änderte sich die Beziehung der Geschlechter zu den von ihnen verwalteten Sachen. Der Mann besitzt mit dem Vieh und dem Boden nicht mehr nur Gerätschaften wie zur Zeit der Jagd, sondern die Nahrungsquelle selbst. Genügte für die Beziehung zwischen Mann und Werkzeug die tatsächliche Sachherrschaft, so mußte sein Verhältnis zur Nahrungsquelle enger sein. Das Werkzeug konnte durch ein anderes ersetzt oder mit kalkulierbarer Mühe wiederhergestellt werden. Wenn der Besitz an Vieh und Boden gestört wurde, geriet aber die gesamte Ernährung in Gefahr.

Der Besitz verdichtete sich zum Eigentum. Dieser Vorgang treibt die Entwicklung zum Patriarchat um einen weiteren Schritt an, denn die Steigerung der Sachherrschaft zum Eigentum fand nur in der dem Mann zugeteilten Produktionssphäre statt. Die Frau verwaltete bloß Werkzeuge und Nahrungsmittel, nicht die Nahrungsquelle.

Der Mann erfuhr darüber hinaus in seinem Bereich einen intensiven Zuwachs an Produktionsbedeutung. Das Feld und das Tier eröffneten ihm viele Möglichkeiten, sich schöpferisch zu betätigen. Mit der Bearbeitung des Ackers erlebte und erforschte er die Substanzen des Bodens. Er entdeckte deren Verwandelbarkeit, das Schmelzen und Bearbeiten der Metalle. Im Produktionsbereich der Frau geschah das Umgekehrte. Das Haus war begrenzt. Die Tätigkeiten dort brachten bald keine Veränderungsmöglichkeiten mehr. Die Frau verlor ihr Interesse an ihrer sachlichen Umwelt, weil ihr die schöpferische Befriedigung aus der Beschäftigung mit Sachen schwand. Sie begann ihr Interesse auf personelle Angelegenheiten zu konzentrieren. In ihre schwindende Befriedigung an Sachen wuchs ihr ein besonderes Befriedigungsbedürfnis durch Personen. Beschäftigung mit Personen bedeutete zu dieser Zeit unsublimierte sexuelle Beschäftigung. Es gab noch keinen kulturellen Überbau mit einem Geflecht personeller Kontaktmöglichkeiten.

Aus einer Mischung von Freizeit, »Sachfrustration« und Neid auf den männlichen Beschäftigungsbereich entstand die Geilheit der Frau, ein aus der aufeinander bezogenen Lustfähigkeit und Lustbereitschaft von Mann und Frau herausgebrochener Trieb.

Die weibliche Geilheit ist der neuralgische Punkt des Patriarchats. Sie nahm man zum Anlaß aller Paradiesvertreibungsgeschichten. Die Folge einer Entwicklung wurde als ihre Voraussetzung präsentiert. Die weibliche Geilheit kennzeichnet die dysfunktional werdende Rolle der Frau in der Gemeinschaft. Die Frau als Haushälterin und Kindergebärerin ist vom menschlichen Schöpfungsprozeß abgeschnitten. Wenn sich dem Trieb der Frau keine schöpferische Betätigung mehr eröffnet, verlagert er sich so maßlos auf Personen, daß der Mann sich ängstigen muß. Verschlimmert wurde die Situation durch den bald folgenden Zwang auf die Frau, die sexuelle Partnerschaft nur mit *einem* Mann einzugehen, wofür ihr Trieb nicht gemacht ist.

Ein Mann ängstigt sich immer nur vor einer Frau, die ausschließlich er *allein* befriedigen muß. Demgegenüber sind große Liebesdamen, die wie Kleopatra, Ninon de Lenclos und Alma Mahler-Werfel einen Kranz von Geliebten hatten, dem Mann willkommen und trotz ihres dauernden Verstoßes gegen die ihr auferlegte Rolle als Heroinnen in seine Geschichte eingegangen. Willkommen sind ihm solche Frauen, weil das jeweilige sexuelle Zusammensein mit ihnen hinreißend ist und der Mann sich sonst um ihre Triebbefriedigung nicht zu kümmern braucht. Die Geilheit der Frau ist dem Mann für seine Geschlechtsakte mit ihr die größte Wonne, als ständiges Verhaltensklima, dem er ausgesetzt ist, ein Ärgernis.

Der Mann gab die Schuld an der weiblichen Geilheit nicht einer unglücklich verlaufenen Entwicklung und später seinem eigenen Verhalten, sondern allein der Frau. Er heftete daran seine Legitimation, die Frau unter seine Herrschaft zu nehmen.

Den Bruch zwischen Göttern und Menschen lassen die Griechen mit dem Raub des Feuers durch Prometheus beginnen. Die Souveränität über die Flamme ist eine der produktivsten Errungenschaften des Menschen und kein Anlaß, ein Bewußtsein von Zerwürfnis entstehen zu lassen. Der Raub des Feuers symbolisiert in der Sage die Entfaltung der Sinnlichkeit. Zeus sendete den Menschen als Rache für die Wollust die Büchse der Pandora, eine Dose mit den zur Lust fähigen abgetrennten weiblichen Schamteilen, auf die sich der patriarchalische Ärger konzentrierte: »... gab dann den Namen diesem Weib ›Pandora‹, weil alle Bewohner des Himmels ihr ihre Gabe gegeben, zum Leid den geschäftigen Männern«, schreibt Hesiod in den Erga (Z. 80 ff).

Auch die jüdische Schöpfungsgeschichte läßt das Elend durch die Frau beginnen. Sie ißt zuerst von der Frucht.

Im Gilgamesch-Epos verführt das »verlockende Weib« den Viehzüchter Enkidu, der es dann verflucht und ihm die Schuld an seiner Entfremdung von Tier und Acker gibt: »... weil du die Lust in mir wecktest«.

Hesiod berichtet in den Erga, wie böse es den Männern unter den brachliegenden Frauen erging: »Zur Zeit des ermattenden Sommers ... sind am tollsten die Frauen, doch die Männer am meisten von Kräften, weil ihnen Knie und Kopf die Kraft des Sirius ausdörrt.« (Z. 585 ff.) »... doch nichts so Grausliches als eine schlechte (Gattin), gierig auf Fraß, die ihren Mann, so kräftig er sein mag, absengt ohn eine Fackel und vor der Zeit ihn zum Greis macht.« (Z. 700 ff) In Hesiods Theogonie werden die Frauen mit nichtarbeitenden Drohnen verglichen. Die Männer sind die Bienen, »mühen sich den langen Tag über bis zum Untergang der Sonne ... Die Drohnen aber bleiben in den gewölbten Körben und raffen fremde Mühe in ihren Bauch. Ganz so hat Zeus ... den ... Männern als Übel die Frauen bestimmt, die verschworen sind zu schlimmem Tun.« (Z. 595 ff)

Thukydides schreit irritiert: »Die Frau ist schlimmer als die sturmgepeitsche Meereswoge, als des Feuers Glut und der Sturz des wilden Bergwassers. Wenn es ein Gott ist, der die Frau erfand, wo immer er sei, er wisse, daß er der unselige Urheber des höchsten Übels ist.« (Zitiert in Bebel S. 88)

Remy de Gourmont berichtet um 1900 von Luststeigerungsmaßnahmen bei Eingeborenen: »Die Dayaken auf Borneo durchlochen sich die Penisspitze quer durch den Harnkanal und stecken einen Stift durch dieses Loch, der an beiden Seiten steife bürstenförmige Haarbüschel trägt. Auf Java ersetzt diesen Apparat, den man Ampallang nennt, ein Überzug aus Ziegenleder. In anderen Ländern verwendet man Scheiden besetzt mit kleinen Steinchen, die aus der Eichel einen rauhen Strunk machen.«

Das Interesse an diesen Einrichtungen schiebt Gourmont den Frauen zu: »Diese kunstvollen Lustapparate sind zweifellos auf Antrieb der Frauen geschaffen worden, da sie es sind, die daraus gewinnen. Die Männer haben sie sich gefallen lassen, glücklich sich auf diese Weise um den Preis eines vorübergehenden Schmerzes von der schrecklicheren Geilheit ihrer Weiber zu befreien. Zerkratzt und zerschunden durch die Instrumente sind sie gezwungen, wenigstens für einige Tage das Männchen zu fliehen und im stillen ihre wollüstigen Verwundungen zu kühlen. Die Chinesen und Japaner, deren Frauen nicht weniger wollüstig sind, bedienen sich ähnlicher Hilfsmittel. Sie haben ihren Gesponsinnen, um sie unterzukriegen, ingeniöse Onanierapparate erfunden, die ihnen erlauben, während Ruhe am häuslichen Herde herrscht, ihren Geschäften nachzugehen.« (S. 93 ...)

Das Mißverhältnis des Triebes zwischen Mann und Frau ist kein biologisches Phänomen, sondern ein soziologisches. Im Produktionsbereich des Mannes entstand die Arbeit, eine Betätigung, die es erst seit dem aufkommenden Ackerbau gibt. Die Nahrungsmittelbeschaffung ist keine Existenzfrage mehr, aber sie zwingt den Mann in einen Prozeß, aus dem er sich nicht mehr entwinden kann, es sei denn, er setze seine Existenz wieder einer Unsicherheit aus wie sie mit der Jagd als Ernährungsgrundlage verbunden war.

Die Arbeit löste den Menschen nicht aus dem Zwang, in den ihn die Nahrungsbeschaffung bislang versetzt hatte, sondern veränderte nur diesen Zwang. Der natürliche Zwang – Stillung des Hungers – wird zum technologischen Zwang – Erhaltung der Existenzgrundlage. Zur Zeit der Jagd wurden die Bedürfnisse befriedigt, wenn sie entstanden. Gejagt, gesammelt und geliebt wurde spontan. Viehzucht und noch vielmehr die Bodenbearbeitung verlangen einen Turnus von ständig wiederkehrenden Tätigkeiten. Erst mit ihnen entsteht das, was Ökonomie genannt werden kann. Und da in den Gebieten, in denen die Arbeitsteilung durchgeführt wurde, nur der Mann diesen unabreißbaren Abläufen direkt ausgesetzt war, wurde nur er zum Ökonomen. Der Zwang, die Spontaneität bei der Befriedigung des Hungers aufzugeben, ließ die Neigung des Mannes zur Spontaneität überhaupt erlahmen. Was dem Stillen des Hungers zugute kam, stand dem Stillen der Sexualität entgegen. Der arbeitende Mann, eingespannt in die Gesetze seiner Ökonomie, wurde a-sinnlich. Dem erwachsenen Mann zerrann die Funktion der Triebbefriedigung der Frau zugunsten seiner Funktion der Nahrungsmittelproduktion.

Bis ins kulturelle Bewußtsein der Neuzeit ist keine Betätigung so verpönt wie die Landarbeit. Die Niederschlagung der Bauernaufstände im Deutschland der Renaissance war so leicht möglich, weil die Konterrevolution sich im Volk auf die allgemeine Verachtung der Bauern stützen konnte, deren Leben nichts galt und ohne weiteres grausam zerstört werden durfte. Kein Stand wurde je so gründlich und langanhaltend ausgebeutet wie der des Bauern. Bei der enormen Bedeutung der bäuerlichen Arbeit für die Gesellschaft kann diese tödliche Behandlung und das bis in die Gegenwart geübte allgemeine Desinteresse gegenüber dem Bauern nur im Zusammenhang mit verborgenen sexuellen Empfindungen verstanden werden. In der Gemeinheit und der Gleichgültigkeit gegenüber dem bäuerlichen Leben äußern sich die immer noch mitgeschleppten sexuellen Verwundungen des Mannes aus der frühen Zeit des Ackerbaus. Das Jagen – nicht mehr zur Ernährung, sondern vom Mann nur noch aus Spaß betrieben – ist ein Aphrodisiakum geworden.

Die neue ökonomische Situation hatte das sexuelle Gleichgewicht zwischen Mann und Frau beeinträchtigt. Die Frau dominierte in beiden Kapiteln des Geschlechts. Sie war nach damaliger Überzeugung die alleinige Verwalterin der Fruchtbarkeit und vertrat die Interessen der Lust.

Im Kapitel der Lust wendete die Frau ihre Aufmerksamkeit dem zu, der sie ihr bevorzugt verschaffen konnte. Der noch nicht arbeitende Knabe begann eine Sonderstellung einzunehmen. Er lebte als Sohn der Mutter im Hause in unmittelbarer Nähe der Frauen. Ihm kam dort keine sachliche Funktion zu, weil er später für den Acker ausgebildet werden sollte. Bis er für die Ausbildung tauglich war, lebte er in dem allen anderen Mitgliedern der Gruppe abhanden gekommenen Zustand der Wildheit, der ihn mit einem betörenden sexuellen Reiz umgab und ihm die Begierde der Frauen zutrug. Das griechische Patriarchat bündelte in den Göttergestalten Aphrodite und Eros die Geschehnisse, die sich bei seiner Entstehung abgespielt haben. Die Verewigung von Frau und Jüngling in den Repräsentanten der Liebe widerspiegelt ihre ursprüngliche wollüstige Gemeinschaft. Die männlichen Götter Griechenlands sind Krieger, Denker, Herrscher, Händler, Bauern und Künstler, Sinnbild des Sexuellen sind sie nicht. Der sexuellen Entwertung des Mannes folgte auch sein gesellschaftlicher Geltungsschwund. Mit der Nahrungsmittelverwaltung, die die Frau innehatte, konnte sie auf den Mann Druck ausüben. Die Frau war Trägerin der sogenannten »Schlüsselgewalt«, der Mann sank zum Nahrungslieferanten herab. Diese gesellschaftliche Schwächung des Mannes vertrug sich schlecht mit seiner wichtigen ökonomischen Tätigkeit des Kultivierens, die sein Selbstvertrauen ständig erweitern mußte.

Der Mann begann mit den sexuellen Kräften der Frau und des Jünglings zu ringen.

Zu den Lügen, mit denen das Patriarchat sein System umklammert, gehört die Behauptung, an seiner Schwelle hätte es dem Inzest der Menschen Einhalt geboten. Das von ihm errichtete Verbot des Inzests hätte Kultur entstehen lassen und erst die geistige Vielfalt entwickelt, die den Menschen zum Menschen machte. Der Verhaltensforscher Norbert Bischof hat vor kurzem aufsehenerregende Tatsachen über den Inzest bei Tieren veröffentlicht, die die patriarchalischen Vorstellungen korrigieren.

Inzest kommt in der Natur in der Regel *nicht* vor. Gegen den Geschlechtsverkehr mit seinen Eltern und seinen Geschwistern hat die Natur dem Individuum ein halbes Dutzend Hemmvorgänge eingesetzt. Inzest ist also kein geschlechtliches Natur- sondern *Kultur*verhalten, das Gegenteil von dem, was das Patriarchat bisher erkennen wollte. Inzest ist ein Ergebnis sexueller Gefangenschaft, ist Ausdruck eines vom Patriarchat verursachten sexuellen Zwangsverhaltens. Freud beobachtete den tierischen Inzest bei *Haus*tieren, bei Lebewesen, die in ihrem sexuellen Verhalten von den patriarchalischen Zuständen ähnlich beeinflußt wurden wie der Mensch. Tier und Mensch überschritten ihre natürlichen Inzestschranken erst, als das sexuelle Angebot auf die engsten Mitglieder der Familie herabgedrückt wurde.

Im angeblichen Kampf des Patriarchats gegen den natürlichen Inzest verbergen sich umfassendere Auseinandersetzungen als das Verbot der Blutschande. Das stärkste Tabu des Patriarchats ist der Inzest von Mutter und Sohn. Der Inzest zwischen den Geschwistern und zwischen Vater und Tochter sind nur Folgeerscheinungen des ersten Inzestverbotes zwischen Mutter und Sohn. Das patriarchalische Inzesttabu verkürzt die ursprünglichen Auseinandersetzungen. Der Mann hat nicht gegen den Geschlechtsverkehr der leiblichen Mutter mit dem leiblichen Sohn, sondern gegen das *kollektive* sexuelle Verhältnis zwischen Frauen und Jünglingen und im Voranschreiten seiner Herrschaft gegen Sexualität schlechthin gekämpft.

Der glücklichste Zugewinn des Menschen, die Lust – repräsentiert und ermöglicht durch die Frau –, war außer Verhältnis zur Ökonomie geraten. Das Mittel der Beseitigung von Kämpfen unter den Genossen, der Verhinderung von Vormachtstellungen, die Garantie der Brüderlichkeit mußte wieder abgeschafft werden. Der Mann begann, die Sexualität der Frau einzuschränken und wieder auf das zurückzuschrauben, wovon sie sich emanzipiert hatte, auf die tierische Funktion des Gebärens.

Die Frau war noch zu stark, als daß sich der Mann direkt

gegen sie hätte wenden können. Sein erster Angriff richtete sich gegen den Jüngling. Der Jüngling war weder im Arbeitskollektiv der Sippe organisiert wie der Mann, noch im Konglomerat von Mutterfunktionen geschützt wie die Frau. Es ergab sich kein Schaden für das Kollektiv, wenn er beseitigt wurde.

Der erste menschliche Zwist geschah nicht zwischen Brüdern oder zwischen Mann und Frau, sondern zwischen Mann und Jüngling. Als man begann, ihn blutig auszutragen, wußten die Männer noch nicht, daß sie nicht nur die Söhne der Mütter, sondern auch ihre eigenen Kinder zerrissen.

Für die ökonomische Perspektive genügte es, eine Anzahl Knaben für den Nachwuchs an Arbeitskräften zu behalten. Diese Rücksicht war erst notwendig, wenn die Väter alt wurden. Im Mythos gelingt es immer erst den jüngsten Söhnen am Leben zu bleiben. Die Väter sind ins Großvateralter gerückt und können es sich nun aus ökonomischen Erwägungen nicht mehr leisten, die Jünglinge umzubringen. Kronos ist Uranus' Jüngster, und Zeus ist Kronos' Jüngster.

Da man die Zeugung nicht kannte, gab es auch keinen sexuellen Grund, die Knaben zu schonen.

Die Mythen, die religiös-rituellen Praktiken und die Geschichte des Patriarchats wimmeln von Knabenschlachtungen. Die griechische Schöpfungsgeschichte beginnt mit dem sexuellen Einvernehmen zwischen Himmel und Erde. Der Himmel, Uranus, wird zum ersten Vater und fängt mit den Unfreundlichkeiten gegen die Söhne an: »Alle die Söhne, die Erde und Himmel entsprossen, waren ... verhaßt ... ihrem eigenen Vater von Anbeginn an. Und sogleich, wenn einer von ihnen geboren war, verbarg er sie ... und ließ sie nicht empor zum Licht ... und es hatte seine Freude am schlimmen Tun der Himmel ...«, schreibt Hesiod in seiner Theogonie. (Z. 150 ff.) Der nächste Vater Kronos frißt alle seine Söhne, außer Zeus, auf. Eine Gruppe von Titanen tötet den jungen Dionysos, Inbegriff sexueller Selbstverwirklichung. Adonis entgeht um ein Haar der Tötung durch seinen Vater und Großvater Kinyras, lebt später mit Aphrodite und Persephone in beglückender Doppelbeziehung, die ihm von den Vätern geneidet und zerschnitten wird. Adonis stirbt durch den Eber, eine verkleidete Vatergestalt, unter der sich der Kriegsgott Ares verbarg. Attis wird nach seiner Liebe mit Kybele entmannt. Der Fluch der Tantaliden beginnt mit einer Sohnesschlachtung. Tantalus hatte den zum Mahle geladenen Göttern seinen Sohn Pelops zerstückelt und gekocht zu essen dargeboten. Apollon tötet Linos aus Eifersucht, weil der Junge besser Leier spielen kann als er. Astyanax wird von Odysseus getötet, weil der griechische Vater Angst davor hat, daß der Knabe später sein trojanisches Volk rächen könnte. Daidalos tötet Talos, weil der Jüngling geschickter war als der Alte. Außerdem verdächtigte er ihn sexueller Beziehungen zu seiner Mutter, der Schwester des Daidalos.

Durch den griechischen Mythos zieht sich ein Blutstrom getöteter Jünglinge. Die Sitte des Stellvertreterkönigs – ein Frühlingsblumenheroe wird für einen Tag König – gaukelt dem Jüngling Anteilnahme an der Macht des Vaters vor. Seine für einen Tag geduldeten Liebesakte werden ihm zur Pflicht, gerissen aus der Wonne des Spiels und an das Kalkül seines Todes geheftet, den er im Spätsommer durch Schlachten, Ertränken oder Hinter-einem-Wagen-Geschleift-Werden erleidet.

Der Mythograph von Ranke-Graves ordnet die Frühlingsknabenopferungen matriarchalischen Bräuchen zu. Die Zeremonien entlarven aber eindeutig phallische Auseinandersetzungen zwischen jüngerem und älterem Mann, Vorgänge, die am Übergang zum Patriarchat stehen und sublimiert auch das errichtete Patriarchat kennzeichnen. Diese Bräuche weisen nicht die Macht von Frauen, sondern die von Männern aus. Wenn Matriarchat geherrscht hätte, wäre die Frau stark genug gewesen, die Könige selbst abzuwechseln. Die Herrschaft eines Königs, der zum Schein oder in Wirklichkeit abgelöst werden muß, kennzeichnet etablierte patriarchalische Verhältnisse. Die Frau ist nicht an *einem* König, das heißt an *einem* sexuellen Partner interessiert. Aphrodite liebt ununterbrochen einen Mann *neben* dem anderen. Das Interesse an einem *oder* dem anderen haben Männer in patriarchalisch deformierter Sexualstruktur.

Der Ein-Tages-König verkörperte das für kurze Zeit noch einmal herrschende Lustprinzip. Er ist die zeremonielle Ausnahme patriarchalischer Zustände. Seine formelle Herrschaft wird am Abend des Tages mit seinem Tode zerrissen, weil sein Prinzip der Lust nicht mehr dauernd akzeptiert werden darf. Die Frühlingsblumenheroen sind ausgewählte Opfer der gesamten Jünglingsgemeinschaft, unter der nicht mehr blindlings gemordet wurde.

Alle griechischen Helden sind zufällig verschonte Opfer, die ursprünglich von ihren Vätern für eine Jünglingstötung ausersehen waren: Achilleus, Adonis, Herakles, Jason, Ödipus, Paris, Perseus, sogar Zeus selbst. Entgingen sie als Säuglinge den Anschlägen ihrer Väter, fielen sie später Vater-*Zuständen* zum Opfer. Sie rieben sich meist schon in der Blüte ihrer Jahre an ihnen auf. Der ägyptische Osiris wird so auseinandergerissen, daß seine Schwester und Geliebte Isis zwar alle seine Teile wieder zusammensammeln kann, sie aber sein Geschlecht nicht mehr findet. Die Zerreißung der Glieder ist Beiwerk. Man tötet den Jüngling, um dem Göttergleichen die noch unerschöpfte Potenz zu rauben. Set, der väterliche Widersacher des Osiris, hatte das Geschlecht des Jünglings wahrscheinlich zur Auffrischung seiner eigenen Potenz verzehrt. Der ägyptische Mythos ist so von der Sinnlichkeit des Jünglings durchdrungen, daß er ihn mit Isis ohne sein Geschlecht ein Kind zeugen läßt.

Auch die Germanen opfern ihren geliebtesten Helden Siegfried. Er wird von der Vatergestalt Hagen von hinten erschlagen, die für Männer äußerste Form von Feigheit.

In der Bibel geht es nicht anders zu. Abraham bekommt von dem Herrn den Befehl, seinen Sohn Isaak zu schlachten. Er tut es ohne Widerrede. Erst auf dem Altar gebietet ein Engel »Halt«. In der Abraham-Isaak-Geschichte werden die ursprünglichen Vorgänge zusammengefaßt. Das Bewußtsein des erwachsenen Mannes kann das sexuelle Reifen des Jünglings nicht ertragen. Der Vater muß den Sohn umbringen, während er behauptet, einen Befehl auszuführen. Die Väter hören Stimmen. Ihr Unbewußtes projiziert ihnen die Tötungsabsicht, die sie gegen den Sohn haben, in diesen hinein. Überall gibt es Einflüsterungen. In Griechenland prophezeien Orakel den Vätern den späteren Tod durch einen Jüngling, den Sohn, den Schwiegersohn oder den Enkel. Die Väter fühlen das sexuelle Wachstum ihrer Söhne noch vor deren Geburt als Bedrohung ihrer Potenz, der sie mit der Jünglingstötung zuvorkommen wollen. Durch die Projektion ihrer eigenen Mordgedanken auf die zukünftigen Absichten des Jünglings schaffen sie sich einen rationalisierten Grund für die sofort vollzogenen Tötungen des Säuglings oder Knaben.

Davids Leben wird während seiner Jugend ununterbrochen vom König Saul bedroht. Er entgeht viele Male nur knapp dem Tode.

Auch in Herodes' Knabentötung zu Bethlehem kommt die Angst einer Vaterperson zum Ausdruck. Politische Macht ist hier im Hochbetrieb des Patriarchats zum Ersatz für das sexuelle Prestige des Mannes geworden. Die Bedrohung seiner Machtposition aktualisiert im Mann die alte Bedrängung durch die Potenz des Jünglings.

Auf die kollossalsten Jünglingsschlachtungen, die bekannt wurden, stießen die Spanier in Mexiko Ende des 15. Jahrhunderts. Drei aztektische Städte führten Kriege nur um junge Männer gefangenzunehmen, denen zu Tausenden auf einem Opferstein mit einem Steinmesser das Herz bei lebendigem Leibe ausgerissen wurde. Die größte Zahl, die bewältigt werden konnte, war 20 000 Getötete an einem Tage. Die religiöse Rechtfertigung der Aztekten wirft ein Licht auf die Schwächung des Vaters, die Anlaß aller Jünglingstötungen ist. Die Männer behaupteten, der Sonnengott käme von Kräften, wenn sie ihn nicht ständig mit Jünglingsblut auffrischten. Die vorgegebene Angst um die Sonne fand in Mexiko kaum natürliche Nahrung. Die Sonne bleibt hier seltener hinter Wolken als woanders.

Eine Verehrung des Sonnengottes zeugt für ungebrochene patriarchalische Zustände. Der griechische Sonnengott Apollon ist der Propagandaminister und eifrigste Henker des olympischen Patriarchats, der vorpatriarchalische Helios war noch Wagenlenker.

Das Jesusopfer, der lange vorbereitete freiwillige Sohnestod – Christus nennt sich das Lamm Gottes – ähnelt der aztektischen Auffrischungskur. Eine sich erschöpfende Vaterreligion brauchte die Speisung durch einen Sohn. Aus ihr sog das Patriarchat eine ungeheure ideologische Kraft, ohne die ihr Aufbruch in die größten Schrecken der Menschheit nicht begriffen werden kann. Die Worte Jesu am Kreuz: »Vater, ich befehle meinen Geist in Deine Hände« und das von den Glaubensvätern beiseite gelassene »Eli, Eli, lama asabthani« – »… warum hast Du mich verlassen?« sind hochpatriarchalische Zeugnisse des zwischen Vater und Sohn herrschenden Gewaltverhältnisses.

Der Jüngling war das erste personelle Eigentum des erwachsenen Mannes, bevor dieser die Frau in Privateigentum nahm. Um jemanden schlachten zu können, muß man ihn besitzen und über ihn verfügen können. Die Jünglinge waren in der Entstehungszeit des Patriarchats noch der Verfügungsgewalt aller Männer des Klans unterworfen. Die erwachsenen Männer planten und vollzogen die Tötungen ebenso gemeinschaftlich, wie sie den Acker zusammen bearbeiteten.

Aus diesem ersten Zwist der Menschen entwickelten sich die patriarchalischen Verhältnisse. In dem Widerspruch zwischen dem Ökonomen und dem Geliebten der Frau, zwischen dem von ihnen vertretenen Realitäts- und Lustprinzip, spannt und trägt sich das Patriarchat. Die veränderte Ökonomie hatte die libidinöse Balance zwischen den Geschlechtern zerstört. Der Mann versuchte sie mit einem untauglichen Mittel wiederherzustellen. Er setzte den jedes Patriarchat kennzeichnenden Triebrepressionsmechanismus in Gang. Seinen jüngeren Geschlechtsgenossen mischte er die Angst in den Trieb. Ein männliches Geschlecht zu haben und es auch betätigen zu wollen, stellte in frühpatriarchalischer Zeit den Tod in Aussicht.

Die Eifersucht des Ökonomen auf die Wollust des Jünglings ist keine sexuelle Eifersucht, sondern eine soziale. Es gibt keine direkte Beziehung zwischen der Eifersucht des Tiermännchens und der Eifersucht des Vaters, wie Freud und Darwin es behaupten. Beide Autoren setzten sich über 400 000 Jahre sexuelles Gruppenleben ohne Vatermacht hinweg. Außerdem kannten sie die männliche Eintracht der Schimpansen nicht, die van Lawick-Goodall beobachtete. Der Vater mordete den Sohn aus Prestige und nicht aus Not. Bei den Entscheidungskämpfen der männlichen Säugetiere um das Weibchen wird der Schwächere nur ausgeschlossen oder vertrieben, nicht aber getötet. Der Stärkere hat es nicht mehr nötig, aggressiv zu sein. Die Eifersucht des Vaters erwuchs ihm nicht aus Verlangen nach der Frau, sondern aus der Schwächung eigener Sexualität. Der Jüngling nahm dem Manne nichts. Da die Sexualität der Frau auf dem »Sowohl-als-auch« aufgebaut ist, hätte die Frau den Mann am Abend *nach* dem Jüngling empfangen können.

Die voranschreitende Kultivation des Bodens und die dichter werdende Besiedlung eröffneten den Ökonomen eine Möglichkeit, ihre sexuellen Konflikte mit den Geliebten der Frauen anders auszutragen als durch eigenhändige Abschlachtung. Den Söhnen wurde die Funktion des Kriegers zugewiesen, für die sie keine differenziert ausgebildete Arbeitskraft benötigten und die sie zugleich aus der vom Mann geneideten Nähe der Frauen verbannte. Die Söhne sollten die Nahrungsquellen gegen Angriffe anderer Gruppen schützen oder neue Nahrungsquellen erobern.

Wenn Acker und Vieh durch Naturkatastrophen, Krankheiten oder durch falsche Behandlung vernichtet oder verringert wurden, blieb als einzige Rettung der Einfall in das Gebiet der nächsten Sippe und die Aneignung der dortigen Nahrungsquellen. Aus dieser gesteigerten Abhängigkeit von der Natur entstand die latent andauernde Feindschaft zwischen den Gruppen. Nicht mehr die eigene Kultivation, sondern der Krieg wurde das bevorzugte Mittel, neue Nahrungsquellen zu erschließen.

Wenn die erbeuteten Nahrungsmittel und Produktionsstätten die Bearbeitungskapazität der Gruppe überstieg, brauchte man zusätzlich qualifizierte Arbeitskräfte. Gut arbeiten konnte aber nur der benachbarte Land- und Viehbesitzer auf dem gleichen Kultivationsniveau. Nur durch Krieg konnte diese spezialisierte Arbeitskraft herbeigeschafft werden. Der Krieg produzierte Sklaven. Auch die

Entstehung der Sklaven, Beginn der männlichen Gegensätze außerhalb der Sippe, geht auf ökonomische *und* sexuelle Gründe zurück. Der ökonomische Anlaß war der Bedarf an *Mit*arbeitern. Erst sexuelle Motive machten aus dem Sklaven den *Allein*arbeiter. Der Mann wollte die alte, der Frau noch ebenbürtige sexuelle Position wieder einnehmen. Je ausschließlicher er die Arbeit zu beaufsichtigen oder nur noch zu verwalten brauchte, um so mehr konnte er sich aus ihrer entsinnlichenden Knechtschaft befreien. Die Sklavenarbeit ersparte es den Jünglingen des Stammes, zu Arbeitern herangebildet zu werden. Der Krieg entspannte den Ernährer-Geliebten-Konflikt. Durch ihn wuchs der Bedarf an männlichen Geburten. Apollon verkündete in Aischylos »Eumeniden« die neue Losung: »... daß ... mit unermüdlicher Fruchtbarkeit ganze Armeen von tapferen Söhnen geboren werden«.

Das Interesse des Mannes an Söhnen entstand noch vor der Festigung patriarchalischer Zustände, nicht erst und nicht nur, weil der Mann einen männlichen Erben brauchte, wie Engels es beschreibt. Seit der Krieg das bevorzugte Mittel wurde, Nahrungsquellen zu beschaffen, gehörten die Söhne zum unverzichtbaren Werkzeug des Mannes. Das Gewissen ist nicht an die Moral, sondern an die Ökonomie gebunden. Es verbietet nur, die Jünglinge einzeln zu morden, erlaubt aber statt dessen, sie kollektiv umzubringen. Die sexuellen Motive der Jünglingstötung wurden von ökonomischen Motiven überlagert. Die ökonomischen Beweggründe veränderten die Art der Jünglingstötung derart, daß ihre ursprünglich sexuellen Motive bei den Kriegen des Hochpatriarchats nicht mehr deutlich werden. Die Kriege haben bis in die jüngste Gegenwart ihre doppelte Funktion nie verbergen können: Verbesserung der Lage der Ökonomen, Verschlechterung der Lage der besitzlosen Jünglinge. Die kriegplanenden Väter haben gesellschaftliche Vorteile, die

kriegführenden Söhne werden zur Blutbank des Schlacht-
feldes geschickt. Die Väter sind nicht Kämpfer mit Gleichstarken, wie sie vorgeben, sondern Schlächter von Schwächeren.

Eine Gesellschaft, die die allgemeine Wehrpflicht einführt,
schafft noch immer die Voraussetzung für die kollektive
Ermordung ihrer männlichen Jugend und der einer anderen
Männergesellschaft, die wie die eigene Jugend genauso un-
schuldig und unwissend sterben muß.

Die letzte und wichtigste Etappe auf dem Wege zur Herrschaft des Mannes wurde durch die Entdeckung seiner
Funktion als Zeuger eingeleitet. Die Tötung oder Abdrän-
gung der Jünglinge in den Krieg ließ die Geschlechtsgemeinschaften übersichtlicher werden und machte die Zusammenhänge zwischen Zeugung und Geburt leichter über-
schaubar. Außerdem wird die eindringliche Beschäftigung
mit der Züchtung und Vermehrung des Viehs den Erkennt-
nisprozeß über den Zeugungsvorgang im Mann beschleu-
nigt haben.

Die Entdeckung der Zeugung veränderte die Beziehung des
Mannes zum Jüngling und zur Frau tiefgreifend. Die Vorstellung, in den Jünglingen selbst produzierte Geschöpfe
abgeschlachtet zu haben, führte zu erheblichen Verwirrun-
gen des Mannes. Der Rausch der Erkenntnis, an der Fruchtbarkeit teilzuhaben, stürzte den Mann in die Ambivalenz
seiner Gefühle dem Jüngling gegenüber. Der alte Haß aus
sexuellem Neid blieb. Er überschnitt sich mit der Faszination von der Verdoppelung der eigenen Person. Die
Schmerzen über die versiegende Potenz mischten sich mit
der Bezauberung durch die im Sohn greifbare Wiederbele-
bung der ermattenden Potenz des Alten in der strahlenden
des Jungen. Die Aggressionen des Mannes auf den Jüngling wurden durch diese Empfindungen gestoppt. Er konnte

seinen Sohn nicht mehr ohne weiteres umbringen. Aber die Verwundung über seine sexuelle Entwertung wurde durch die neuen Gefühle für den Sohn nicht geheilt. Der Mann konnte die zerstörerische Reaktion auf die sexuelle Herausforderung durch den Jüngling nicht völlig abstellen. Er konnte sie nur umwandeln. Von dieser Zeit an zivilisierten sich die Jünglingstötungen in rituellen Opferungen, in sublimierten Folterungen und wandelten sich in der Päderastie in ihr Gegenteil um.

Die Jünglingstötungen wurden zum Ritual im Tieropfer. Der Beginn der Ersatzhandlung wird in der Abraham-Issak-Episode deutlich. Die Widderopferung ist der ritualisierte Jünglingsmord, den Abraham ursprünglich am Sohn Isaak vollziehen wollte. Die Söhne verwandelten sich in Tiere. Lämmer und andere Herdentiere werden statt ihrer geschlachtet.

Die Entstehung des Totems, des Stammestieres, ist aus der Ritualisierung einer *Sohnes*tötung zu erklären und nicht aus einer Vatertötung, wie Freud in seinem »Totem und Tabu« zu beweisen versucht. Der Totem ist das Verwandtschaftskennzeichen des Stammes, als die Mitglieder noch durch die mütterliche Linie zusammenhielten. Der Sohn mußte sexuelle Beziehungen zu *allen* Frauen eines Totems unterlassen. Der Totem war ursprünglich *sein* Erkennungszeichen. Der Totem ist immer an die Exogamie der *Söhne* geknüpft. Die erste Exogamiepflicht lastete auf dem Sohn. Der Totem ist ein Friedensversuch zwischen Vätern und Söhnen. Wenn die Söhne sich daran halten, das Sexualterrain der Väter in der Sippe, aus der sie entstammen, zu meiden, werden sie verschont. Die Schonung wurde schließlich am Totemtier symbolisiert, das nicht geschlachtet werden durfte. Einmal jährlich wurde das Gebot gebrochen. Die Totemschlachtungen erinnern an die früheren jährlichen Frühlingsblumenheroentötungen. Der Totem ist in der Regel ein sanftes Tier, eine Pflanze oder sogar nur ein Gegenstand. Wäre der Totem Repräsentant des gewalttätigen Vaters, müßte er von reißenden Tieren verbildlicht werden.

Christus nennt sich das Lamm des Vaters. Er machte die Ritualisierung der Jünglingsschlachtung rückgängig. Statt eines Lammes opfert er sich selbst. Am Kreuz wird eine Jünglingstötung wieder am Original vollzogen. Diese Selbstopferung eines Sohnes hat das Patriarchat ihm mit der Vergöttlichung in seiner stärksten Religion gedankt. Jesus nahm nicht eine Schuld der Söhne auf sich, wie Freud sich in die christliche Religion einhakt, sondern rechtfertigte eine Urschuld der *Väter* gegenüber den Söhnen. Die Selbstablieferung auf den Opfertischen der Herrschenden konnte niemals die beherrschten Söhne und Frauen, sondern nur die Väter erlösen. Christus sprach die Väter frei. Kein anderer Vorgang ist gemeint, wenn das Patriarchat »Erlösung« verkündet.

Eine archaische Vatertötung, die die verelendende Triebunterdrückung, der jugendliches und weibliches Leben im Patriarchat unterworfen sind, wenigstens ideologisch rechtfertigen könnte, hat nicht stattgefunden. Die Söhne waren weder persönlich in der Lage, sich gegen die Väter so gewaltsam durchzusetzen, noch kollektiv in einer Bruderhorde organisiert, wie Freud es behauptet. Sie wurden jeweils einzeln geschlachtet, ehe sie persönlich und sozial gekräftigt waren. Die Väter töteten nicht aus Vergeltung, sondern als Anfänger.

Die Kastration des Uranus durch seinen Sohn Kronos ist die Verzweiflungstat eines Sohnes, der überleben will, endlich vom letzten der Söhne vollzogene Notwehr, nachdem alle Brüder schon vernichtet worden waren. David hat Saul, seinen Verfolger, zweimal in der Gewalt und tötet ihn nicht, weil er ihn als Repräsentanten des Patriarchats respektiert. Seine erste böse *väterliche* Tat ist die Tötung des jugendlichen Boten, der ihm die Nachricht vom Tode seines ehemaligen Verfolgers Saul überbringt. Saul lag im Sterben und bat den Boten, ihn von seinem Elend zu befreien. David sieht noch in der Tötung Sauls auf dessen eigenen Befehl eine Vatertötung, die sich für einen angepaßten Sohn nicht gehört.

Die Söhne streiten höchstens gegen Vaterzustände. Sie kämpfen mit deren ärgsten Repräsentanten, schonen sie aber wie im Hildebrandlied und den deutsch-französischen Schwanrittersagen, wenn sie hinter ihnen plötzlich den leiblichen Vater erkennen.

Anaximander gibt zu, daß die Einheit der Welt durch die frühgeschichtlichen, verbrecherischen Jünglingsschlachtungen zerstört wurde. Hesiod läßt die den Sohn zur Vaterkastration anfeuernde Gaia sagen: »... denn der Vater hat begonnen und häßliche Taten erdacht«. (Theogonie Z. 165) Die Vatertötungen, auf die sich Freud beruft, sind Zufallstaten angepaßter Söhne, die wie Ödipus und Perseus in inbrünstiger Liebe am für sie greifbaren Vater hingen und bis ans Ende der Welt eilten, um das Orakel nicht verwirklichen zu müssen. Ödipus tötete ohne Wissen und in Notwehr, Perseus ohne Wissen und aus Versehen. Die Vorgänge versinnbildlichen den Selbstverwirklichungsprozeß eines Sohnes, für den das Väterliche als das Alte natürlicherweise absterben müßte. Das Patriarchat will es anders. Neues Leben muß *vor* dem alten sterben. Überleben darf es nur, wenn es garantiert, genauso zu werden wie das Alte.

Die letzten Ritualisierungen von Jünglingstötungen finden in den Familien statt, in denen der Vater den Sohn zwingt, nach seinen Vorstellungen zu werden, denselben Beruf wie er oder den von ihm erwählten zu ergreifen. Und in der Gesellschaft brechen die alten Spannungen sofort auf, wenn die Söhne darangehen wollen, das Prinzip des Patriarchats zu verändern. Die Altäre, auf denen die gegenwärtigen Jünglingstötungen vorbereitet werden, sind die »Bildzeitung« und andere patriarchalisch dirigierte Einrichtungen der Massenkommunikation. Die Väter brauchen nicht mehr selbst die Messer zu zücken. Es finden sich genug irregeleitete Handlanger wie der Attentäter des Rudi Dutschke, die die Waffen für die Väter führen.

Eine zweite Form der Zivilisierung der Jünglingstötung ist ihre Sublimierung. Die Beschneidung der Vorhaut des Knaben, die erst in der Gegenwart als Hygieneeinrichtung und Luststeigerungsmaßnahme rationalisiert wurde, ist eine sublimierte Penisabschneidung. Die Beschneidung ist ein Beweis dafür, daß die ersten Jünglingsmarterungen *vor* der Kenntnis der Zeugung liegen. Objekt der väterlichen Eifersucht sind nicht die Hoden, sondern ist der Penis, das dem älteren Mann überlegene Lustorgan des jüngeren. Onanierenden Knaben wird noch heute mit der Abschneidung des Penis' und nicht der Hoden gedroht.
Abraham ist der erste biblische Vater, der die Jünglingstötung nicht nur ritualisierte, sondern auch sublimierte. Er beginnt mit der Beschneidung an seinem Sohn und an seinen Knechten (1. Mose 17, 23). Die Funktion der Beschneidung wird genau erläutert. Das Zerwürfnis zwischen Vater und Sohn ist beendet. Der Vater schließt einen Bund mit dem Sohn und will den Bund ins Fleisch des Sohnes eingegraben wissen zur Erinnerung an den ursprünglichen Konflikt und zugleich als Zeichen seiner Bewältigung: »Das ist mein Bund ... Alles, was männlich ist, ... soll beschnitten werden.« (Vers 10) »Ihr sollt ... die Vorhaut an eurem Fleisch beschneiden. Das soll ein Zeichen sein des Bundes zwischen mir und euch.« (Vers 11) Wer sich dem Zeremoniell der Beugung unter den Vater nicht unterwirft, »des

Seele soll ausgerottet werden ... darum, daß er meinen Bund unterlassen hat«. (Vers 14) Wer zur Ersatzhandlung nicht bereit ist, muß den ursprünglichen Vorgang erleiden. Er wird getötet.

Wie sehr in den Genen patriarchalischer Jünglinge die Angst ruht, umgebracht zu werden, beweisen Freuds Neurosenforschungen an Männern, die über die Beschneidung ihrer Vorhaut sofort die alte phylogenetisch übermittelte Lebensbedrohung durch das Väterkollektiv im Trauma leibhaftiger Bedrängung durch den einzelnen Vater aktualisieren.

Auch hinter dem Schuß des auf dem Kopf des Sohnes liegenden Apfels verbergen sich sexuelle Aggressionen des Vaters gegen den Sohn. Der Apfel ist ein Zeichen der erotischen Verbindung zwischen Frau und Jüngling. Eva gibt ihn Adam zum Zeichen ihrer Wollust auf ihn. Paris gibt ihn Aphrodite, weil er von ihr bezaubert ist. Aus den zur Erde gefallenen Blutstropfen der getöteten Jünglinge wie bei Adonis, Dionysos und dem syrischen Tammuz wachsen Granatapfelbäume.

Die Onkel des Sarpedon – späterer Anführer der Lyker im trojanischen Krieg gegen die Griechen – wollten einen um den Hals des Kindes geschlungenen, aus einer Schlange geflochtenen Ring durchschießen. Die Lyker setzten später die Schlangenringe oder -spiralen auf den Kopf ihrer Söhne, wodurch diese nur noch bei schlechten Schützen getötet wurden. Die Bogenschützengilden des Mittelalters ließen einen neuen Kandidaten Silberpfennige oder Äpfel vom Kopf seines Sohnes schießen. Im »Wilhelm Tell« wird die Knabenbedrohung um weiteres sublimiert, indem der Vater nicht mehr willkürlich seinen Sohn der Lebensgefahr aussetzt, sondern die verdoppelte Vatergestalt des bösen Geßler die Sohnesmarterung befiehlt.

Die das Leben des Sohnes am meisten verwirrende Äuße-
rung aggressiven Vaterverhaltens ist die Umkehrung der
Knabenschlachtung in die Knabenverführung. Die Opfe-
rungen finden jetzt nicht mehr *durch* den Leib, sondern *an*
dem Leib des Knaben statt. Sie enden anfangs für die
Jünglinge tödlich wie ihre ursprüngliche Zerreißung. Der
Ödipuskonflikt beginnt mit der Knabenschändung des
Ödipus durch Laios. Laios wird später der erste Päderast.
In seiner Person überschneiden sich die Knabenschändung
(Aussetzung seines Sohnes Ödipus) und die Knabenliebe
(Verführung des Chrysippos). Der Tod des Jünglings
Chrysippos liegt am Ende seiner Entführung. Laios be-
kommt zur Strafe seiner Tat die Sphinx vorgesetzt, die,
Zerrspiegel seiner selbst, Jünglinge zu Dutzenden in den
Abgrund wirft. Wie Laios verhält sich Tantalos, er zerreißt
den Jüngling Pelops und liebt den Jüngling Ganymedes.
Um Hyakinthos streiten sich Apollon, Thamyris und der
Westwind, der mit einem Diskus den Kopf des Jünglings
zerschmettert. Miletos will nicht alle drei Brüder Minos,
Rhadamanthys und Sarpedon lieben und flieht von Kreta,
ehe er umgebracht werden soll. Deutlich zeigt die Geschichte des Ganymedes die neue Form der Knabenbehand-
lung. Im Kern enthält sie dasselbe Motiv wie die ursprüngliche Zerstückelung: die Väter entziehen den Jünglingen
die Potenz und verleiben sie sich ein. Von der Ganymedes-
sage ist nur der Schluß bekannt, der operettenhaft verkürzt nichts Böses ahnen läßt. Ganymedes, schönster Jüngling Trojas, wird von Zeus in der Gestalt eines Adlers für
die Liebe entführt. Der Adler ist wie der Stier eine Vatergestalt. Der babylonische Enkidu träumt seinen Tod als
Verschleppung durch einen Adler voraus, der mit ihm in
vier Etappen immer höher fliegt und ihn fallen läßt. Daidalos fliegt zusammen mit seinem Sohn Ikaros unter selbstgebastelten Adlerschwingen in die Luft. Der Sohn stürzt

ab, zwar durch seine eigene Unachtsamkeit, wie die Sage behauptet, aber der Vater schuf die Umstände, die den Sohn in die halsbrecherische Situation des Fluges zwangen. Der Jünglingstod des Ikaros verdoppelte sich durch die vorangegangene Tat des Daidalos, die dem Tod des eigenen Sohnes ähnelt. Seinen Lehrling und Neffen Talos stürzte er vorsätzlich von den Dächern der Akropolis. Ganymedes wurde wahrscheinlich von seinem eigenen Vater umgebracht, und alles Geschehen im Himmel ist Floskel eines sich allmählich auf Päderastie umstellenden Patriarchats.

Mit der Liebe des Vaters zum Sohn im Himmel redete sich das Patriarchat heraus, nachdem es die Jünglinge auf der Erde umgebracht hatte. Dionysos wird wieder zusammengestückelt, ebenso Pelops, der Sohn des Tantalos. Pelops' Erweckung geschah für die Entführung durch Poseidon. Pelops heißt der »Schlammbedeckte« und erinnert als Gattungsname an die Jünglingstötungen durch Hinabstürzen ins Meer. Auch die Gestalt des Pelops kennzeichnet den Umbruch von der Schlachtung in die Verführung. Pelops ist nicht mehr Opfer, sondern Geliebter des Meergottes Poseidon. Ebenso endet Ganymedes als Bettgenosse des Zeus. Auch Jesus ruht nach seiner Hinrichtung im Schoß des Vaters. Vater und Sohn werden zu ewiger Umarmung eins, *nachdem* der Sohn über wie auch immer ritualisierte Jünglingstötungszeremonien aus dem Spannungsfeld zwischen Vater und Sohn auf Erden vertrieben wurde. Im Himmel gibt es keine Sonnenwendopferungen der »Stellvertreterkönige« mehr. Jesus bezeichnet sich ebenfalls als Stellvertreter Gott-Vaters auf Erden. Die Söhne dürfen erst im Himmel ewig leben und wie Jesus dort manchmal selber herrschen. Tatsächlich ist Jesus vom Vaterkollegium der Hohenpriester umgebracht worden, auch wenn er noch so für die Verschmelzung mit dem – seinem – einzigen Vater disponiert war.

Das Patriarchat konnte sich nicht so schnell daran gewöhnen, die Jünglinge schon auf der Erde zu umschlingen, statt sie abzuschlachten. Die Sinneswandlung der Väter vollzog sich daher zuerst für den ideologischen Bereich des Himmels.

Ganymedes wird oft als williger Liebhaber seines Räubers Zeus dargestellt. Sein Name gibt Aufschluß, daß er für ein ewiges Zu-Willen-Sein gegenüber einem Vater nicht gewappnet war. »Ganymedes« bedeutet Bereitmachen für die *Braut*. Ganymedes heißt der, der in Erregung auf *sein* erotisches Ereignis der Heirat steht und nicht der, der Anlaß gibt für fremde väterliche Erregung an ihm (siehe v. Ranke-Graves, Mythe II, S. 103).

Die erste Technik der Ökonomen, die Eintracht zwischen Frau und Jüngling zu zerstören, lag in der Beseitigung der Jünglinge. Die zweite bestand darin, die Jünglinge zu eigenen Liebesgenossen zu machen. Die dritte Technik richtete sich direkt gegen die Frauen. Die Frauen sollten allmählich kastriert werden. Indirekt begann die Kastration mit der Abschlachtung der Söhne. Zur Sexualität gehört ihr Vollzug. Ihre Beschneidung beginnt mit der vereitelten Ausübung – eine noch heute Frauen und Jugend angetane Verstümmelung durch die Vatergesellschaft. Mit der Tötung des Adonis und all seiner Brüder raubte der Vater seiner Frau die Blüte ihrer sexuellen Befriedigung.

Die Väter wagten noch immer nicht, die den Frauen geltenden, langsam direkter werdenden Triebbeschränkungen selber vorzunehmen. Die Jünglinge nur von den Frauen weg und in die eigene Gewalt zu reißen, befriedigte ihre Eifersucht nicht vollständig. Die Söhne mußten willig gemacht werden, selbst die Seligkeit mit den Frauen aufzugeben.

Die Väter versuchten, die Beziehung zwischen Frauen und

Jünglingen zu vergiften. Sie hetzten die Söhne gegen die Frauen, drillten sie gegen das Weibliche durch Helden, die mit Drachen und schrecklichen Schlangenfrauen kämpfen. Der Glaube an das Böse von Gestalten ist das Blut der Herrschaft. Er dient zur Verhinderung der Erkenntnis des Bösen von Verhältnissen.

Perseus schlägt der Medusa das Schlangenhaupt vom Rumpf und tötet das weibliche Seeungeheuer, dem die angekettete Jungfrau Andromeda geopfert werden sollte. Herakles tötet die Hydra und schon als Baby zwei Schlangen, die sich um ihn legen wollten. Die Schlangenerwürgung ist Herakles' erste Tat, Voraussetzung für einen Sohn des Patriarchats, der sich für die von ihm verlangte Vatergefolgschaft legitimiert hatte. Der babylonische Marduk tötet das weibliche Meermonstrum Tiamat. Bellerophon tötet das lykische Schlangenungeheuer Chimaira. Wenn Frauenscheusale wie die Lamia am Leben bleiben, müssen sich die Söhne zeitlebens gruseln, weil sie ihnen angeblich während der Umarmung das Blut aussaugen. Georg und Siegfried töten Reptilien, die im Zusammenhang mit Jungfrauen auftreten.

Die bei der Jungfrau lagernden Reptilien, die erschlagen werden müssen, ehe das Mädchen Gattin des Helden werden kann, sind die verzerrten Verkörperungen der zur Wollust fähigen äußeren Genitalien der Frau. Die »Befreiung« der »bedrohten« Jungfrauen bedeutet die Zerschlagung von Kräften, die zu den Frauen gehören. Diese weiblichen Genitalien, die Zeus in der Büchse der Pandora den Menschen zum Entsetzen schickt, die das Patriarchat als Anlaß aller Krankheiten und Zwiste behauptet, wuchern in den Untieren in der Nähe von Frauen oder ihnen angewachsen zu Gestalten der Horror-Science-Fiction der patriarchalischen Frühzeit.

Die Schlangenfrauen und alle verwandten Wasserungeheuer sind Folgen patriarchalischer Hirngespinste über die weibliche Begierde. Die herakleische Hydra ist Symbol und Karikatur des *weiblichen* Geschlechts und nicht des männlichen, wie Freud es darstellt. Nicht die männliche, sondern die weibliche Lust kann sofort nach ihrer Befriedigung wiedererstehen. Die Unsterblichkeit des Triebes liegt nicht im Phallus, sondern in der Klitoris – schauergedunsen im Hydra- und Medusakopf. Hinter dem Kampf mit der Hydra stand die historische Auseinandersetzung zwischen dem aufstrebenden Patriarchat und lernaiischen Fruchtbarkeitspriesterinnen, bei denen jede getötete durch eine neue ersetzt wurde. Die Schlange ist Wahrzeichen und ständige Begleiterin der großen Göttin Eurynome im pelasgischen Schöpfungsmythos. Die Paarung, die die Göttin mit ihr vornimmt, ist nicht ein übertragener Vorgang zwischen Frau und Mann, sondern eine Zusammenfassung der Schöpfung der Materie aus sich selbst. Die Schlange ist nicht Partner, sondern Symbol der weiblichen Schöpfungskraft. Sie ist auch die Komplizin des biblischen Weibes. Medea rettet sich auf einem Schlangenwagen. Die indische Erdgöttin der »Ramayana« fährt in einem Schlangenwagen. Zeus verwandelte sich als Jüngling in eine Schlange, als sein Vater Kronos ihn umbringen wollte. Er flüchtete sich in die Weiblichkeit wie Achilleus, der nicht in den trojanischen Krieg wollte. Der eine Jüngling floh vor einer direkten Tötung, der andere vor seiner in den Krieg übertragenen Opferung. Renaissance-Maler wie Uccello und Raffael kennzeichneten Schlange und Drachen freimütig durch Formen der Vulva.

Wird die Schlange als Penis begriffen, wie Freud es will, würde auch der Teil der Entstehungsgeschichte des Patriarchats zu Auseinandersetzungen zwischen Männern gemacht, der Extrakt der Kämpfe des Mannes mit der Frau ist. Das Patriarchat entstand nicht nur über homosexuelle

Geschehnisse. Freud entwickelte die irreführende Entsprechung von Schlange und Penis in einer Gesellschaft, die sich einbildete, die Frau besitze keine geschlechtlichen Kräfte.

Die Geschichten um das Duo Schlange–Frau oder Drachen-Mädchen kennzeichnen die Kastrationsvorgänge, die das Patriarchat in seiner Entstehungszeit mit der Frau veranstaltete. Die Frau konnte nicht wie der Jüngling ausgerottet werden. Ihre Gebärfunktion mußte erhalten bleiben. Es gab bei wenigen Ausnahmen wie der Iphigenie keine Frauenschlachtungen. Es kam darauf an, der Frau den emanzipierten Teil ihrer Vulva kaputtzumachen. Das war die Klitoris als Repräsentantin ihres Triebes. Wilde patriarchalische oder patriarchalisch werdende Stämme schnitten den Mädchen die äußeren Genitalien ab. Die Araber entfernten den Frauen die Klitoris. Das zivile Patriarchat versuchte, dasselbe Ergebnis mit Hilfe *gesellschaftlicher* Repressionen zu erreichen. Die Schlange wird wie im pelasgischen Schöpfungsmythos in die Unterwelt verbannt. Auch in der biblischen Schöpfungsgeschichte verflucht der Vater die Schlange. Und Freuds Dogma vom vaginalen Orgasmus ist eine in wissenschaftliche Konstruktion verpackte Schlangentötung des 20. Jahrhunderts.

Der Einsatz der heldischen Söhne gegen den die Väter ängstigenden Teil der Frauen verlief zugunsten der Väter, weil die Söhne durch die geplanten Schlachtungen, denen sie, wenn überhaupt, nur mit Not entgingen, erotisch äußerst verängstigt geworden waren. Das Angebot einer Frau anzunehmen und die Pflichten der Brudervernichtung im Krieg und der Frauenkastration im Frieden zu verweigern, endete für den Jüngling tödlich. Die Söhne übertrugen ihre ursprüngliche Angst vor den Vätern auf die Frauen und den Vorgang, den sie mit ihnen identifizierten: das geschlechtliche Vergnügen. Die Idylle zwischen Frau und

Jüngling verwandelte sich in Zerwürfnis. Dem heranwachsenden Mann wurde das Angebot der Sexualität gespenstisch, weil er seinem Untergang zusteuerte, wenn er sich darauf einließ. Der Abgang in den Geist, der sich beim Mann zur selben Zeit ereignete, wie die Errichtung seiner Herrschaft, geschah aus Haß auf die Frau. Die Väter haßten die Frauen, weil sie ihnen die Schmach der sexuellen Unterlegenheit nicht verziehen, die Söhne haßten sie, weil sie durch ihr Angebot ihr Leben bedrohten.

Die endpatriarchalische Gesellschaft ist noch immer vom Haß der Geschlechter aufeinander durchdrungen. Unter dem Firnis der männlichen Begierde nach Scheide lebt ein Haß des Mannes auf die Frau, der sich in der Disharmonie aller gesellschaftlichen Verhältnisse zwischen beiden ausdrückt. Es gibt keine gesellschaftliche Gemeinsamkeit zwischen Mann und Frau außer der des Geschlechts. Das ist erbärmlich wenig, respektiert die Frau nicht als Person, die gleichen Anteil an den gesellschaftlichen Geschehnissen hat. Der Mann sträubt sich, mit Frauen zusammenzuarbeiten, erst recht, sich von ihnen leiten zu lassen. All seine geistige Beschäftigung schließt er hermetisch vor der Frau ab. Sie zeugt noch immer für seine Flucht vor ihr.

Die Väter haben den Söhnen die Frauen verdorben. Die Angst vor den Vätern wandelte sich um in die Angst vor den Frauen, in die Verachtung der Sexualität. Der Mann zittert davor, dem Lustprinzip zu erliegen. Wie die frühpatriarchalischen Jünglinge um ihr Leben, so zittern die modernen um ihre Rolle des »harten Mannes«. Noch das technisierte Patriarchat läßt einem Mann, der sich »auf Liebe einstellt«, keine Chancen, in seinen Hierarchien mächtig zu werden. Die Bezeichnung »Frauenheld« ist die zum Spott geschrumpfte Todeserklärung über jenen, der sich der vom Patriarchat geforderten Enterotisierung widersetzt. Ein Mann, der schön ist oder es sein möchte, fordert die Verachtung der Gefolgsmannschaft heraus und zieht ein Netz von Verdächtigungen patriarchalischer Unbekömmlichkeiten auf sich. Schönheit, die ans Geschlecht erinnert, ist im Patriarchat für Männer nur in Tingeltangel-Branchen zugelassen, für eine Teilnahme am System aber nicht.

Während das Patriarchat voranschritt, lieferten die Väter die Unterworfenen einander aus. Die Jünglinge töten nicht nur die Frauen, sondern auch umgekehrt werden die Frauen auf die Jünglinge gehetzt. Mütter setzen selbst ihre Söhne aus. Später hängen sich die Geliebten an die Helden, verpflichten sie entgegen ihren eigenen sinnlichen Interessen zum steten Bleiben, verlangen den Schwur der Treue, den die Söhne für die Umarmung meinen und hinterher nicht halten, weil sie sehen, daß sie mit ihm ihren patriarchalischen Aufträgen nicht entsprechen können. Sie müssen sich von den Frauen trennen, die ihnen lebensnotwendige Hilfe gespendet haben und ihnen nun tödliche Flüche nachsenden. Theseus verläßt Ariadne und Hippolythe, Jason verläßt Medea, Enkidu verläßt das heilige Weib, Siegfried verschmäht Brünhilde, Achilleus verstößt Penthesilea, und Gilgamesch verstößt Ischtur.

Die Schlange erscheint als todbringendes Element. Die Jünglinge sterben durch ihr Gift oder direkt durch ihren Biß, das heißt durch Frauen. Gift ist bis heute das Mittel, mit dem die patriarchalische Frau Menschen umbringt. Zauberinnen und Hexen hielten es zu ihrer Verfügung. Während Männer schießen, schlagen und stechen, schütten verzweifelte Frauen noch immer Gift in Flüssigkeiten.

Gilgamesch findet das Kraut der Unsterblichkeit. Es wird ihm von einer Schlange weggefressen, er selbst stirbt. Laokoon stirbt mit seinen Söhnen durch böse Schlangen, die ihm sein Priestervater Apollon schickt. Laokoon stirbt nach patriarchalischem Dogma an der Liebe. Er tut nur Gutes.

Er liebt eine Frau. Das paßte Apollon nicht, der wie der katholische Gott seine Söhne ohne Frauen wollte und übelnahm, daß sich Laokoon mit seiner Geliebten am Altare vereinigte. Laokoon sieht das patriarchalische Unheil voraus, das sich mit dem hölzernen Pferde ankündigte. Er hat Eigenschaften, die die Väter nicht gebrauchen können.

Andere Jünglinge sterben in Brunnen. Vor die väterlichen Tötungsabsichten wird ein weibliches Symbol gezogen. Der Brunnen ist ein Sinnbild der Weiblichkeit, an *der selbst* der Jüngling nach dem Willen der Väter sterben soll. Die Hinabstoßenden sind aber offenkundig oder heimlich immer noch Vatergestalten. Der Brunnen ist die Vermittlungsinstanz, die helfen soll, den ursprünglichen Konflikt zu vertuschen. Antheus wird von Kleobis im Brunnen ertränkt. Antheus ist ein Beiname für Dionysos, ein Gattungsname der getöteten Frühlingsblumenheroen, wie Narkissos oder Hyakinthos, deren Endungen -issos und -inthos ebenso Gruppenbezeichnungen getöteter Jünglinge sind. Narkissos stirbt an sich selbst, am unpatriarchalischen Zustand seiner Jugend und Schönheit. Alle verliebten sich in ihn. Das war zuviel. Er fällt ins Wasser. Odysseus wirft den behenden und fleißigen Palamedes aus Neid auf dessen zugreifende Tat der Nahrungsmittelbeschaffung in den Brunnen. Hylas, der Geliebte des Herakles, stirbt beim Wasserholen. Ein paar Nymphen müssen für die unbekannt gebliebenen Mörder herhalten.

Ebenso wird die Ursache des Todes von Enkidu der permanent geilen Ischtur untergeschoben. Und doch sind es eindeutig patriarchalische Zusammenhänge, die Enkidu sterben lassen. Ischtur beklagt sich zwar beim Vater Anu über die Schelte, die ihr Gilgamesch angetan hat. Aber Anu selber sendet seinen feuerspeienden Himmelsstier, in jedem Mythos eine verschleierte Vatergestalt. Die Söhne Gilgamesch und Enkidu lieben sich und sind im Kampf gut aufeinander eingespielt. Sie können den Stier überwältigen. Solche Brudergemeinschaft ist nicht im Sinne der Väter. Der Stier hat seinen bösen Atem nicht umsonst ausgeblasen. Enkidu fiebert davon und stirbt.

Die Helden entnehmen der Weiblichkeit noch Kraft, bevor sie endgültig an ihr sterben müssen. Siegfried taucht ein in das Blut des Drachen, behält aber am Schulterblatt die verletzliche Stelle. Herakles taucht seine Pfeile in das Blut der Hydra – und stirbt später an der Wirkung des Giftes. Thetis hält ihren Sohn Achilleus in ein heiliges Wasser, aber die Stelle, an der sie ihn hält, die Ferse, bleibt verwundbar. Achilleus stirbt an einem Pfeilschuß, der ihn dort trifft.

Viele Helden sterben an einem Schlangenbiß in die Ferse. Die Vulva (Schlange) gereicht jetzt dem Penis (Fuß) zum Schaden. Der Fuß hat in der Mythologie allgemein die Bedeutung des Penis. Ödipus wird mit durchschnittenen Fersensehnen ausgesetzt. Die heiligen Sonnenkönige der ansteigenden Jahreshälfte, Repräsentanten der Jünglinge, wurden während der Sonnenwendfeiern durch Pfeilschuß in die Ferse getötet. Der im Kriegswerkzeug des Pfeiles patriarchalisierte Penis des Vaters tötet den hilflos ausgelieferten, nackten des Sohnes. Apollon lenkt den Pfeil des Paris, so daß er die verwundbare Stelle des Achilleus treffen kann.

Bis in die Neuzeit hat der Fuß phallische Symbolwirkung. Der Fürst hielt als Überbleibsel der ihm ursprünglich zustehenden ersten Nacht den leibeigenen Mädchen seinen entblößten Fuß ins Brautbett. Chaplins lange Schuhe sind das heimliche phallische Stärkezeichen des David Charlie. Die Füße der vorrevolutionären Chinesinnen mit zu kleinen Schuhen zu verkrüppeln, war nicht nur ein Mittel, die Frau gebrechlich zu machen, sondern bedeutete im übertragenen Sinn die Beschneidung ihres vom Manne gefürchteten Penisverlangens. Auch der von Männern lustvoll besetzte

Fußballsport hat verborgene sexuelle Motive. Alle Sport-arten werden – außer den gewalttätigsten – von Männern *und* von Frauen ausgeübt. Fußball sehen und spielen nur Männer mit Leidenschaft. In diesem Sport gewährt die Ge-sellschaft dem Mann sublimierte Befriedigung seiner homo-sexuellen Bedürfnisse. Der im Zusammenhang mit soldati-schen Erziehungsprozeduren übliche Tritt in den Hintern reagiert phallisch-anale Bedürfnisse des Mannes ab. Keine Frau tritt einer anderen Frau oder einem Mann in den Hintern.

Dem Sohn wurde nicht nur die Geliebte, sondern auch der ihn begleitende Freund weggerissen. Der patriarchalische Mann darf überhaupt kein Liebender mehr sein. Wenn ein Mann sich für das Amt eines herrschenden Vaters vorbereitet, muß er allem Erotischen entsagen. Achilleus verliert Patroklos, Polydeukes verliert Kastor, Theseus verliert Peirithoos, Herakles verliert Hylas, David verliert Jona-than. Gilgamesch verliert Enkidu. Die Männer müssen die persönliche Liebe zum Mann verlassen, um kollektivistisch zusammengeschweißt dem Genossen feindlich zu werden.

Die Herrschaft der Väter wurde endgültig vollzogen, als der Mann die Frau in Privateigentum nahm. Der Ökonom geht im Prozeß der Inbesitznahme der Frau bis an die Wurzeln ihrer Sexualität. Seit er den Vorgang der Zeugung überblickt, begnügt sich der Mann nicht mit der bewußten Gleichberechtigung im natürlichen Schöpfungsakt neuen Lebens, sondern entwürdigt die Frau zur Gehilfin. Apol-lon verkündet in Aischylos' »Eumeniden«, wie Fruchtbar-keit von nun an zu begreifen sei: »Nicht ist die Mutter ihres Kindes Zeugerin, sie hegt und trägt das auferweckte Leben nur; es zeugt der Vater, aber sie bewahrt das Pfand ... Vater kann man ohne Mutter sein; Beweis ist dort die eigne Tochter (Athene) des Olympiers Zeus, die nimmer eines Mutterschoßes Dunkel barg.«

Das Wissen von der männlichen Beteiligung bei der Herstellung der Nachkommen nützte dem Mann wenig, wenn er *sich allein* als Hervorbringer legitimieren wollte. Der Erzeuger eines Kindes ist biologisch immer noch nicht exakt feststellbar. Eindeutig ist er nur sozial zu bestimmen. Hermetische sexuelle Abriegelung der Frau, genitaler Zutritt nur für den Mann, der sich als Hervorbringer ausweisen will, ergeben erst die an Sicherheit grenzende Wahrscheinlichkeit seiner Zeugung. Nach dem Deutschen Bürgerlichen Gesetzbuch *gilt* der Mann als Erzeuger eines innerhalb der Ehe geborenen Kindes.

Wollte sich der Mann als natürlicher Schöpfer *beweisen,* mußte er die Frau unter seine Herrschaft nehmen, mußte er der Frau das Haus zum Gefängnis werden lassen. Die Frau verlor darin allmählich alle Betätigungen, die den Menschen kennzeichnen. Die praktische und theoretische Beschäftigung mit Gegenständen, die das Denken des Menschen anregt und erweitert, sank ihr zum Einerlei der Reproduktion alltäglicher Notwendigkeiten herab. Endlich konnte der Mann seine sexuelle Versagungsstrategie der Frau gegenüber direkt anwenden. Die Sexualität der Frau wurde gestutzt, bis das übrig blieb, was der Mann noch gebrauchen konnte: Triebbefriedigungsplatz, erstarrt als häusliche Örtlichkeit sexueller Notdurft.

Das Geschlecht der Frau wurde mit dem Bannfluch des Tierischen belegt, obwohl es die Befreiung aus dem Tierischen vollbracht hatte. Die Frau wurde zum »Weib«. Das Weib ist die im Brutkasten zur Sache gewordene Frau. Demosthenes faßte zusammen, in welchen Funktionen die Frau dem Mann zur Verfügung zu stehen hatte: »Wir heiraten *das* Weib, um eheliche Kinder zu erhalten und im Hause eine treue Wächterin zu besitzen, wir halten Beischläferinnen zu unserer Bedienung und täglichen Pflege, die Hetären zum Genuß der Liebe.«

Die Göttin der Liebe, Aphrodite, ist ein Luxusgeschöpf geworden. Die gesellschaftlichen Potenzen sind ihr abgespalten und Hera, Athene und Arthemis, den frigiden Funktionärinnen der Väter, zugeschlagen worden. Aphrodite ist entwurzelt, Produkt aus Schaum, der im Meer aus den abgeschnittenen Hoden des ersten gräßlichen Vaters quillt, Liebe – Raffinement aus einem Vater-Sohn-Konflikt! Kaum ist ein unverschämteres Zeugnis männlicher Hybris denkbar. Eros, die Urkraft des Zusammenfügens, Schlichtens und Besänftigens, die aus puren Gewalten den Sinn der Gestalt machte, verkam zur Putte. In dem pfeilschießenden Nippes konnte die Sinnlichkeit des Jünglings zum Charme einer Wachsfigur erstarren. Liebe wird kindisch. Korsett, Keuschheitsgürtel und zu kleine Schuhe verbildlichen die bis an den Körper der Frau herangepreßten Wände des Hauses. Die Abspaltung der Sexualität und die Verhinderung schöpferischer Produktion schwächten die Frau bisher unwiderruflich.

Durch die Inbesitznahme der Frau verlor das kollektive Eigentum an den Nahrungsmitteln seine Funktion. Sexuelle Feindschaft entstand nicht nur zwischen Ökonomen und Jünglingen, sondern auch zwischen den Ökonomen untereinander. Jeder mußte »seine« Frau haben, wenn er sich als Erzeuger legitimieren wollte. Die ökonomische Genossenschaft löste sich zugunsten des Familienbetriebes auf. Der Mann wurde Alleinherrscher über Frau, Kinder, Sklaven, Vieh und Äcker.

Seine Position des Ernährers, des »Vaters«, aus der sich in vorpatriarchalischen Verhältnissen noch keine Macht über Menschen herleitete, wuchs erst über sexuelle Auseinandersetzungen zur Herrschaft des Ökonomen. Die Errichtung der Herrschaft von Menschen über Menschen geschieht nicht aus Stärke der Herrschenden, sondern aus ihrer Schwäche, speziell ihrer sexuellen Schwäche. Der Starke kann seine Bedürfnisse immer in Verhältnis setzen zu den Bedürfnissen aller Mitglieder der Gesellschaft. Er braucht zur Durchsetzung seiner Interessen nicht die schiefe Ebene der Gewalt über ihm ausgelieferte Personen.

Die Herrschaft des Mannes drückt sich in dem Bereich aus, den er schon vor Antritt seiner Herrschaft verwaltete, im Besitz an Grund und Boden. Die Ökonomie zwingt jedoch nicht zur Herrschaft. Sie ist nur der Bereich, in dem Herrschaft am sichtbarsten zutage tritt.

Die Marxschen Forschungen über die Klassenkämpfe setzen in einem Stadium der Herrschaft des Mannes ein, in dem ihre ökonomischen Auswirkungen – Reichtum der Herrschenden und Armut der Beherrschten – die sexuellen Motive ihrer Errichtung überlagert hatten.

Die ersten Kämpfe der ersten beherrschten Klassen – der Klasse der Jünglinge und der Klasse der Frauen – gegen die herrschenden Väter waren noch eindeutig sexuelle Auseinandersetzungen. Sie wurden unmittelbar an der Wurzel des Konfliktes ausgefochten wie erst wieder im 20. Jahrhundert die Kämpfe der Frauenbewegung und der Jugendrevolte. Alle unter rein ökonomischen Gesichtspunkten geführten Kämpfe drehten sich nur um die *Anteilnahme* an der Herrschaft, richteten sich aber nie gegen den patriarchalischen Zustand der Herrschaft der Männer über Jünglinge und Frauen.

Der trojanische Krieg, das Zentrum des griechischen Mythos, faßt die Kämpfe der beherrschten Frauen und Jünglinge gegen die herrschenden Väter zusammen. Die Taten der Klytaimnestra sind beispielhaft für den Kampf der Frauen. Und die Ereignisse um den Raub der Helena versinnbildlichen die Versuche der Jünglinge, sich der Herrschaft der Väter zu erwehren. Die potenteste Frau, die im griechischen Mythos den Aufstand probierte, war Klytaimnestra. Sie richtete vorübergehend die alte Gemeinschaft der Geschlechter wie zur Zeit der Jagd wieder auf. Hesiod beschreibt sie in seinem Frauenkatalog Nr. 23: »..., die härter war als ein Mann ... Klytaimnestra, die dunkeläugige.« Ihr Fall zeigt, welche Taten des herrschenden Mannes die Frau bedrohen. Die Geschichte beginnt mit den Eingriffen in die Bedürfnisse der Frau. Klytaimnestras Mann Agamemmnon will ins Geschäft des Krieges gegen Troja. Bevor er abreist, opfert er seine älteste Tochter Iphigenie. Unpassende Winde und der Zorn der Arthemis sind die vorgeschobenen Anlässe dieser Schlachtung. Menschenopferungen haben immer sexuelle Motive. Iphigenie sollte Frau des Achilleus, des jugendlichen Rivalen Agamemmnons im trojanischen Krieg, werden. Agamemmnon war selbst interessiert an der Liebe seiner Tochter. Da er wußte, daß er lange Jahre abwesend sein würde, hätte er die erotische Selbstbestimmung Iphigenies riskieren müssen. Mit der Opferung Iphigenies wurde Klytaimnestra die elementare Funktion als Mutter, über das Leben ihrer Kinder zu wachen, streitig gemacht. Die zweite Zumutung bedeutet die Abwesenheit Agamemmnons für ungewisse Zeit und Klytaimnestras patriarchalische Pflicht, mannlos der Wiederkehr ihres Mannes zu harren. Als Agamemmnon aufbrach, war Klytaimnestra ungefähr dreißig bis fünfunddreißig Jahre alt. Ihr wurde zugemutet, ihre besten Jahre ohne Mann zu verbringen. Der trojanische Krieg dauerte zehn bis zwanzig Jahre. Als Klytaimnestra von Nauplios erfuhr, daß die griechischen Heerführer vor Troja sich Konkubinen zugelegt hätten, die sie sogar mit nach Hause bringen wollten, verband sie sich mit Aigisthos. Klytaimnestra und Aigisthos sind die Repräsentanten der alten vorpatriarchalischen Gemeinsamkeit zwischen Mann und Frau. Sie liebten einander und besorgten zusammen die Geschäfte des Landes. Von ihrer Regierung wird nichts Böses berichtet. Mit der Ankunft des Agamemmnon wäre die Partnerschaft zwischen Klytaimnestra und Aigisthos blutig beendet worden. Agamemmnon kam mit einem Gefolge von vielen Geliebten zurück, unter anderen der trojanischen Prinzessin Kassandra. Von seiner Frau Klytaimnestra erwartete er, daß sie ohne Sexualität in jahrzehntelanger Bereitschaft auf den Einzigen geharrt haben soll, bei seiner Ankunft das Badewasser eingelassen, das Ehebett gemacht, das Handtuch in der Hand. Das Geständnis ihrer Auflehnung vor Agamemmnon hätte ein Gemetzel heraufbeschworen, bei dem Aigisthos und sie selbst die ersten Opfer gewesen wären. Agamemmnon hätte sich mit Aigisthos nie arrangiert. Er kam zurück, erneut allein zu herrschen und seine Frau wieder in Besitz zu nehmen. Der Ausweg wurde probiert, Agamemmnon, der Verursacher des Konflikts, getötet. Klytaimnestra vergaß, wieweit die Verhältnisse patriarchalisiert waren, so weit, daß ihre Kinder, zu Handlangern der neuen Ordnung geworden, ihre Tat nicht verstehen, sondern nach den Gesetzen des Patriarchats verfolgen würden. Klytaimnestra wurde Opfer eines der unzähligen irregeleiteten Söhne. Bei der Tötung Agamemmnons schreit das Patriarchat auf, bei der Klytaimnestras nicht. Agamemmnon ist einer der ersten furchtbaren Kriegsverbrecher. Zusammen mit seinem Kompagnon Odysseus hat er alle Verbrechen begangen, die im Rahmen eines Krieges denkbar sind. Im Patriarchat ist der Gipfel bravourösen Männergeschehens ein aus dem Kriege heimkehrender, siegreicher Gatte und Vater. Eine Frau, die solch einen Mann an *den* Tod verweist, den er hundertfältig um sich verbreitet hat, trifft die schärfste Verfolgung des Systems. Orest, unterstützt von den patriarchalischen Säulenfiguren Apollon und Athene, vollzieht das Urteil, das das etablierte Patriarchat über die aufbegehrende Klytaimnestra gefällt hat. Klytaimnestra stirbt, und mit ihr das Prinzip des Miteinanders und Nebeneinanders der Geschlechter. Orest tötet in Aigisthos, dem Geliebten der Mutter, sich selbst. Orest und später Hamlet sind die gut geschulten Werkzeuge der Väter. Aischylos schildert in seinen »Eumeniden« die Unmündigkeit des zum Erfüllungsgehilfen abgerichteten Orest: »Und noch bis jetzt nicht schalt ich über mein Geschick.«

Der Name »Klytaimnestra« hat dieselbe Wurzel wie das Wort »Klitoris«. Im Namen der getöteten Frau tritt die Klitoris als Wahrzeichen selbstbewußter weiblicher Lust deutlich in Erscheinung. Was die Helden an den verzerrten Wahrzeichen der Drachen und Schlangen indirekt vollziehen, tut Orest direkt. Klytaimnestras Tod ist der letzte Akt des trojanischen Krieges, Besiegelung des Patriarchats, wie der Krieg selbst eine der stürmischsten Auseinandersetzungen zwischen ihm und den beherrschten Frauen und Jünglingen war. Das spätere Patriarchat hatte keine Lust, dem Mythos zu folgen und die Gründe des trojanischen Krieges in der Wiederbeschaffung einer launischen Frau zu sehen. Soviel Aufgebot an Heldenbeinen für ein ruchloses Weib fand männlicher Geist zuviel.

Die trojanischen Kriege sind ein historisches Ereignis, Handelskriege zwischen europäisch-vorderasiatischen Stadtstaaten. Den Aufzeichnern waren aber die ökonomischen Zwistigkeiten zwischen zwei Vatergesellschaften zu belanglos. Sie füllten das strategische Hin und Her mit den Problemen, die die Menschen noch intensiv beschäftigten, die langanhaltend in ihnen rumorten und tiefere Wirkungen hatten als Tagesereignisse wie Sieg und Niederlage. Die Chronisten überdeckten die Schlachtbeschreibungen mit Auseinandersetzungen, die die wichtigsten geschichtlichen Prozesse der Menschheit spiegelten. Vermischt mit den militärischen Abläufen verzerrten sie sich ins Phantastische. Die Wirklichkeit ruht aber nicht in den innerpatriarchalischen Querelen, sondern in den in sie eingepackten Prozessen der Errichtung und Festigung des Patriarchats. Der griechische Repräsentant des Jünglingsprotestes ist Paris, eine ähnlich vorpatriarchalische Gestalt wie Klytaimnestra. Paris ist wie alle Helden ein ausgesetzter Königssohn und lebt als Hirte im Übergangsstadium zwischen Jagd und Ackerbau.

Der Jüngling verkörpert nicht nur den an Jahren jungen Mann, sondern auch einen geschichtlich zurückliegenden Zustand des patriarchalisch gewordenen Mannes. Er ist ein Mann, der noch im Frieden mit der Frau und der Ökonomie lebt, mit wilden Tieren kämpft und sich noch nicht entfremdet brutal gegen Menschen verhält. Vom Jüngling über den Helden zum Herrscher wiederholt sich die historische Entwicklung des gesamten männlichen Geschlechts zu den eifersüchtigen, sich selbst und den Dingen entfremdeten und Menschen tötenden Männern. Achilleus, Enkidu, Paris und David, einer der brilliantesten vorpatriarchalischen Männer, lebten als Knaben mit den Menschen und der Natur versöhnt. Paris tat mit der Nymphe Oinone noch alles gemeinsam, wie es zwischen den Geschlechtern vorpatriarchalisch Sitte war. Beide jagten und hüteten gemeinsam die Herden. Paris wuchs wie viele seiner Mithelden auf, ohne von Müttern in Besitz genommen und ohne von Vätern bedroht zu werden. Die erotischen Bezugspersonen sind Ammen und tierische Mütter, wie bei Zeus und Achilleus, Hirten, Nymphen und Kentauren. Das sind freundliche, schützende, erziehende Wesen, die das Kind erotisch nicht verwirrten. Die Umstände erinnern an Zeiten, die es den Menschen noch erlaubten, Kinder in einer Gesellschaft aufwachsen zu lassen, die noch nicht durch erotische und ökonomische Besitzverhältnisse verzerrt war. Die Söhne werden einzigartig herrlich. Ihre übermenschlichen Kräfte erwachsen ihnen nicht aus gedrillten Muskeln, sondern aus ihrem Einklang mit der Welt. Sie siegen aus erotischer Sicherheit, aus ihrer Einbettung in vorpatriarchalische Freundlichkeit innerhalb aller menschlichen Beziehungen. Erlesenster Ausdruck ihres Zaubers ist die Fähigkeit zu musizieren. Nicht nur Orpheus, auch Achilleus, Herakles, David und der historische Alexander spielten zur Betörung ihrer Umwelt auf Instrumenten. Eines der hinreißendsten Zeugnisse musizierender Brüder ist »Yellow Submarine« der Beatles. Vier Jünglinge machen sich auf zum Kampf gegen die »Blaumiesen«, Zusammenfassung aller herrschenden Väter. Liebe, Wissen, Musik und Vereinigung der Brüder retten die Welt. Die Väter machen aus »love« »Glove«, die vernichtende Boxhandschuhgestalt, Sinnbild der Zerstörung des einträglichen Miteinanders durch das Patriarchat. Sie schießen »know« zu »no«. Die Einsicht der Jünglinge in die Gründe des Schreckens der Welt und in die Möglichkeiten ihrer Überwindung erinnert an die naive Wundertätigkeit früher Natursöhne. Die Väter verstanden die Geschichte vom gelben Unterseeboot auch und manipulierten die Beherrschten so, daß sie sich die Geschichte nicht ansahen. Der Film wurde ein finanzieller Mißerfolg.

Die mythischen Jünglinge blieben so lange in ihrer wunderwirkenden Sicherheit, bis die patriarchalischen Verhältnisse über sie hereinbrachen und sie zu Krieg, Eifersucht, Verrat und Bestialität zwangen. Keiner der Helden entging seiner Patriarchalisierung. Paris war so schön, gut, klug und ehrlich, daß das Patriarchat ihm argwöhnisch seine Aufmerksamkeit widmete. Die olympische Vatergilde machte ihn zum Richter über den Göttinnenstreit. Paris entscheidet sich für die erotische Verkörperung der Frau, und nicht für die patriarchalischen Zweckgestalten Hera und Athene. Er entlarvt die Deformationen der Frau, die Hera und

Athene darstellen. Hera ist die permanent eifersüchtige Ehe- und Hausfrau, die sich selbst keine Liebe mehr aufbauen, sondern nur die der anderen zerstören kann. Sie wird nicht mehr begehrt und begehrt auch selbst nicht mehr. Nicht infolge ihres Alters, sondern infolge ihrer Funktion ist Hera unerotisch. Athene ist die vom Manne geborene, zum Mann gemachte Frau, die sich patriarchalische Prinzipien oktroyieren ließ, Verräterin der Frauen und ihres Geschlechts, Typ der Herrscherinnen und Vertreterinnen der Männergesellschaft.

Wenn Paris die Liebe wählt, kann er sich nur bedingt gegen das Patriarchat auflehnen. Aphrodite verkörpert die patriarchalische Verzerrung der *Liebe*, die zur Menschen und Verhältnisse bedrohenden »Leidenschaft« exaltiert ist. Aphrodite läßt Paris die schönste Frau rauben. Damit beginnt sein eigenes patriarchalisches Gebaren. Die Gemeinschaft mit der Nymphe Oinone ist gebrochen, er rast einer Frau nach, die ein anderer besitzt, unterwirft sich dem »Entweder-du-oder-Ich«, in das ihn Helena durch ihre Ehe mit Menelaos verstrickt hatte.

Auch Davids Patriarchalisierung beginnt mit seiner inszenierten Tötung des Urias und seinem Griff nach dessen Frau. Die Tat ist nicht mehr die eines Jünglings, sondern die eines Patriarchen. Sie ist pervers, weil sie die Ordnung speziell bricht, um sie generell aufrechtzuerhalten. Mit Urias Tötung anerkennt David das Diktat, der Mann solle nicht die Frau eines anderen begehren. Um doch mit der Frau des anderen zu schlafen, muß David ihren Status »Ehefrau« in den einer »Witwe« umwandeln.

Paris ist noch nicht so patriarchalisch wie David. Er raubt Helena nur, tötet Menelaos nicht und erlaubt Helena danach, die Geliebte vieler Troer zu werden. Paris befreit Helena aus dem Joch der Ehe und versetzt sie in altes sexuelles Beisammensein wie in den Zeiten der Jagd. Er tut dasselbe wie seine Vorläufer Orpheus und Dionysos. Der Aufbruch der beiden zu Eurydice und Semele in die Unterwelt ist nichts anderes als der Versuch der Jünglinge, die Frau aus der sexuellen Knechtschaft des Patriarchats zu erlösen.

Dasselbe Heldenmotiv tritt in den französischen und deutschen Märchen und Sagen auf. Der »chevalier du cygne« und die deutschen Schwanritter sind Rebellen gegen das Patriarchat. Die Geschichten beginnen mit der Aussetzung des ältesten Sohnes, der Verwandlung aller Geschwister in Vögel und der Gefangennahme der Frau. Die Mutter hatte sich an die patriarchalische Ordnung nicht gehalten und Kinder von einem anderen Mann bekommen, während der Ehemann auf Feldzügen vom Hause abwesend war. Helias, der chevalier du cygne, rettet die Mutter, ehe sie hingerichtet werden soll, und befreit alle Geschwister, die sich wieder in Menschen verwandeln dürfen.

Die Psychoanalytiker interpretieren dieses Geschehen aus den erotisch verzerrten Wünschen der in bürgerlichen Kleinfamilien heranwachsenden Menschen.

Der Mythos setzt sich aus drei Faktoren zusammen, er ist nur zu einem Teil Wunschvorstellung der Beherrschten, daneben enthält er Lehrsätze und Handlungsanweisungen der Herrschenden und zum dritten gibt er eine Chronologie von sozialen Umwälzungen.

Klytaimnestra und Paris erfüllen sich vorübergehend die Wünsche der beherrschten Frauen und Jünglinge. Ihr Ende ist der warnende Fingerzeig des Patriarchats. Die Vorgänge spiegeln Entwicklungen, die unwiderruflich sind.

Aus dem Winkel der spätbürgerlichen Kleinfamilie entstand die Vorstellung Freuds und seiner Schüler, in dem Aufbegehren der Jünglinge Paris, Ödipus, Helias und Lohengrin den Wunsch zu sehen, die *eigene* Mutter zum sexuellen Partner zu wählen. Das Begehren der Helden ging jedoch viel weiter. Sie versuchten, die Mutter wieder zur sexuellen Partnerin der *Gemeinschaft* zu machen, sie herauszureißen aus den beschämenden Fesseln der Ehe, aus dem Zwang zur Sterilität.

Während die Gesellschaft verbürgerlichte, ist den Söhnen tatsächlich nur noch ein Rudiment ihres ursprünglichen Aufbegehrens geblieben. Sie verlegten den Kampf in ihr Unbewußtes. Sie wünschten zwar noch, die Mutter aus der Verbindung mit dem Vater zu befreien, aber nur um sich selbst zu ihrem neuen Partner zu machen. Sie konnten die Mutter nur noch aus einer ausschließlichen Verbindung heraus in die andere hinein begehren. Freud sah nicht seine Umwelt falsch, er zog nur falsche Verbindungen zwischen ihr und Vorkommnissen der Vergangenheit. Zur Entstehungszeit der Mythen gab es noch nicht *die* Mutter. Die Söhne wuchsen in Gemeinschaft so auf, daß sie die Mutter nie als einziges Sexualobjekt erfuhren und begehrten. Sippe und Großfamilie verhinderten solche libidinöse Enge. Bei der herrschenden Aristokratie teilte sich die Mutter in die Gebärerin, die Säugerin (Amme), die Betreuerin und die Erzieherin. Keine Frau kam dem Knaben so bürgerlich nahe, daß er genötigt gewesen wäre, sie zu seiner einzigen sexuellen Bezugsperson zu machen. Die Mythen und Sagen entstanden sämtlich in feudalen Verhältnissen.

Helias und seine deutschen Verwandten haben so viele Brüder, die alle zur einzigen Mutter streben müßten, daß ein Morden unausweichlich würde. Nie ist in den Märchen vom Kampf der Brüder untereinander um die Mutter die Rede, sondern umgekehrt ein Bruder rettet alle anderen. Wäre der Held schon von der Freudschen Mutterbindung gezeichnet, hätte er die Verwandlung der Geschwister in Tiere ausnutzen und mit der Mutter sich verbinden können.

Die patriarchalische Ordnung in den Märchen verlangte,

daß die Frau getötet wird, die außerehelich liebt. In Griechenland gab es so viele Götter, daß die Frauen sich bei einer außerehelichen Zeugung herausreden konnten. Im germanischen Sagenkreis gab es die Ausweichmöglichkeit des göttlichen Beiliegens nicht. Wenn die Frauen vor dem väterlichen Zorn gerettet werden wollten, mußte ihre »Unschuld« bewiesen werden. Die Märchen lassen die Frauen abstinent auftreten, aber von abgewiesenen Liebhabern verleumden, wie in der Geschichte der Genoveva. Oder die Frauen sind vergewaltigt, im Schlaf und in Ohnmacht bestiegen worden, wie die Marquise von O. in Kleists Novelle. Die Jünglinge retten die Frauen durch das Wissen von ihrer »Reinheit« oder durch den Glauben daran. Die verstoßenen Frauen leben im Wald unter Tieren. Sie werden vom Patriarchat dorthin verbannt, wohin ihre sexuelle Praxis paßt. Die Vertreibung aus der Gesellschaft in die Wildheit ist zugleich ein Zurückstoßen in die Zeit der Jagd. Genoveva lebt zehn Jahre im Wald. Sie wird von ihrem Mann gefunden und stirbt bald nach ihrer Rückführung in patriarchalische Verhältnisse. Genoveva ist einer der offenliegensten Fälle der Zurichtung der Frau zum Weib. Genoveva versucht, in der Wildnis zu überleben und verliert ihre Kraft erst, als sie wieder in die patriarchalischen Umstände zurückgeholt wird. Wenn Helias die Unschuld seiner Mutter beweist, anerkennt er die Forderung nach totaler Monogamie. Die Verhältnisse werden nicht mehr verändert, nur falsche Vorstellungen zurechtgerückt. In den Märchen setzt sich das Diktat der Herrschenden über das Aufbegehren der Beherrschten durch. Gerettet werden kann nur, wer konform gelebt hat. Die Söhne streiten nur noch um den Nachweis konformen Verhaltens. In Griechenland versuchten die Beherrschten den Aufstand grundsätzlicher. Ideologisch mußte Troja, die Partei mit überwiegend vorpatriarchalischen Umgangsformen, fallen, wenn sich die Vaterherrschaft etablieren wollte. Die Ausrottung mußte total sein. Auch noch der letzte Sohn Trojas, Astyanax, mußte umgebracht werden. Die Väter hörten noch einmal Stimmen ...

In Troja siegte das Patriarchat mit Hilfe des Trojanischen Pferdes durch ein Kalkül der Gemeinheit. Das Pferd kennzeichnet die Genialität der Planung und zugleich die Bösartigkeit des Verrats. Die Väter haben die Verhältnisse zu ihren Gunsten geklärt. Mit Odysseus traten sie die Irrfahrten des Forschens und Wissens an. Nicht mehr um die Mühsal der Nahrungsbeschaffung besorgt, nicht mehr von Wollust bedroht, nicht mehr zum Kampfe genötigt, konnte sich der Vater auf die Materie stürzen und sein Idol, Schöpfer zu sein, verwirklichen. Hunger und Trieb verknäulte er in ein repressives Ordnungssystem. Pest, Krankheit und seelisches Zerwürfnis der Geschlechter, die Folgen der Triebunterdrückung, log er in seinen Schöpfungsgeschichten zu ihren Ursachen und legitimierte sich damit für ewig zu ihrer Aufrechterhaltung. Seine ideologische Macht hing am seidenen Faden seiner Erzeugerschaft. Zu seiner Verstärkung errichtete er über seiner irdischen Herrschaft rigide Vaterreligionen. Zur Verfestigung der Verhältnisse übertünchte er sein Zwangssystem mit dem Firnis »Recht«. Nie hat er den Blutstrom stoppen können und wollen, über dem er sich seine Verhältnisse einrichtete.

Nach Troja gibt es keine Söhne mehr, die sexuelle Revolution gegen die Väter versuchten. In der Jammergestalt des Ödipus brechen alle Bemühungen der Jünglinge, sich zu erheben, zusammen. Freuds Heroisierung des Ödipus als Urbild des Vatertöters verhöhnt das Ende aller Auflehnung. Ödipus tut nur noch unbewußt, was Paris bewußt versucht hat. Er wird fast das Opfer einer Jünglingstötung, rächt sich an dem Vater, der ihm als Fremder auf der Straße noch einmal lebensbedrohlich gegenübertritt. Die eigentliche Vatertötung im Sinne einer versuchten Beseitigung patriarchalischer Verhältnisse vollzieht sich nicht an dem leibhaftigen Vater, sondern an der die Stadt Theben in Schrecken versetzenden Sphinx. Sie ist der Zerrspiegel des Laios, zur Strafe für den von ihm verschuldeten Tod seines Geliebten Chrysippos geschickt. Für mörderisches Vaterverhalten muß die gesamte Gemeinschaft leiden. Die Sphinx gibt ein Rätsel auf, an dem unzählige tapfere Söhne scheitern, die von ihr in den Abgrund gestoßen werden. Was das Patriarchat in seiner Ordnung gefangen hält, hat die Sphinx hinter ihrem Rätsel versteckt: den Menschen. Die Söhne, die vor Ödipus sich der Sphinx gegenüberstellten, konnten den Menschen in seiner patriarchalischen Verzerrung – in der Sage vergegenständlicht im Rätsel – nicht mehr erkennen. Dem Patriarchat ist der Mensch so entfremdet, daß er ihn zum Rätsel philosophieren muß. Das Patriarchat begegnet ihm feindlich wie die Sphinx, Ödipus hat noch die Kraft, in den Verstellungen der Sphinx den Menschen wiederzuentdecken. Aber er kann mit der Entlarvung des Rätsels nur die Sphinx, das Symbol des Patriarchats töten, nicht mehr die originalen bösartigen Verhältnisse beseitigen. Ödipus erfährt seine Herkunft und wird sich seiner Auflehnung bewußt. Das Wissen, von den Vätern zu kommen, bedeutet, ihnen verfallen zu sein. Als Ödipus erkennt, daß sein Tun sich unwiderruflich gegen die patriarchalischen Gesetze gerichtet hat, findet er sich erst wieder zurecht, nachdem er dem Gesetzesbruch mit seiner Selbstblendung abgeschworen hat.

Die Geschichte des Ödipus ist die Geschichte von der Entstehung des Schuldgefühls der Söhne, des Gefühls einer Schuld, die sie allein für das Bedürfnis, zu leben und sich gegen die Väter zu wehren, auf sich laden.

Zwischen Ödipus und Jesus liegt ein kleiner Schritt. Beim Jesus der Religion (nicht der Geschichte) gibt es keine auflehnende Tat mehr, sondern nur die Selbstopferung, Symbol dafür, daß die Söhne ihr Leben nur noch ertragen können, wenn sie sich mit den Vätern identifizieren.

Die patriarchalische Gesellschaft hat über die Geschichten von Ödipus und Jesus ihren wichtigsten Selbsterhaltungsmechanismus hergestellt. Sie ist durch Söhne allein nicht mehr zu beseitigen.

4

Der Mann als Zerstörer der Menschheit
Vom Mordprogramm zum Selbstmordprogramm

> *»Die Welt mit ihren Zwecken*
> *braucht den ganzen Mann.«*
> Adorno-Horkheimer

Das Ende ist nahe. Um diesen Satz aussprechen zu können, braucht man nicht mehr in eine Sekte einzutreten. Kein Tag vergeht, ohne daß Zeitungen von den kriegerischen und friedlichen Schrecken berichten, die Gruppen von Männern verbreiten. Kugeln oder Eisen bringen den Tod sofort, Gase, Essenzen und giftige Stoffe vielerlei Art in Luft, Wasser und Erde treiben ihn langsam näher. Pflanzen und Tiere sterben voraus. Der Mensch folgt langsam nach.

Der Untergang, der jetzt von allen gespürt und sogar gesehen werden kann, ist von langer Hand vorbereitet worden. Vor Tausenden von Jahren haben Männer ihren Plan, das menschliche Leben wieder kaputtzumachen, in einer Geschichte aufgezeichnet, die die meisten kennen, aber nicht als Zerstörungsgeschichte erkennen konnten, weil sie ihnen als das Umgekehrte eingeredet worden ist: als »Schöpfungs«-Geschichte.

Die jüdisch-christliche »Schöpfungs«-Geschichte ist eine der deutlichsten Niederschläge patriarchalischer Gesinnung. Sie ist ein offengelegtes Konzept der Vernichtung, die der Mann mit seinem eigenen Geschlecht, mit der Frau und mit den Dingen um sich vorgehabt und inzwischen mehr und mehr verwirklicht hat.

Die vollkommene Bloßstellung ist manchmal eine der sichersten Arten der Verschleierung. Die Vorgänge innerhalb der »Schöpfungs«-Geschichte geben so überdeutlich Realitäten männlichen Vorgehens wieder, daß erst ein Abstand von Jahrtausenden erreicht werden mußte, um sie als solche erkennen zu können.

Getreu der Sexualgenesis des Mannes geht es in der »Schöpfungs«-Geschichte zuerst onanistisch zu, dann homosexuell und spät erst heterosexuell. Die »Schöpfungs«-Geschichte mündet in Arbeit und Zerwürfnis, gesät zwischen den Kindern Kain und Abel aus der ersten Ehe der Geschlechter – des dem Patriarchat liebsten Instituts.

Der Mann als Vater macht die Welt nach seinen Prinzipien. Die längste Zeit der »Schöpfungs«-Prozedur waltet er allein, sechs von insgesamt sieben Einheiten. Danach schafft er sich in Adam einen Sohn, der noch keine andere Funktion hat, als den Vater zu ergötzen.

Das erstaunlichste Phänomen, das hier vorgezeichnet wird und nach dem das Patriarchat funktioniert, ist das *Mono*-Prinzip. Alles wird hergestellt und soll sich erhalten aus dem Gebaren nur *eines* Geschlechtes. Das Patriarchat ist auf der Ein-Geschlechtlichkeit aufgebaut wie die simpelsten Lebewesen. Seine Sozialstruktur liegt auf dem untersten Niveau der Natur.

Die eitelste Selbstgefälligkeit des Mannes ist es, zu behaupten, er habe Natur überstanden oder gar überwunden. Es ist umgekehrt: In seiner Formation des Patriarchats ist der Mann unter die Errungenschaften der Natur zurückgefallen.

Die Natur sah ein, daß es Fortschritt nicht geben kann, wenn Leben nur aus einem Geschlecht hergestellt wird. Der Mann ist zu dieser Einsicht noch längst nicht gekommen. Er hält in seiner Gesellschaftsordnung des Patriarchats die menschliche Gemeinschaft auf der Stufe niederster Pflanzen gefangen – *vor-, ein-* oder *un*geschlechtlich!

Die einzige Möglichkeit der Entwicklung konzipierte die Natur aus dem Widerstreit verschiedener Kräfte. Der Mann streitet in seiner Gesellschaft nicht mit den Kräften der Frau, sondern schließt sich vor ihnen ab. Er hält sie nieder oder schlägt sie zusammen, so daß es im Patriarchat eine ernstzunehmende gesellschaftliche Alternative zum männlichen Prinzip nicht mehr gibt. Die seit den letzten 140 Jahren – besonders heute – vereinzelt entstehenden Frauencenter oder -foren sind ein mühsamer Versuch einiger Frauen, die weiblichen Kräfte neu zu konzentrieren.

Veränderung geschieht nur durch die Konfrontation und Vereinigung von Verschiedenem. Diese Erfindung der Natur, mit der sie alle Entwicklung bis zum Menschen möglich machte, erklärte der Mann, seit er seine Herrschaft errichtete, für unbrauchbar. Die Griechen nennen die große Gestalt des Zusammenfügens »Eros«, der auf Chaos, den Zustand der diffusen Elemente folgte. Das eingerichtete Patriarchat hat Eros abgeschafft. Wie die frühen Zellteiler kann es sich nur quantitativ voranschieben. »Größer«, »höher«, »weiter«, »mächtiger«, »stärker« und »mehr« sind seine Maximen.

Gott-Vater hat *einmal* alles hergestellt und dann ist Schluß mit dem Machen. Die vom Patriarchat *gemachte* Welt wird nicht mehr verändert. Der Sohn, Vertreter der Beherrschten, darf nicht schöpferisch tätig sein. Der Vater befiehlt ihm, zu konservieren und zu konsumieren: die Unterworfenen sollen »bauen«, »bewahren« und »essen«. (1. Mose II. 15, 16.) Nun herrscht Ewigkeit. Der Begriff »Ewigkeit«, der in allen Vaterreligionen erscheint, ist ein anderes Wort für »Unveränderbarkeit«. Die Unveränderbarkeit ist das tragende Element der Herrschaft. Eine Gesellschaft, die auf Herrschaft der einen Mitglieder über die anderen aufbaut, setzt ihre Veränderungslosigkeit voraus. Im Patriarchat ist der Fortbestand von Zuständen eine Tugend, Revolution, ja schon Wandel und Reform sind Laster.

Die Unveränderbarkeit seines gesellschaftlichen Zustandes sichert sich das Patriarchat, indem es die Kräfte, die sie verhindern könnten, ununterbrochen zerstört. Das sicherste Prinzip, das jedes Bleiben der Zustände von »Ewigkeit zu Ewigkeit« ausschließen würde – das Bi- oder Zwei-Kräfte-Prinzip –, hat das Patriarchat abgeschafft. Außer der biologischen Vermehrung gibt es in der patriarchalischen Gesellschaft keine gegenseitige Befruchtung zwischen Mann und Frau. In der »Schöpfungs«-Geschichte haben alle Tiere eine Liebesgenossin, der Sohn nach seiner Herrichtung durch den Vater zuerst noch nicht. Die Männer probieren »Schöpfung« allein, solange es geht. Dann kommen sie an die Fortpflanzung der Art und stellen fest, die Frau muß dazu. Die Idylle ist beendet. Das Patriarchat ist noch nicht unter sich.

Die Weiblichkeit belästigt den Mann in der »Schöpfungs«-Geschichte in drei Variationen:

1. als Teil des Mannes, der aus ihm herausgerissen werden muß,
2. als Geschöpf, das, in seine biologische Funktion getrieben, sich dort in seiner letzten Bastion verschanzt hält,
3. als Subjekt, das den Aufstand gegen die repressive Ordnung versucht und zerrissen wird.

1. Die Frau als Teil des Mannes,
der aus ihm herausgerissen werden muß.

Das Patriarchat verfährt mit der Frau so simpel wie es geht. Der Mann selbst hat Teile der Weiblichkeit in sich, die kann der Vater für die Erschaffung der Frau benutzen.

Die »Schöpfungs«-Geschichte spricht die Bisexualität des Menschen, die vom Patriarchat am meisten verdrängte Tatsache, unumwunden aus.

Zunächst spielt die Rippenschöpfung auf die homosexuelle

Zurichtung des Mannes an. Das Patriarchat ist darauf angewiesen, daß der Mann ganz im Mann aufgeht. Dafür ist der im Mann angelegte Teil Weiblichkeit unpassend. Er erinnert an die ursprüngliche Bi-Struktur des Menschen, die das Patriarchat für die Aufrechterhaltung seiner Mono-Kultur immer von neuem zerreißen muß.

Die in einem Mann akut gebliebenen weiblichen Anlagen stören die vom Patriarchat in allen Männern geschürten Bedürfnisse nach Gleichem. Schon dem Jüngling wird Angst vor seinem weiblichen Bestandteil eingeflößt und ihm eingeredet, je mehr er ihn freiläßt, um so mehr sei seine »homosexuelle Veranlagung« nachgewiesen. Der arme Mann rennt sich beim Versuch der Eliminierung seiner Weiblichkeit an Windmühlen wund und merkt nicht, daß er in Wirklichkeit erreicht, was er zu verhindern trachtet. Er will nicht homosexuell sein und meint, diesem Ziele näherzukommen, je einförmiger männlich er ist. So gut er kann, verdrängt er seine weiblichen Fähigkeiten. Aber je erfolgreicher er damit ist, um so willkommener wird er vom latent-homosexuellen Väterkollektiv verzehrt.

Der zweite Aspekt der Rippenschöpfung enthält das Dogma der vom Manne abgeleiteten Frau, mit dem das Patriarchat seine Männerwelt in der Religion bereits beginnen läßt.

Die Frau wird nicht für würdig befunden, aus einer eigenen Substanz geschöpft zu werden. Sie muß sich aus einem Teil des Mannes herstellen lassen. Das Weib Adams wird aus der Vater-Sohn-Homosexualität geboren, wie Venus aus dem Vater-Sohn-Zerwürfnis zwischen Zeus und Kronos und Athene aus dem Vaterumgehen des Zeus' mit sich selbst.

Die Erschaffung des biblischen Weibes entblößt die Feindlichkeit, in der das totale Patriarchat jüdisch-christlicher Prägung gegenüber der Frau beharrt. Die »Schöpfungs«-Geschichte gesteht der Frau keinen eigenen Bestandteil zu.

Am Prozeß ihrer Herstellung ist keine Spur Weiblichkeit beteiligt. Die Frau verdankt nach dem »Schöpfungs«-Dogma ihr Leben ebenderselben homosexuellen Prozedur – der Vater fummelt am schlafenden Sohn herum –, die das agierende Patriarchat kennzeichnet und die ihre Sexualität zutiefst demütigt. Ihre Erschaffung geschieht in letzter Minute, als müßte sie dankbar sein, daß sie überhaupt noch zum Leben zugelassen wird.

Der Vorgang, der ihre Geburt erklärt, wiederholt sich bis heute unzählige Male, wenn die Potenzen der Frau noch immer aus allen gesellschaftlichen Prozessen ausgespart werden.

Das Patriarchat zerreißt nicht nur die Ontogenese jeder einzelnen Frau, es verfälscht außerdem die Phylogenese ihrer gesamten Geschlechtsgemeinschaft. Die Frau wird als die Letzte in der »Schöpfung« behauptet und als Hinzugekommene und Störende interpretiert, die das paradiesische Beisammensein unter Männern vernichtet. Das Patriarchat gibt selber zu, daß es sie bei der Konstruktion der Welt nicht berücksichtigt hatte, bevor es die Frau zuletzt noch in die »Schöpfung« einschiebt: »Aber für den Menschen ward keine Gehilfin gefunden, die um ihn wäre.« (1. Mose II. 20.)

Das christlich-jüdische Paradies ist folgerichtig wieder ein Ort ohne die Frau. Die Geschlechter werden dort alle zu Neutren, von ihrer entzückendsten Gabe, der Sexualität, gereinigt. Das Paradies ist a-sinnlich, vereinigen müssen sich die Menschen erneut und nun untrennbar mit dem *Vater*.

Das Paradies existiert ohne Frau und ohne Trieb, weil es ein Paradies der Väter ist. Die Sexualität niederzuringen, ist nur für die Väter eine Anstrengung. Deshalb diktieren sie das Paradies als eine Vaterherrschaft, in der die Väter mit ihrem stärksten Widersacher, dem Trieb, nicht mehr zu ringen brauchen.

Wer die Frau in der »Schöpfungs«-Geschichte als Letzte oder als Zwischenspiel installiert, kehrt die wirkliche Genesis alles Weiblichen um. Der Mann will ungeschehen machen, daß die Frau als erste ein Schöpfungsbewußtsein hatte. Er kopiert weiblich-natürliches Hervorbringen und will über diese *seine* Ableitung von der Frau hinwegtäuschen, indem er die Frau an den Schluß der »Schöpfung« anhängt. Der Mann zertritt der Frau nicht nur das Selbstverständnis, er raubt ihr zudem auch das historische Bewußtsein, auf daß sie zu unablässigen Knicksen vor allem männlichen Tun veranlaßt wird und bleibt. Das Patriarchat entlarvt seine ungemeine Schwäche gerade in den Lügen, mit denen es über sie hinwegtäuschen will.

In der Natur hat sich das Männliche aus dem Weiblichen entwickelt. Das Männliche ist weder das Grundlegende noch das Wichtige. Die Existenz einer Art ist erst gefährdet, wenn die weiblichen Mitglieder sich verringern. Der kurze Moment der Zeugung kann von wenigen Männchen geleistet werden. Die Austragung und die Geburt neuen Lebens sind die kompliziert schöpferischen und kostbaren Vorgänge. In der menschlichen Gesellschaft baut die männlich-phallische auf der weiblichen Fruchtbarkeitskultur auf. Die Frau hatte vor dem Mann ein Schöpfungsbewußtsein, weil der Mensch die Geburt verfolgen konnte, ehe er von der Zeugung wußte.

Alles Leben kommt aus dem Wasser. Gott-Vater aber produziert sein Leben aus Erde. Der Boden ist die grundsätzliche Bearbeitungs- und Erschöpfungsquelle des Mannes. Alle Profite zieht er aus ihm. Er spekuliert mit Erdflecken, wuchert mit Mieten, die er aus den auf den Grundstücken gebauten Häusern zieht. Er bohrt Rohstoffe, leitet Öle heraus. Er monopolisiert, was er kann. Die Industrien, die er auf dem Boden anlegt, fusioniert und kartelliert er, die Gewinne läßt er ins Gigantische steigen. So sehr das Patriarchat über der Erde wuchert, kann es doch nicht darüber hinwegtäuschen, daß seine Existenz auf Sand gebaut ist. Stabilität, sein umkränzter Götze, kann es in Wirklichkeit nicht produzieren. Die politischen und wirtschaftlichen Krisen kommen mit der Beharrlichkeit von Jahreszeiten.

Das Element des Feuchten, aus dem Natur Leben produziert, erscheint in der männlichen »Schöpfungs«-Geschichte wie die Frau zuletzt. Alles ist schon da, nur an Regen fehlt es, der Vater hat ihn fast vergessen. Aber zu mehr als einem Nebel über der Erde kann er sich nicht entschließen (1. Mose II. 5, 6).

Unter dem Dogma des *männlichen* Ursprungs des Lebens konnte der Mann nie ganz seine dunkle Sehnsucht zurück zur Weiblichkeit bekämpfen, in die er in seiner patriarchalischen Konstitution lebendig nicht gelangen kann. Es bleibt sich gleich, ob man das männliche Verlangen interpretiert als Sehnsucht in den Mutterschoß zurück oder in den Zustand von Vollkommenheit durch die Wiedervereinigung des zurückgebliebenen männlichen mit dem herausgerissenen weiblichen Teil.

Das Gefühl der Sehnsucht ist Zeugnis patriarchalischer Gebrochenheit des Mannes. Die Frau hat es nicht oder nicht so stark wie der Mann. Die Sehnsucht ist kein Wille nach etwas und keine Lust auf etwas. Sie wird von der Irrationalität getragen, vor etwas Unerreichbarem gefesselt zu sein, zu dem hin es den Mann mit dem Zwang eines Magnetismus treibt. Der Mann weiß nicht, wohin es ihn zieht. Seine Sehnsucht ist weder das Gefühl für eine Person noch die Konzentration auf eine Sache. Sie wird von uferlosem Gebaren begleitet, im Ökonomen zu der Ramschsucht heruntergekommen, die ihn alle Materie an sich reißen und zwischen diese und ihn die Fessel des Eigentums schlagen läßt. Noch in der Gewinngier des abgebrühtesten Unternehmers, in der Machtbesessenheit des skrupellosesten

Apparatschiks und sogar im Vollendungsdünkel des Genies rumort die irre Hoffnung, etwas zu erreichen, wiederzuerreichen, das mit diesen Surrogaten der Vollkommenheit nur ersetzt und niemals erlangt werden kann. Zu den Surrogaten, mit denen der Mann sich seine verlorene Weiblichkeit ersetzen will, gehören auch die zurückgebliebenen leibhaftigen Exemplare zugerichteter und verunstalteter Frauen. Das Weibliche, das außerhalb des Mannes geraten ist, muß zu seiner teilweisen Stützung wenigstens *unter* ihm stehen. Der Mann braucht die Herrschaft über die Frau zur notdürftigen Stabilisierung seiner aus den Fugen geratenen Psyche. Das Patriarchat sagt es selbst mit dem Gemeinplatz, mit dem es der Frau vor ihrer Eheschließung das Aufgabenfeld umzäunt: »Der Mann gibt der Frau den äußeren Halt, die Frau aber gibt dem Mann den inneren Halt.« Die beherrschte Frau ist Flickmaterial für die kaputte Seele des Mannes.

Esther Vilar gerät mit ihrem »Dressierten Mann« noch unter das Niveau von Friedrich Schillers Glocke. Beide verbindet der Irrglaube, der Mann sei der Tapfere, der »raus« ins »feindliche Leben« sprenge, während die Frau bequem zu Hause in Sicherheit sitze. Die Frau ist nicht freiwillig in Sicherheit. Der Mann braucht die Frau im Käfig, »ihr stilles Hinschaun auf ihn hin«, die Ausrichtung ihres Lebens auf seines. Wenn die Frau dem Mann ihre innere Stütze verweigert, gerät er in Katastrophenstimmung. Sein über die Beherrschung der Frau notdürftig aufrechterhaltenes Gleichgewicht bricht zusammen, seine Kraft für die Meisterung des »feindlichen Lebens«, das er selbst dazu gemacht hat, schwindet.

Trotz der als Podest niedergehaltenen Frau bleibt dem Mann die Sehnsucht nach ferner Weiblichkeit. Er verbrämt diesen heillosen Zustand hinter den patriarchalisch-kernigen Ausdrücken »Streben« und »Tatendrang«. Sie umschreiben wie die Sehnsucht denselben amorphen Wunsch, zu etwas und in etwas zu gelangen, das sich nie in einem konkret gefaßten Ziel begrenzen läßt. Der Mann bewegt sich immer über das Ziel hinaus, das er sich stellt. Die Ziele selbst sind nicht der Anlaß seines Antriebs, sonst hätte er nach ihrer Erlangung Besonnenheit bewiesen. Aber nach keinem der unzähligen erreichten Ziele hat der Mann innehalten können. Die Ruhe Gott-Vaters nach dem »Schöpfungs«-Akt ist immer noch eine Wunschvorstellung des Patriarchats, nicht aber seine Methode. Es gibt kein Halt.

Der Mann agiert wie der Spieler. Er forscht nicht, um zu verbessern, wie der Spieler nicht spielt, um sich zu bereichern. Beide können nicht aufhören, sich nicht besinnen, ihr Tun nicht überschauen und es nicht in ein Gleichgewicht zwischen Geschichte, Gegenwart und Zukunft bringen. Beide betätigen sich aus Selbstzweck und erreichen höchstens eine *Selbst*befriedigung, keine Befriedung von *Umständen*. Der Spieler wie der patriarchalische Mann sind in der onanistischen Prozedur steckengeblieben. Im Gegensatz zur originalen Selbstbefriedigung erreichen sie aber mit ihren Ersatzhandlungen keine Beruhigung ihrer selbst. Häufig werden Analogien zwischen Stammes- und Individualgeschichte gezogen. Die umgekehrte Analogie ermöglicht nicht minder wesentliche Einblicke in die Zusammenhänge zwischen Individuum und Gesellschaft.

Das Patriarchat ist eine in der Selbstbefriedigungsphase eines einzelnen Geschlechtes steckengebliebene Gesellschaft.

Die vor dem Patriarchat bestehenden mutterbetonten Zustände der menschlichen Gesellschaft könnten als Entsprechungen der oralen Phase des Individuums verstanden werden, in die keine Person und keine Gesellschaft wieder zurückkehren kann. Ein Matriarchat, mit dem diese Zustände geläufig gekennzeichnet werden, kann es folgerichtig nie mehr geben. Das Patriarchat hat seinen männlichen Mitgliedern den Reiz der onanistisch-homosexuellen Periode gesellschaftlich vermittelt. Mehr hat es nicht vollbracht. Das Patriarchat ist ein Spiel der Männer mit sich selbst. Das frühe Patriarchat stellte sich weibliche Gegenreiche – Amazonenheere – vor. Das waren Frauengemeinschaften, die dem Patriarchat vergleichbar, auf der *weiblichen* homosexuell-onanistischen Stufe verharrten. Die Amazonenheere sind das weibliche Äquivalent des Patriarchats, bedeutungslos, ob sie existierten oder Projektionen des Mannes in das andere Geschlecht sind. Patriarchat und Amazonen funktionieren nach den gleichen Prinzipien. Die Verhältnisse der Gemeinschaft werden nur durch die Angehörigen *eines* Geschlechtes gestaltet. Für die Fortpflanzung, die das herrschende Geschlecht noch nicht allein regeln kann, bedient es sich in Abständen des anderen Geschlechtes.

Die Frauen haben diese Lebensform als unbrauchbar verworfen, denn Amazonenheere antiker Prägung gibt es nicht mehr. Den Ausschluß der Männer benutzen sie wie Lysistrata nur noch in Einzelfällen als Protest gegen das Patriarchat.

Die Männer begreifen die Unbrauchbarkeit des gesellschaftlichen Aufbaus auf einer eingeschlechtlichen Basis noch immer nicht.

Der Mann könnte seinem Untergang entgehen, wenn er in der *Gesellschaft* des Menschen das zu ermöglichen hülfe, was er notgedrungen auch im Patriarchat *persönlich* noch macht. Er beschäftigt sich sexuell schließlich mit dem anderen Geschlecht, bis er sich für die tausend Pflichten des Patriarchats wieder enterotisieren muß.

Die Sexualisierung des allgemeinen Lebens, die jetzt geschieht, könnte ein vorsichtig-pubertärer Anfang der

»genital-*hetero*sexuellen« Phase der Gesellschaft sein. Noch weit aber ist der Mensch davon entfernt, seine Gesellschaft auf dem Prinzip reifer Geschlechtlichkeit zwischen Mann und Frau aufzubauen.

Die Menschheit wird jetzt untergehen, wenn der Mann an seiner Gesellschaft im patriarchalen onanistisch-homosexuellen Prinzip festhält. Die Onanie, die das Patriarchat betreibt, bringt heute selbst den Vertretern des herrschenden Geschlechtes keine Lust mehr. Das Patriarchat ist sogar den Männern unheimlich geworden. Die guten Väter, von Heyerdal über Schweitzer bis zu Weizsäcker menetekeln sich das Ende zu. Sie legen ihre Hände in die Wunden des Bodens, der Luft und des Wassers, seufzen: »Der Mensch, der Mensch ...!« und ordnen die Frau als Mitschuldige ein, als handle es sich um eine schicksalhaft lastende unrevidierbare Veranlagung der gesamten Spezies und nicht um das Treiben einer privilegierten Gruppe eines Geschlechtes gegen alle übrigen Mitglieder der Gesellschaft.

Das Mordprogramm, das am Anfang des Patriarchats stand, ist zu einem »Selbstmordprogramm« vervollständigt worden, wie Gordon Taylor sein Umweltbuch nennt.

Bisher konnte die permanente Stagnation des Patriarchats mit den Worten Friedrich Engels beschrieben werden: »Jeder Fortschritt ist zugleich ein relativer Rückschritt, in dem das Wohl und die Entwicklung der einen sich durchsetzt durch das Wehe und die Zurückdrängung der anderen.« (S. 76)

Das Wohl der einen unterscheidet sich aber jetzt nicht mehr deutlich von dem Wehe der anderen. Das Wehe der Vielen wird bald auch das der Wenigen sein. Vor der schleichenden Vergasung aller Menschen durch die Verpestung der Luft mit Giftstoffen können sich die Wenigen gerade noch in grüne Lungen retten, indem sie sich Eigenheime in industriellen Schongebieten kaufen. Wenn das Trinkwasser verseucht, der Boden vermüllt, die Nahrungsmittel vergiftet, die Biosphäre von Überschallflugzeugen zerschnitten, der Kosmos radioaktiv geschwängert ist, werden auch die Wenigen wissen, daß sie im Nachteil sind.

Eine Person wird komisch angesehen, wenn sie über die Phase ihrer Selbstbefriedigung nicht hinauskommt. Die Gesellschaftsordnung des Patriarchats, die in dem gleichen Prinzip steckengeblieben ist, verficht der Mann mit heiligem Ernst. Das Patriarchat wirkt betreten komisch: Die Männlichkeit dieser Gesellschaftsstruktur hat das beste Mannesalter längst überschritten und steckt noch immer in der pubertären Narretei, zum Weiblichen nicht durchgedrungen zu sein.

Freche Frauen sagen es Männern deutlich, wenn sie den persönlichen Weg zu ihnen nicht gefunden haben: »Ein Mann, der mit Vierzig noch keine Frau hat, hat entweder einen Dach- oder einen Parterre-Schaden!«

Das Patriarchat hat inzwischen beide Schäden. »Sein« ehemals blühender Geist ist heruntergekommen, wie es »sein« Geschlecht von Anfang an war. Das Genie und der sonderliche Herr – die beschädigten Personen – sterben für sich, und auch der Spieler geht allein zugrunde. Die beschädigte Gesellschaftsordnung des Mannes tut das nicht. Das Patriarchat zwingt alles Leben in den Untergang. *Sein* Spiel ist noch nicht aus, das Ende nicht erreicht. Der Mann macht weiter.

2. Die Frau als Geschöpf, das, in seine biologische Funktion getrieben, sich dort in seiner letzten Bastion verschanzt hält

Der Mann hat die Frau noch nicht von ihrem Posten verjagt. Darauf zielt sein hintergründiges Treiben. Die Frau wurde seit den Anfängen der »Schöpfungs«-Geschichte auf ihre biologische Funktion reduziert. Weiter konnte das Patriarchat sie bislang nicht hinunterdrücken. Will der Mann sich in seiner homosexuell-onanistischen Praxis endgültig einrichten, muß er die Funktion der Frau selbst übernehmen. Der Mann will sich das Weibliche dadurch wieder einverleiben, daß er auch noch die *Biologie* der Frau beherrscht. Der Mann fühlt sich immer noch ausgeschlossen. Zeugen ist ihm nicht genug, er will gebären. Der Mann will Mutter werden. Er ist für diesen letzten Kampf der Geschlechter gerüstet.

Die Geschlechtswahlpille, die bald vertrieben werden soll, raubt der Gebärmutter schon einen Teil ihrer Souveränität. Sie ist neben der Kernspaltung eines der bedrohlichsten Vorhaben des Mannes. Es gibt kein sinnvolles Ziel, mit dem der Mann die Erfindung der Geschlechtswahlpille rechtfertigen könnte. Das Geschlecht hat sich in den Nachkommen immer von selbst balanciert. Das Eingreifen des Mannes ist wie so oft überflüssig. Das Konzept einer Vernichtung steht hinter dieser Droge, sonst nichts.

Es indiziert zunächst die Eigentumsverhältnisse, die den Eltern-Kind-Beziehungen im Patriarchat zugrunde liegen. Menschen werden wie Sachen besessen, über die man, soweit als möglich, verfügen möchte. Die Unvorhersehbarkeit des Geschlechtes trübt die Verfügungsmacht über das erwartete Lebensmaterial.

In einigen arabischen Verhältnissen ist innerhalb der Verheiratungsbräuche die Tochter ein günstiges Marktobjekt. Im allgemeinen aber geistert der Schrei nach Sohn durch das gesamte Patriarchat. Das Gebet der alten Juden: »Gott, ich danke Dir, daß Du mich als Mann geschaffen hast!« betet unausgesprochen die Männlichkeit aller Spielarten des Patriarchats. Die Seufzer von ein paar Jünglingen vor dem Einzug in den Ersten oder Zweiten Weltkrieg, lieber als Frau geboren worden zu sein, hat das Patriarchat bei seinem Toast auf sich selbst geflissentlich überhört. Es verlangt in Zukunft von seinen Söhnen, das Gebet an ihre *leiblichen* Väter zu richten.

Das Patriarchat vergönnt nur dem Mann die Herrschaft. Kein Mann wird seinen Nachkommen zumuten wollen, am grundsätzlichen patriarchalischen Vergnügen, Mann zu sein, nicht teilzuhaben.

Patriarchalischer Geist geht davon aus, daß die Zeugung eines Knaben die Stärke eines Mannes für immerdar bescheinigt. Biologische Bedingungen verführen zu dieser Vorstellung: im Samen des Mannes schwimmen x- und y-Spermien. Jungen entstehen, wenn y-Spermien des Mannes die Befruchtung vornehmen. y-Spermien sind im Samen in der Minderzahl. Darüber hinaus sterben sie eher. Die Männer bilden sich ein, sexuell nicht in Form zu sein, wenn sie weniger oder weniger lebensfähige y-Spermien produzieren und dadurch ein x-Sperma den Befruchtungssieg davonträgt. Sie fühlen sich noch durch Gesetzmäßigkeiten des Uterus von der Frau bedroht und glauben ihre biologische Benachteiligung erst dann aufgehoben, wenn sie selbst auch noch diese Gesetze bestimmen. Das Experiment der Geschlechtsbestimmung sieht vor, die x-Spermien, die Mädchen entstehen lassen würden, auszuschalten. Die Forschung sieht nur die Ausschaltung der x-Spermien vor, die Geschlechtswahlpille ist nur für den männlichen Nachwuchs entwickelt worden. Wer Mädchen haben will, muß sich an die Natur halten wie bisher. Die y-Spermien können bei der Geschlechtswahlpille nicht ausgeschaltet werden. Das geheime Verlangen nach Vater-Sohn-Verschmelzung – die verunstaltete Triebsituation des Mannes im Patriarchat – findet in der *Männlichkeits*-Wahl-Pille ihren zeitentsprechenden Ausdruck. Diese Pille nimmt selbstverständlich der Mann ein, da *er* sich den Sohn machen will.

Um die Kassandrarufe der Christiane van Briessen schert

sich das Patriarchat nicht. Die Pille zur Bestimmung des Geschlechts wird abnorme Katastrophen heraufbeschwören. Sie kann dazu beitragen, die von Frauen angestrebte politische Mitbestimmung einzuschränken. Osloer Frauen erkämpften sich vor kurzem die Mehrheit ihrer Partei im Stadtparlament. Sie fordern die Teilnahme an der Macht entsprechend dem Bevölkerungsanteil der Frau. Die Frau ist bisher an der Menschheit mit etwas mehr als der Hälfte beteiligt. Mit der Geschlechtswahlpille kann sie weit unter diesen Anteil gedrückt werden. Da der Mann sexuell nicht ganz so schnell von der Frau lassen will, wie die patriarchalische Struktur es vorsieht, wird es wohl zu einem Schlachten um die wenigen übriggebliebenen Frauen kommen. Die Situation zwischen den Brüdern wird dadurch noch feindseliger gemacht, als sie es schon ist.

In seinen Laboratorien bastelt der Mann an der künstlichen Herstellung des Lebens, um den Endkampf gegen die Frau siegreich bestehen zu können. Er kann schon Frösche ohne Befruchtung herstellen. Der Mann plant den Untergang der Frau, auch wenn die fortschreitenden Erfolge dieses Bestrebens immer mehr *ihn selbst* zerstören.
Die Erzeugung des Patriarchats geschah, als der Mann auf die biologische Kapazität der Frau neidisch wurde. Der Mann neidet der Frau, was sie ist und was sie kann. Ein Schlagwort beleuchtet gut die Begabung der Frau: Die Frau ist »in«! Der Mann ist »außen«!
Um die Frau abzuwerten, sagten Otto Weininger und Sigmund Freud einfach: »Das Schicksal der Frau ist ihre Anatomie.«
Was aber aus Dünkel gesagt wird, verbirgt ein Trauma. Der Mann empfindet die Anatomie, besser, die Biologie der Frau als seiner eigenen überlegen. Das Schicksal des Mannes ist seine *Fixierung* auf die Anatomie der *Frau*. Der

Mann leidet noch immer unbewußt unter der Differenz der Fortpflanzungstätigkeiten der Geschlechter. Die Schöpfung des Mannes ist eine Kopie des weiblichen Gebärens. Die Frau schöpft von innen, aus sich heraus. Der Mann versucht das nachzumachen. Er *erlebt* seine Schöpfungen aber nicht. Erst im Ergebnis erfährt er sie. Er kann deshalb die Auswirkungen seiner Schöpfungen immer erst hinterher berücksichtigen, zu einem Zeitpunkt, in dem es für das Vermeiden schädlicher Folgen zu spät ist. Der Mann denkt wohl die Schöpfung selbst voraus, nicht aber die Wirkungsvielfalt der Vorgänge, in die sie eingebettet ist und die sie auslösen wird. Mit den Mitteln der Abstraktion versucht er, sich der Materie anzunähern. Wenn er darangeht, sie konkret zu ergreifen, verfeindet er sich immer unversöhnlicher mit ihr. Der Mann ohne die Frau steht der Materie hoffnungslos fremd gegenüber. Die Werkzeuge seiner abstrakten Schöpferkraft hat er in den Disziplinen der Wissenschaft bis zur Vollkommenheit ausgebildet. Aber vor der Materie werden sie zu Waffen, die nur zu ihrer Bemächtigung taugen.

Der Mann probierte, selbst sein Bewußtsein zu verdinglichen, um seine Sachfremdheit überwinden zu können. Aber das verdinglichte Bewußtsein ist nicht nur der Materie, sondern auch noch den Personen gegenüber fremd geworden. Je mehr der Mann sich den kleinsten Teilen der Materie näherte, um so mehr vereitelte er die Harmonie zwischen ihr und ihm. Er entfesselte aus ihr immer zerstörerische Kräfte.

Der Mann begreift nie sich selbst in seine Schöpfungen mit ein. Sein Schöpfungswille bezieht sich nur auf Dinge außer ihm. Gott-Vater ist total *und* vollkommen. Sich selbst relativieren kann er nicht. Selbstreflexion kommt schon in der »Schöpfungs«-Geschichte nicht vor. Die Schöpfungsprozedur des Mannes ist so wenig selbstbesonnen, daß er *sich selbst* bisher nicht zum Gegenstand seines Denkens machen konnte. Daß es an *ihm* liegt, wenn ihm alle seine Schöpfungen ins zerstörerische Gegenteil geraten, denkt er nicht. Aber umgekehrt betrifft all das, was er vom »Menschen« aussagt, doch nur *ihn selbst,* den von der Frau und von der Materie getrennten Mann. Erst eine Frau, Christiane van Briessen, konnte den Unterschied zwischen menschlich und männlich zum ersten Male denken und in ihrem »Männlichkeitswahn« zwischen menschlichem und männlichem Verhalten Grenzlinien ziehen.

Der Mann fürchtet sich vor der Kluft zwischen ihm, der Frau und der Materie. Aber er versucht nicht, sie durch Versöhnung mit ihnen – was auch heißen muß, durch Versöhnung mit sich selbst – zu überbrücken, sondern durch Zerstörung der Frau und der Materie zu beseitigen. In die Geheimnisse der Materie ist der Mann ein beachtliches Stück vorgedrungen, in die der Frau noch nicht.

Der Mann fürchtet die Frau so lange als ihm überlegene Schöpferin, bis er die Prozesse der Entstehung des Lebens selbst beherrscht. Der Mann ahmt die Frau insgeheim nach. Im Widerspruch dazu darf sie selbst nicht mehr als Schöpferin gelten. Im Patriarchat erklärt der Mann *sich* zum einzigen Schöpfer. Damit hat er sich aus dem Gleichgewicht der Welt gebracht. Das zerbrochene Gleichgewicht macht ihm Angst. Angst ist die Grundstimmung des Mannes im Patriarchat. Darüber hinaus *reguliert* er mit Hilfe der Angst sein ganzes System. Der Mann hat und schafft Angst durch Verbote, Angst bei der menschlichen Entwicklung, Angst bei der Arbeit, Angst vor der Veränderung, Angst anders zu sein, Angst zu lieben, Angst zu sterben. In der Natur signalisiert Angst die Bedrohung des Lebens durch den Tod. Das Patriarchat, das Leben durch Angst bedroht, hält es mit den vielfältigen Möglichkeiten des Todes in der Gewalt.

Die wichtigste Angst, die der Mann Frauen und Kindern eintreibt, ist die Angst vor seiner Schöpfungsallmacht. Die Herrschaft des Mannes ist auf seiner Schöpfungsautonomie aufgebaut. Seine Schöpfungen werden immer furchterregender. Sie dienten der Menschheit nur nebenbei. Immer geschehen sie, um die männliche Schöpfungsallmacht zu beweisen.

Die weibliche Schöpfung der Fruchtaustragung ist ansehbar. Die männliche Schöpfung existiert erst, wenn sie *bewiesen* werden kann. Seine Schöpfungsfähigkeit zu beweisen ist das dringendste Bedürfnis des Mannes. Unter den Mitteln, diese Fähigkeit zu beweisen, sind ihm Angst und Schrecken – auch die seinen vor seinen eigenen Schöpfungen – die überzeugendsten.

Die männliche Schöpfung darf darüber hinaus nie abreißen. Nur die *Gegenwärtigkeit* der Schöpfung weist die Allmacht des Schöpfers aus.

In der Erde sind noch Energiemengen aus Kohle für viele Generationen nutzbar zu machen. Aber die Energieumsetzung aus Kohle ist eine gestrige Schöpfung, die das Selbstbewußtsein des Mannes nicht befriedigt. Der Mann muß Kernreaktoren bauen, noch ehe die Gefahr der radioaktiven Durchdringung der Luft vollständig gebannt ist. Die Kernspaltungen sind noch nicht ganz abzuschirmen. Der Mensch wird durch die neuen Schöpfungen des Mannes wiederum Schaden nehmen. Die Kernreaktoren werden trotzdem gebaut. Die Unternehmer erwarten gigantische Profite.

Es reicht den herrschenden Herren nicht, in acht Stunden von New York nach Paris zu fliegen. Zwei Stunden wären ein Fortschritt. Die Überschallflugzeuge, die Tonnen von Abgasen – soviel wie 42 000 Autos – abgeben, müssen so hoch fliegen, daß sie in die Biosphäre vordringen. Wenn dieser kostbare Regenerationsgürtel der verschmutzten

Erdluft auch noch verseucht wird, droht die bis jetzt noch funktionierende Selbstreinigung der Atmosphäre zusammenzubrechen. Die Flugzeuge werden trotzdem gebaut. »Wenn wir sie nicht steigen lassen, kommen uns die Russen zuvor«, sagt der Interessenvertreter der französischen Firma »Concorde«.

Auf das Dogma von der schöpferischen Omnipotenz des Mannes kann das Patriarchat nicht verzichten. Ehe der Mann wie heute seine Schöpfungsgewalt mit *realem* Schrecken untermauern konnte, riß er sich zu Beginn des Patriarchats die Naturprozesse unter den Nagel und errichtete ein *ideologisches* Schreckensgebäude. Das jüdische Patriarchat diktierte die frevelhaftesten Gewalttätigkeiten des Mannes unter die Allmacht Gottes in die Schrift. Den Zweifel an der Schöpfungsfähigkeit des Vaters schlug es zum schlimmsten Verbrechen. Im Buch Hiob bekommt ein Sohn es um die Ohren geschlagen, als er an der Potenz des Vaters zweifelt. Der Vater zählt deutlich auf, was er alles macht und kann: »Bist du es gewesen, der, der, der ..., nein ich bin es ...« (Hiob XXX. V III ff.)

Mit der gleichen Frage stellen die Ökonomen heutiger Prägung revoltierende Jugend zur Rede: »Seid ihr es, die die Zivilisation errichtet habt, die Werte schafft und Wirtschaftswunder aus dem Boden stampft? Zeigt erst mal, daß ihr was leistet, ehe ihr mitreden wollt ...!«

Als die Menschen versuchten, sich zeitweilig um die Gesetze des Patriarchats nicht mehr zu kümmern und freie Liebe walten ließen, wird dem Vater eine Naturkatastrophe zugespielt, mit der er die Revoltierenden zu Tode bringt.

»Die Kinder Gottes« – es muß wohl »Söhne Gottes« heißen – »sahen nach den Töchtern der Menschen, wie sie schön waren und nahmen sie zu Weibern, welche sie wollten.« (1. Mose IV. 1, 2)

Ein solches Verhalten ist für das Patriarchat Gesetzesbruch, für den es den Massenmord – hier durch eine Sintflut ermöglicht – als das geeignetste Mittel ersonnen hat.

Die modernen Patriarchate haben die Mittel, ihnen unpassend erscheinende Gruppen zu tilgen, selbst in die Hand genommen. Der Massenmord ist das Bindeglied zwischen den vorgestellten und den realen Vätern. Das Mittel des abrupten Massenmordes in Abständen wird bald überflüssig, wenn das Patriarchat das Mittel des schleichenden immerwährenden Massenmordes vollkommen entwickelt hat. Der theoretische, schwelende Schrecken des Gottes und der praktische, plötzlich ausbrechende Schrecken des Feindes werden überflüssig, je mehr der Mann den realen dauernden Schrecken vor der feindlich gemachten Umwelt zu steuern vermag.

Religion und Kriege, die notwendigen Stützen des Patriarchats, sind nur dort notwendig, wo es sich noch nicht sicher etabliert hat. Wenn es alle Macht des Gottes selber hat, ist es unumstößlich. Im modernen Patriarchat ist Gott-Vater zur feindlichen Umwelt geworden. Mit dieser Macht im Rücken braucht es nicht mehr die Ketzereien der Abweichler zu fürchten. Kein Gedanke kann ihm feindlich werden, denn es selbst braucht keinen Gedanken mehr zu der Untermauerung seiner Macht. Der Gedanke ist nur dort bedrohlich, wo Herrschaft, gegen die er sich wendet, die Materie noch nicht ganz besiegt hat.

Als letzte ist die Gebärmutter der Frau noch unbesiegt, ein Schöpfungsgebiet, das vom Mann noch nicht usurpiert werden konnte.

Aber wahrscheinlich wird der Mann nie hinter die Quellen des weiblichen Lebens kommen, weil er nach anderen Prinzipien schöpft. Der Mann *spaltet*. Erotisch ist das Gegenteil. Die Frau und die Natur fügen zusammen, wenn sie Neues erreichen wollen. Der Mann denkt alles in Gegensätzen und Widersprüchen, nicht in Ergänzungen und Vereinigungen. Der *Kampf*, der *Widerstreit* der Elemente, ist der *Vater* aller Dinge, wie Heraklit übersetzt werden muß. Die *Mutter* aller Dinge aber ist die Überwindung der Gegensätze.

Der Mann, der ohne die Mitwirkung der Frau produziert, ist Goethes Zauberlehrling. Er hat sich einen Teil eines Vorganges abgeguckt und eingeübt. Ununterbrochen setzt er ihn in Gang. Aber die entscheidenden Regeln des Schöpfens hat er nicht gelernt. Er waltet mit den Elementen ohne Sinn. Er wirbelt sie so durcheinander, daß er die Erde bald in das vorerotische Chaos zurückgezwungen hat, aus dem sie sich mühsam zu besänftigen vermochte. Der Mann ist das *Unmaß* aller Dinge. Er kennt keine Verantwortung. An die Stelle des Gefühls oder Instinkts, die aus ihm mit der Weiblichkeit herausgerissen wurden, hat er das Experiment gesetzt. Fakten und Beweise sind seine Schlagwörter. Sicherheit ist seine Ausrede.

Die Zukunft, sein geblähtestes Götzenbild, schafft er unter der Hand »aus Versehen« ab. Damit das niemand bemerkt, besprüht er die Hirne mit Science-fiction-Essenzen aus allen Medien. Der reale Weltraumflug – bisher das wirkungsvollste Desodorant gegen die stinkenden Zersetzungserscheinungen des Patriarchats – reicht nicht mehr. Infernalische Abnormitäten werden erdacht, um eine Kluft zwischen Gegenwart und Zukunft zwanghaft offenzuhalten. In Wirklichkeit hat der Mann kein Verhältnis zur Zukunft. Die Zukunft ist ihm immer nur ein Alibi gewesen, die Gegenwart zu verunstalten. Unbehutsam produziert er mit Hilfe eines zu schwindelnder Kompliziertheit gedrillten Denkapparates, in dem keine Zelle mehr für die Schonung des morgigen Tages frei ist.

Wissenschaftler tragen keine politische Verantwortung, Politiker keine wissenschaftliche, Militärs keine politische. Und doch produzieren alle zusammen den Schrecken, der sich so tief in den Schoß der Materie eingegraben hat, daß sie mit dem Chaos schwanger ist. Fragt man jeden Mann einzeln, so will niemand das Chaos, aber alle zusammen machen es.

Das Wetter der Erde, das vom Mond mit beeinflußt wird, ist seit den Kapsellandungen bisher unbekannten Schwankungen ausgesetzt. In Greenwich kann das Wetter nicht mehr genau gemessen werden, seit durch H-Bomben-Explosionen die Erde ein wenig aus ihrer normalen Bahn herausgeschwankt ist. Das riesenhafte Erdbeben in Agadir geschah nach der H-Bomben-Explosion der Franzosen in der Sahara. Allgemein nehmen die Erdbeben zu an Orten, die sich schon beruhigt hatten. Ätna und Vesuv rumoren von neuem. Nicht nur in Persien stürzen die Häuser zusammen, auch in Wien kollert die Erde. Wenn erst in Paris und London die Türme einstürzen, werden wir den Beweisen des fabrizierten Schreckens noch näherrücken. Aber die direkte Beziehung zwischen den unterirdischen Versuchen und den Erdbeben läßt sich noch immer nicht *genau* genug beweisen. Wenn die Erde aufplatzt und brennt, werden wir den Beweisen vielleicht nicht mehr ausweichen können. Auf dem Meeresgrund lagern immer mehr Tonnen Atommüll verkapselt und harren der Sprengung ihrer Verpackung durch Korrosion und Wasser-Tiefdruckbelastungen. In den Städten scheint 15 Prozent Sonne weniger, 10 Prozent Regen fallen mehr, und 10 Prozent Nebel herrschen mehr als auf dem Lande. Der Sauerstoffgehalt der Luft verringert sich fortwährend. In Städten über 1 Million Einwohner sterben an Lungenkrebs doppelt so viele Menschen wie in kleineren Orten.

Max Planck sagte 1942 vor Auserwählten: »Wir können in einer Viertelstunde ganze Städte ausradieren.«

Das ergriffene Publikum stand nach der Rede geschlossen auf, um dem Zerstörungsmeister seine Reverenz zu erweisen. Sitzen blieb eine Frau, die Feministin Ellie Bommersheim.

Hermann Oberth, der Lehrer Wernher von Brauns, verkündete 1971 neue Zerstörungsmöglichkeiten: »Seit wir auf dem Mond landen, können wir von dort aus durch Sonnenspiegelungen eine Stadt in ein paar Sekunden versengen.«

Daß Männer so etwas sagen und darüber nicht den Verstand verlieren, reicht für die Bestätigung ihrer Bösartigkeit oder ihrer Beschränktheit.

Begrenzte Zerstörungsmöglichkeiten aller Art haben Männer bisher immer erdacht und ausgeführt. Die totale Zerstörung würde die männliche Schöpfungskraft noch eindeutiger beweisen, als es die begrenzte Zerstörung bisher getan hat. Im Unterschied zum Zauberlehrling bemerkt der Mann nicht, daß er bei seinen Schöpfungen permanent etwas falsch macht. Und die Frau weiß nicht, daß sie die Meisterin sein könnte.

Von der jüdisch-christlichen »Schöpfungs«-Geschichte führt ein konsequenter Weg nach Auschwitz und zur Atombombe. Auschwitz und die Atombombe waren bisher die Fanale des Entsetzens, die die Kraft gehabt hätten zu beweisen, daß der Mann an seinem Ende angelangt ist. Aber wie alle Verdammtheiten des Patriarchats sind auch sie durch den historischen Abstand längst tabelliert, rubriziert und dadurch simplifiziert, ins Bilderbuch des Mannes eingebrannt, dort anzusehen, wie sie auf ihre Verlebendigung und Vergrößerung warten. Frauen und Kinder gucken sie an und dürfen doch nicht wissen, daß sie nicht auf Gesetzmäßigkeiten des Menschen, sondern auf Gesetzmäßigkeiten des immer mehr vereinsamten und isolierten Mannes starren.

Aus seiner Spaltung der Dinge hat der Mann die ärgste Vernichtungskraft freigesetzt. Durch seine Spaltung der

Menschen befähigt er Personen, die Kraft der Vernichtung in die Tat umzusetzen. Noch die widerlichsten Folterungen von Menschen in den Konzentrationslagern aller Art umgibt die Trauer der verirrten Lust.

Hinter der harmlos erscheinenden patriarchalischen Dreiteilung des Menschen in »Körper«, »Seele« und »Geist« verbergen sich die abgeschlagenen Splitter der einheitlichen Kraft, des Triebes. Männliches Denken ist irr geworden an der Mühe, diese Splitter gegeneinander abzugrenzen. Männliches Tun aber hat sich dabei erschöpft, sie aufeinander zu hetzen, einander auszuliefern, sich gegenseitig zu vernichten. Einige Männer spielen den Widerstreit ihrer Splitter so blutig durch, daß sie einen Eindruck davon geben, wie blutig die ursprüngliche Zerfetzung des Triebes gewesen sein muß.

Noch der vierfache Knabentöter Wolfgang Bartsch hat die Wehmut eines gebrochenen Dionysos an sich. Seine Lust war ihm nur noch im Tötungsakt möglich. Exzessiv hat er sie erfahren, und »verinnerlicht« hat er darüber gesprochen. Die *Sensibilität* des Bartsch beim Töten war dem Patriarchat so schauerlich und angeblich unbekannt, wie ihm die Erstickung jedes Gefühls im sogenannten Pflichtbewußtsein bei den Tötern Calley in Vietnam, Boger, Eichmann und Höß in Deutschland und der 100 000 Söldner in aller Welt geläufig und erwünscht ist. Die von Bartsch unverblümt nacherzählten Lustschauer beim Töten haben das Patriarchat unsicher gemacht. Als es daranging, Bartsch als abnormen Einzeltäter zu überführen, wurde es selbst als Hervorbringer solcher Mörder überführt. Keiner hat so wie Bartsch sein Tun durchschaubar gemacht und damit den Beweis erzwungen, daß das immer und immer wiederholte Zerreißen von Menschen und Dingen das verunstaltete Lustprinzip des Mannes im Patriarchat ist.

Der griechische Dionysos – Sinnbild des Triebes – rast erst

irrsinnig, gewalttätig und besoffen mit entfesselten Frauen durch die Gegend, nachdem er von einer Vaterhorde getötet worden ist. Wiederauferstanden ist er nur noch eine Kraft der Trunkenheit und der Zersetzung. An ihm personifiziert wird deutlich, was das Patriarchat mit dem Trieb versucht hat, und was es mit ihm nur erreichen konnte. Es wollte den Trieb zerstören. Der Trieb ist aber eine Kraft, und Kräfte kann man nicht zerstören im Sinn von abschaffen, man kann sie nur zerteilen. Dionysos wird in viele Teile zerrissen. Wieder zusammengeflickt, ist er nur noch eine Gewalt(-tätigkeit). Entseelt, unkoordiniert rast er durch das Land, von keinem moralischen Druck mehr zu besänftigen.

Die Wissenschaftler, die die Materie allmählich zergliedern, und die Söldner, die Personen und Sachen schnell zerschlagen, entspringen demselben männlichen Triebschicksal. Früher liefen sie nebeneinander her, so daß ihre Verbindung nicht erkannt werden konnte. Zyklon B, Napalm, Laserstrahlen, Gase und Gifte, Raketen und gespaltene Kerne der Wissenschaftler töten heute Menschen wie früher nur die Waffen der Militärs. Der Söldner ist zum Technologen geworden, wie der Wissenschaftler zum Schlächter. Die Apparatur eines jeden Staates bettet das korrupte Gewissen beider Zerstörer sicher und ermöglicht ihm, in persönlicher Unschuld einzunicken.

Im Schöpfungsprinzip der Spaltung weist der Mann noch einmal selbst auf seine Verwandtschaft mit den frühen geschlechtslosen Zellteilern hin. Er kann damit Leben nicht verändern, erst recht nicht selbst schaffen. Er kann mit ihm nur so experimentieren, bis er es an den Rand des Todes gebracht hat.

Der Mann kann Organe verpflanzen, schlagende Herzen austauschen wie Motoren, aber die Verhältnisse, die Herzen kaputtmachen, kann er nicht ändern. Der Organismus eines Menschen, der seine Lebensqual in seinem wichtigsten Organ kulminieren läßt, bis daß es zusammenbricht, bleibt allen Nöten ausgesetzt und überträgt sie alsbald auf das neue Organ. Das eingepflanzte Herz leidet nach kurzer Zeit an denselben Symptomen wie das alte.

Ein Herzinfarkt entsteht physiologisch durch Zusammenbruch der Sauerstoffzufuhr zum Herzen. Die steigende Quote der Todesfälle durch Herzinfarkt wird nicht nur durch Streßsituationen verursacht, denen Männer zunehmend ausgesetzt sind. Der Mann zerstört selbst das Element, das er zur Ernährung seines Herzens braucht. Die häufigen Herzinfarkte sind die ersten nachweisbaren mörderischen Ergebnisse der schädlich gemachten Luft. Den Sauerstoff, den in erhöhtem Maße ihre drangsalierten Herzen benötigen, entziehen sich Männer selbst.

Ein Chikagoer Arzt sprach unverhohlen aus, wie Männer ihre Energiequelle zu Fall bringen: durch Verlust der körperlichen Liebesbetätigung, des besten Trainings eines gesunden Herzens. Das Patriarchat überläßt den Mann nicht der Erquickung dieses elementaren Schöpfungsprozesses, wann und wie es ihn danach verlangt. Nach einem Acht-Stunden-Arbeitstag sind die schönsten Tropfen des männlichen Quells versiegt. Der Fließbandarbeiter wie der Manager müssen gleichermaßen ihren Penis dem System darbringen. Die Ökonomie trennt sie noch, aber die erloschene Sexualität wird ihnen zum selben Grab.

Anstatt sich mit der Frau wieder zu verbünden und seine eigene Herrschaft endgültig abzubauen, entfernt der Mann sich immer weiter von ihr. Sein törichtestes und hartnäckigstes Gefühl gegenüber der Frau ist Mißtrauen. Der Mann macht die Frau von vornherein dumm und böse. Daß die Frau innerhalb einer Generation von einer vollständigen Sklavin des Mannes zu einer selbstbewußten, an den Arbeitsprozessen neben den Männern gleichberechtigt beteiligten Mitgestalterin der Gesellschaft werden kann, hat die Entwicklung in Albanien gezeigt. Hier mußte ein Land, um sich am Leben zu halten, die zweite Hälfte der Bevölkerung in die Produktion einschalten. Die Frau ist in Albanien nicht nur Arbeiterin, sondern auch Kämpferin und Direktorin. Solche Ereignisse widerlegen das Vorurteil von der Beschränktheit der Frau, steigern aber die Angst des Mannes. Er projiziert in die Frau die Begierde nach all dem, was er ihr angetan hat, wie er in die Söhne die Mordpläne verlegt, die er selbst gehegt und ausgeführt hat. Der Mann hat die Frau auf ihre biologischen Mitbringsel aus dem Tierbereich hinabgedrückt. Wenn die Frau dasselbe mit *ihm* machte, wäre der Mann nur Zeugungsinstitut in einer Gesellschaft absoluter weiblicher Vormachtstellung wie die Drohne in einem Bienenstaat.

Der Herrschende hat mehr Angst als der Beherrschte, weil er den Elan der Rache des Beherrschten fürchtet. Deshalb fürchtet der Herrschende die Veränderung mehr, als der Beherrschte unter dem Bleibenden leidet. Jede Emanzipationsbestrebung der Frau interpretiert der Mann als Aufbruch ins Matriarchat. Außer Valérie Solanas' Ein-Frau-»Gesellschaft zur Vernichtung der Männer« zählt keine Gruppe der Frauenbewegung die Unterdrückung des Mannes zu ihren Zielen oder Methoden. Gerade die Frauenbewegung formuliert deutlich, daß die Befreiung der Frau nur möglich ist, wenn der Mann zugleich aus den Fesseln seiner eigenen Herrschaft befreit wird, die inzwischen längst auch für die Herrschenden zum Zwang geworden ist.

Von solcher Logik zeugt nicht das Verhalten des Mannes. Einerseits projiziert er in die Frau die eigenen Spaltungstendenzen und behauptet, daß sie zur Herrschaft strebe, um sich dort zu verhalten wie er. Andererseits fürchtet er aber, daß sie sich *nicht* so verhält wie er, sondern das männliche »Schöpfungs«-Vorgehen stoppt. In keinem Staat eines zivilisierten Landes sind Frauen ihrem Bevölkerungsanteil entsprechend in der Regierung vertreten, auch nicht in Albanien und in China, in denen die Frau gleichberechtigt in den Produktionsprozeß eingespannt ist. Es gibt nur Frauen in politischen Positionen, wenn sie wie Indira Gandhi oder Golda Meïr gute Väter sind. Aber *Väter* müssen sie geworden sein, wie Indira, die als Sohnesersatz zum Mann erzogene Tochter Nehrus. Am deutlichsten wird die Vaterposition von Herrscherinnen in Gegenwart und Geschichte dadurch, daß die Frauen nie etwas zur Befreiung ihrer Geschlechtsgenossinnen getan haben. Kleopatra, Katharina II. von Rußland, Elisabeth I. von England, Cachérine Medici, Maria Medici herrschten als Männer für und gegen Männer. Maria Stuart ist wahrscheinlich gescheitert, weil sie zu sinnlich war, eine Qualität, die sich mit dem Stand als Vater nicht verträgt.

Neben dem Bemühen, hinter die Gesetze entstehenden Lebens zu kommen, praktiziert der Mann eine andere Methode, die Frau zu vernichten. Die Frau kann patriarchalischer *Mann* werden. Mit diesem Trick unterläuft das Patriarchat geschickt die Emanzipationsbestrebungen der Frau. Es öffnet einigen Frauen Positionen inmitten der Männergesellschaft, die die Frauen aber nur einnehmen können, wenn sie sich als herrschende Männer gebärden. Golda Meïr schaffte nicht etwa das Militär ab, sondern stellte ein Frauenheer auf.

Das Patriarchat lauert der Frau bei ihrer Befreiung von den *patriarchalischen* Deformationen ihres Geschlechtes auf. Es ermöglicht ihr die Beseitigung dieser Deformationen nur, wenn sie sich in die Deformationen des anderen Geschlechtes einzwängen läßt. Wenn die Frau ihre weiblichen Kräfte abspaltet wie der Mann, hat sie Zutritt zum Patriarchat, wie sie ihn immer gehabt hat. Umgekehrt hat ein Mann, der seine weiblichen Kräfte nicht verleugnet, ebensowenig Zutritt wie die nichtvermännlichte Frau. Künstler, die sich ihre Weiblichkeit erhalten haben, werden nach außen gedrängt oder nach oben gejubelt, aber erhalten keinen Einfluß auf die patriarchalischen Geschicke.

Die Frau darf entweder *patriarchalisches* Weib oder *patriarchalischer* Mann sein. Sie wird in die männliche Gesellschaft als gleichberechtigtes Mitglied nur hereingelassen, wenn sie ebenso ehrgeizig, ebenso prestigebesessen, ebenso sachfremd, bestechlich, brutal, bruderfeindlich, obrigkeitshörig und ebenso ungerührt den Problemen aller Beherrschten gegenüber ist.

Wie es Hannelore Mabry bewiesen hat, zeichnen sich weibliche Abgeordnete im deutschen Bundestag und in den Landtagen fortlaufend dadurch aus, daß sie sich für die Befreiung der Frau grundsätzlich nicht verwenden. Frauen, die ihr Geschlecht an den Nagel hängen, dürfen im Patriarchat mitmachen. Aber alle weiblichen Vorhaben, die das Patriarchat aufheben oder nur einschränken wollen, werden vom Mann erbittert bekämpft.

Der Osloer Frauenpartei, die mit einem Trick die Mehrheit im Stadtparlament erreicht hat, soll ein zweiter Sieg verwehrt werden. Männer wollen das Gesetz, das den Frauen die Chance gab, beseitigen.

Ebenso frauenfeindlich wollen deutsche Männer die Abtreibung nicht der freien Entscheidung der Frau überlassen, weil sie Angst vor der bevölkerungspolitischen Selbständigkeit der Frau haben. Wenn die Frauen sich solidarisierten, könnten sie eines Tages jede Geburt verweigern, bis der Mann mit dem Umweltkrieg Schluß macht. Sie könnten ebenso Kinder verweigern, bis der Mann seine Herrschaft abgebaut hat, deren beschämendste Opfer immer noch Kinder und Jugendliche sind. In der Verweigerung der Nachkommenschaft schlummern Potenzen der Frau, die gegen das Patriarchat eingesetzt, den Mann zittern lassen. Der

Mann ängstigt sich davor, die Frau könnte ihr »biologisches Kampfmittel« verwenden, wenn sie endlich ihre einzige gegenwärtige Aufgabe erkennt und wahrmacht und gegen das Patriarchat antritt. Deswegen will der Mann der Frau ihre entscheidende Waffe ausreißen, bevor sie sich darauf besonnen hat. Er gibt derzeit noch vor, die Herstellung künstlichen Lebens plane er, um die Frau zu befreien. Die Frau könnte sich erst dann emanzipieren, wenn sie selbst von den Lasten des Gebärens entbunden wäre.

Es gab und gibt viele soziale und psychische Erleichterungen der Geburt und Kindesernährung, die der Mann der Frau nicht vergönnt. Das Patriarchat tut freiwillig nichts für die Frau, denn es existiert gerade auf der Knebelung der Frau. Hin und wieder geraten Einrichtungen zugunsten der Frau. Meist muß die Frau sich die notdürftigsten Besänftigungen ihrer Lage mühsam erkämpfen wie eine Verfassung, die ihr die Gleichstellung verspricht. Der Mann *schafft* der Frau erst Lasten. Aufheben muß sie sie selber. Für die Geburt eines Kindes zwängt das Patriarchat die Frau entweder unter das Joch einer lebenslänglichen Gemeinschaft mit *einem* Mann oder in die äußerste ökonomische Verzweiflung. Erst seit einigen Jahren ist es überhaupt möglich, daß eine Frau neben der Geburt und Ernährung ihres Kindes sich ohne Mann am Leben halten kann. Aber noch immer kann sie es nur, wenn sie besondere Belastungen auf sich nimmt und damit sich und ihr Kind Einschränkungen unterwirft. Den elementarsten Beruf des Menschen – die Hervorbringung und Aufzucht der Nachkommen – behandelt das Spätpatriarchat schlimmer als Sklavenarbeit in seiner Frühzeit. Der Sklave bekam von seinem Herrn zu essen. Die Arbeit des Kinderkriegens und -aufziehens wird der Frau in den meisten spätpatriarchalischen Ländern noch immer nicht als selbständiger Beruf abgegolten.

Männer argumentieren gegen das staatliche Muttergeld, das die Frauen aus ihrer Abhängigkeit befreien soll, hinter vorgehaltener Hand: »Ich zahle doch nicht für fremde Lust!«

Die Frau wird so lange in die Abhängigkeit des Mannes gezwungen, bis *der* sie nicht mehr braucht. Wenn der Mann die Frau von den Lasten ihrer Biologie befreien wollte, hätte er die Moral und die Ökonomie geändert, die für die Frau die Geburt erst zur Katastrophe machen. Keine Spur ist in der Geschichte des Patriarchats zu finden, die bewiese, daß der Mann der Frau den elementaren Vorgang, mit dem er sie identifiziert, je erleichtert hätte.

3. Die Frau als Subjekt, das den Aufstand gegen die repressive Ordnung versucht und zerrissen wird

In der auf die biblische »Schöpfungs«-Geschichte folgenden Vertreibungsepisode entlädt sich der geballte Haß des Mannes auf die Frau. Mit äußerster Präzision wird hier die erste Triebunterdrückung beschrieben und zugleich der Mechanismus jeden Triebzwanges bloßgelegt.

Die »Schöpfungs«-Geschichte befaßt sich mit der Spaltung des *Mannes,* um ihn patriarchalisch brauchbar zu machen.

In der Vertreibungsgeschichte spaltet der Vater die *Frau,* auf daß sie für Jahrtausende patriarchal gefügig bleibt und zu keinem zweiten Aufstand befähigt ist.

Mit der Spaltung der Frau wird die Spaltung des Triebes beschrieben, denn das Patriarchat identifiziert die Weiblichkeit mit dem Trieb. Der Widerspruch, der darin besteht, daß es der Frau weniger Trieb zuspricht als dem Mann, ist nur scheinbar. Er entsteht aus der Kluft zwischen der Angst des Mannes vor den in der Frau schlummernden sexuellen Kapazitäten und ihrer abnormen gesellschaftlichen und geschlechtlichen Lähmung, die nach der Kastration ihres Triebes ihren patriarchalischen Charakter formte.

Trotz patriarchalischen Zuschnitts der Vertreibungsgeschichte ließen die Chronisten so viel von der Boshaftigkeit des Vaterdiktates hindurchschimmern, daß die Nachgeborenen noch über Jahrtausende deutlich die erste und bis heute bleibende Funktionsweise der Zwänge vermittelt bekommen. Gerade in der übertriebenen Rechtfertigung Gott-Vaters als der exklusivsten Personifikation des Patriarchats wird noch unterstrichen, daß das menschliche Elend durch *ihn* verursacht wurde. Die Chronisten der Schrift haben sich mit ihren Satzkonstruktionen, ihren Bildern, Beispielen und versteckten Zusammenhängen eine Position bewahrt, wie sie dem Chor in der griechischen Tragödie zukommt. Sie bedauern und beweinen die Gerichteten, Vertriebenen und Geschändeten. Sie erklären sich trotz der ihnen aufgezwungenen Distanz und trotz ihrer Erfüllungshilfe für das Patriarchat mit den Taten der Opfer, die das System gefährdeten, solidarisch.

Adam und sein Weib sind vor der Vertreibung Kinder, danach die elenden, angepaßten Erwachsenen, die wir alle sind. Sie versuchen eine Entwicklung, die sie anders formen würde, als Menschen im Patriarchat sein dürfen. Diese Entwicklung ist heute noch immer so versperrt wie zu Zeiten der Vertreibungsgeschichte. Der Zustand ihrer Nacktheit, den sie nicht wahrnehmen, betrifft ihre kindliche Vorbewußtheit; »... und schämeten sich nicht«, meint, daß sie sich selbst nicht reflektieren. Der Mythos beschreibt die Menschen im Paradies im Angelpunkt ihres Wachstums, in dem Entstehungsmoment ihres Bewußtseins, das, einmal geweckt, in der Katastrophe des Schuldgefühls endet.

Wachsen ist ein Voll- und Rundwerden, ein Durchstoßen nach allen Seiten, die elementare Bewegung alles Lebendigen, nicht aber die des Patriarchats. Beizeiten gebietet es

»halt«, schon beim *Aufbruch* zum Zentrum des Lebens. Gerade dorthin, in das Zentrum – das bedeutet in die Reife – streben alle Lebendigen. Der Weg zur Vollendung seines Lebens wird dem Menschen im Patriarchat mit der Inaussichtstellung des Todes blockiert.

Das Zentrum des menschlichen Lebens wird in der »Schöpfungs«-Geschichte mit zwei Bäumen umschrieben: der Baum der Erkenntnis und der Baum des Lebens. Die Bäume symbolisieren die Kräfte, die den Menschen zum Menschen machen und ihn darin vor aller Natur auszeichnen: die Fähigkeit der Erkenntnis, der tiefsten Durchdringung der Dinge, und die Fähigkeit der Liebe, der tiefsten Durchdringung der Personen.

Die Bibel ist sich nicht schlüssig, diese Fähigkeiten deutlich voneinander zu trennen oder sie aus einer Kraft zu beschreiben. Mal spricht sie von zwei Bäumen (1. Mose II, 9; III, 22, 24), mal spricht sie nur von *dem* Baum im Zentrum. (1. Mose II, 17; III, 3, 5, 6, 11, 12, 17) Die zwei Bäume stehen im Zentrum des Gartens ebenso wie die erotischen und geistigen Kräfte an zwei Stellen konzentriert sind, die beide als Zentrum bezeichnet werden können, im Geschlecht und im Gehirn des Menschen.

Ebenso grenzt die Bibel die Tätigkeiten des Liebens und Erkennens nicht streng voneinander ab. Für die geschlechtliche Vereinigung benutzt sie das Wort »erkennen«. Und den Vorgang der ersten Erkenntnis beschreibt sie mit geschlechtlicher Symbolik. Die Schlange, das Kennzeichen emanzipierter weiblicher Sexualität und der höchsten Auszeichnung des menschlichen Geistes, der Klugheit, verbündet sich mit der Frau. Die Frau nimmt von der Frucht und teilt sie sich mit dem Mann. Das Fruchteinverleiben hat sexuelle Bedeutung. Der Baum selbst vereint in sich viele sexuelle Anspielungen: weibliche und männliche Symbole treffen in ihm zusammen. Das äußere Bild des Baumes ähnelt den Geschlechtsorganen. Der Stamm entspricht dem Phallus, die Krone den Hoden. Aber auch die Scheide und der Eierstock sind im Baummodell angelegt. Die Baumhöhle identifizieren die Mythen oft mit der weiblichen Gebärmutter. Dionysos wird aus einem Baum geboren. Die elternlosen Helden wie Moses, Lohengrin und Gregorius werden als Säuglinge in Kästen und Booten ausgesetzt. »Frucht« wird das Ergebnis der Liebe genannt, mit ihr werden aber auch Teile der Geschlechter, Brüste und Hoden bezeichnet. Der griechische Paris teilt seine Frucht an die für ihn begehrteste Göttin aus, das biblische Weib gibt seine Frucht dem Adam.

Die Bibel trifft das Phänomen der beiden Kräfte Sinnlichkeit und Erkenntnis genau, indem sie sie *beide* als erotisch kennzeichnet. Nicht nur das Durchdringen von Personen, sondern auch das Durchdringen der Gegenstände entspringt der erotischen Fähigkeit des Menschen. Diese Kräfte sind Erscheinungsweisen des einen *Triebes*, der Quelle menschlicher Existenz, mit Personen und mit Elementen zu einer Einheit oder durchschauenden Übereinstimmung zu gelangen. Der Trieb kann mit dem Bedürfnis nach Selbstverwirklichung umschrieben werden. Erst patriarchalisch deformierter Geist spaltet Trieb in Sexualtrieb, Forschungstrieb, Selbsterhaltungstrieb, religiösen Trieb und teilt ihn ungleich stark zwischen den Geschlechtern auf. Die Vertreibungsgeschichte zeigt noch, daß beide Geschlechter an ihm gleichstarken Anteil haben. Adam entfährt ein Ausruf, der das Verhältnis der Geschlechter in vorpatriarchalischen Zeiten andeutet: »Das ist doch Bein von meinem Bein ... man wird sie Männin nennen« (1. Mose II, 23), was heißt, »die Frau ist genau wie ich!«

Adams Rede kennzeichnet nicht nur einen frühgeschichtlichen Zustand der Menschheit, sondern auch eine vorerwachsene Situation der Kinder, die noch nicht mit patriachalischem Rollenverhalten indoktriniert zu bösen Buben und artigen Mädchen geworden sind.

In der Vertreibungsgeschichte ist es eher umgekehrt als im gesamten Patriarchat. Die Lust an der Selbstverwirklichung bricht aus der Frau aus, *bevor* der Mann sie hat. Adam – der Sohn des Vaters, wie alles Männliche im Patriarchat definiert wird – ist schon patriarchalisch geschwächt. Er allein versucht die Revolte gegen den Vater nicht.

Die Rolle der weiblichen Sexualität für die Erlangung des Selbst-*Bewußtseins* wird in den Mahnungen der Schlange, die patriarchalischen Gebote zu überprüfen, auch in der Bibel noch gewürdigt. Die Bibel kennzeichnet die Stationen des Selbstbewußtseins gleich dem Weg des Kindes von der libidinösen Konzentration auf Dinge zu der libidinösen Konzentration auf Personen.

Das Essen der Menschen vom Baum der Erkenntnis betrifft ihre Erfahrung der Verhältnismäßigkeit der Gegenstände und Personen, die Überschau von Einzelheiten innerhalb größerer Zusammenhänge. Damit wird auch der Ablauf der sexuellen Entwicklungsphasen erfaßt, die sich noch im dinglichen Vorfeld der persönlichen Liebe bewegen. Zugleich wird die Begabung zur Wahl von Alternativen angespielt. Unterscheidenkönnen zwischen Gut und Böse heißt den Grat beschreiten zwischen Freiheit und Abhängigkeit.

Zum Baum des Lebens – zur Zusammensetzung der Einzelheiten und zur Bewältigung der Alternativen, wie es Erwachsene können sollten, – gelangen die Kinder nicht. Die Menschen im Patriarchat sind nicht erwachsen. Mit ihrem zerschnittenen Trieb müssen sie *böse* Kinder werden, so daß das Patriarchat über seine von ihm selbst erzeugten Produkte stöhnt: »Denn das Dichten des menschlichen Herzens ist böse von Jugend auf.« (1. Mose VIII, 21) Nach der geglückten Triebunterdrückung höhnt der Vater brutal: »Siehe, Adam ist geworden wie unsereiner, nun aber, daß er nicht ... breche auch von dem Baum des Lebens und esse und lebe *ewiglich*.« (1. Mose III, 22).

Das *Glück* ist das Maß der Ewigkeit. Der Mensch erfährt das »ewige Leben« nur in der Liebe. Im Bewußtsein dieses Zustandes ist der Mensch nicht beherrschbar. Solche Selbstfindung kann das Patriarchat nicht gebrauchen. Mit allen Mitteln muß es den Durchstoß des Kindes in eine paradiesische Reife verhindern. »... lagerte vor den Garten Eden die Cherubim mit ... hauendem Schwert, zu bewahren den Weg zu dem Baum des Lebens.« (1. Mose III, 24).

An den Nahtstellen seiner Existenz muß das Patriarchat lügen, um ein Aufbrechen seiner Strukturen *dort* zu verhindern. Es nennt genau den umgekehrten Zustand paradiesisch, als den, der es in Wirklichkeit ist. Das vorbewußte, in der Macht des Patriarchats vollkommen eingezwängte Kind lebt nicht paradiesisch. Von seiner Qual der Undurchdrungenheit, von seinen Schmerzen der Gespaltenheit zeugt der *Haß* – die Gefühlsreaktion auf Folterungen aller Art –, den die gesamte patriarchalische Menschheit jeweils auf ihre Erziehergeneration offen oder verdrängt hegt. Das Paradies liegt nur *vor* dem Menschen, nicht hinter ihm. »Ewiges Leben« ist eine Fähigkeit, in die der Mensch hineinwachsen will und kann. Mit seinen »hauenden Schwertern« – das heißt mit seinen Zwängen – muß das Patriarchat das es bedrohende Wachstum verhindern. Ohne die Knebelung der Lust und des Denkens können Menschen nicht zu Beherrschten gemacht werden. Noch heute ist ein Leben in den patriarchalischen Arbeitsfabriken nur bei äußerster Deformation zu Dummheit und Lustlosigkeit erträglich. Das spirituell-erotische Vermögen des Menschen muß erst unterdrückt werden, damit dieser die Existenz eines Beherrschten im Patriarchat hinnehmen kann.

Menschen, die sich vereinzelt zum Baum des Lebens durchgekämpft haben, entrückt das Patriarchat geflissentlich unter dem Titel »Genie« zu Göttern, die keine Vorbilder für die Beherrschten sein dürfen.

Das Patriarchat hat sich nie geniert, über die Dummheit der von ihm Geknechteten noch zu spotten, die zu der Erkenntnis ihrer Lage nicht durchdringen dürfen. Inzwischen ist längst erforscht, daß Intelligenz nicht angeboren wird. Neueste amerikanische Hirnuntersuchungen haben ergeben, daß bei Kindern, denen das Sammeln von Erfahrungen eingeschränkt wird, die Großhirnrinde nicht weiterwächst. Der amerikanische Hirnforscher Krech ist dem lautlosesten, verborgensten und allgemeinsten Verbrechen des Patriarchats auf die Spur gekommen. Fast jedes Kind wird von den patriarchalisch deformierten Institutionen »Vater« und »Mutter« um die Ausbildung seiner Fähigkeiten zum »ewigen Leben« betrogen: gefoltert durch das Verbrechen wider das lebendigste Prinzip des Lebens, das Wachsen in sein Geschlecht und in seinen Geist.

Das heimliche Essen vom Baum der Erkenntnis mußte sich das Patriarchat immer wieder gefallen lassen. Aber außer vorübergehenden Erschütterungen hat die Teilrevolte der Beherrschten es nie in seinen Grundfesten getroffen. Ohne die sinnliche Befreiung kann man gut und böse nur erkennen, das Böse *vermeiden* kann der Mensch erst, wenn er vom Baum des Lebens essen darf, das heißt, wenn seine Sexualität patriarchalischen Repressionen nicht mehr ausgesetzt ist.

Souverän ist der Mensch nur nach der Freilassung beider Kräfte oder seines vollständigen Triebes. Die Befreiung nur einer Triebkraft hat ihm das Elend gebracht, die Verhältnisse überschauen, aber sie nicht ändern zu können.

Schon der erste Schritt zur Befreiuung der Menschen aus dem Patriarchat wird in der Bibel mit den vorzüglichsten Attributen umschrieben: »*Gut* zu essen«, »*lieblich* anzusehen«, »ein *lustiger* Baum«, »der *klug* macht.« (1. Mose III, 6)

Die Menschen rätselten bisher vergeblich um die Vertreibungsgeschichte herum, worin denn ihre Schuld liegt, wenn sie *gut, lieblich, lustig* und *klug* sein wollten. Die Geschichte bekommt erst dann einen Sinn, wenn man versteht, daß hier nicht der Mensch, sondern *Gott schuldig* ist, das heißt in der Terminologie des 20. Jahrhunderts: das patriarchalische Gesellschaftssystem.

Im Vertreibungsvorgang wird minutiös die Zurichtung des Menschen zum patriarchalischen Charakter wiedergegeben. Der Mann wird in der Ökonomie aufgerieben, auf daß er zur Erkenntnis seiner selbst keine Zeit und keine Kraft mehr hat und die Erkenntnis über die Dinge ihm nichts mehr nützt.

Wichtiger ist die Zerschlagung der Frau. Die Frau ist für das Patriarchat die größte Gefahr gewesen. In ihr ruht die einzige Chance zu seiner Überwindung. Gefährlich wurde dem Patriarchat das Duo Schlange–Frau, die Übereinstimmung zwischen befreiter Sexualität und Weiblichkeit. Das Patriarchat spaltete der Frau den Zugewinn emanzipierter Sexualität wieder ab. Es verflucht ihn in den Worten, die es an die Schlange richtet: »Und ich will Feindschaft setzen zwischen deinen Samen und ihren Samen. Derselbe soll dir den Kopf zertreten und du wirst ihn in die Ferse stechen.« (1. Mose III, 15)

Das »Weib«, das der Vater nach der Schlange verflucht, ist die Fortpflanzungswerkstätte des Patriarchats. Alles Leben der Frau hat das Patriarchat in die Feindschaft zwischen weiblicher Sexualität und weiblicher Fortpflanzungsfunktion gezwängt.

Das schwelende Zerwürfnis der Frau mit sich selbst, das aus der Zerreißung ihrer Kräfte entsteht, bricht in das akute Zerwürfnis zwischen Mann und Frau aus. Dasselbe

Bild, das der griechische Mythos für das Scheitern der Liebe zwischen Mann und Frau benutzt, erscheint ebenfalls in der Bibel für die Verzweiflung, in die das Patriarchat die Menschen stürzt. »Schlange in die Ferse stechen« heißt Einander-schädlich-Sein von Vagina und Penis, Beginn allen erotischen Asynchronismus, in dem das Geschlechtsleben von Mann und Frau im Patriarchat erstarrt ist. Die Frau schnappt nach dem Mann (Biß der Schlange in die Ferse), und der Mann zermartert die Sexualität der Frau (zertritt den Kopf der Schlange).

Das Patriarchat hat nicht nur den Gang ins Paradies, in eine herrschaftslose Gesellschaft versperrt. Es hat vorsorglich die Menschen selbst so gemacht, daß sie ins Paradies nicht mehr gehen *wollen* und *können*. Nach der Verunstaltung ist der Mann Arbeiter und Bauer, die Frau ist Mutter, sowohl nach ihrer Funktion, als auch nach ihrem Namen, den sie jetzt erst erhält. »Und Adam hieß sein Weib Eva, darum, daß sie eine Mutter ist aller Lebendigen.« (1. Mose III, 20)

Der Mann erhält den Fluch der entfremdeten Arbeit, des bewußtlosen *Tuns* (... »im Schweiße seines Angesichts«). Die Frau erhält den Fluch ihres Körpers, ihres bewußtlosen *Seins*, »Schmerzen« an sich selbst und durch die Herrschaft des Mannes. Dazwischen blieb ihr das »Verlangen« nach dem Mann, durch das sie zwischen den beiden Arten von Schmerzen hin- und hergestoßen werden kann.

Der Mann wird in die Entfremdung von den Dingen, die Frau in die Entfremdung von sich selbst getrieben. Beide sind Funktionsteile. Sinnlichkeit und Erkenntnis hat das Patriarchat den Menschen geraubt und sie so um ihre Selbständigkeit gebracht.

Der Mensch, der vor Sinnlichkeit und Erkenntnis gestoppt wird, schlägt in Religion um. Verhinderte Selbstfindung treibt Blasen nach oben. Derjenige, der die Macht über sich selbst nicht gefunden hat, kann auch die Machtverhältnisse über und·um sich nicht verstehen. Religiöse und ideologische Maximen können von den in der Entwicklung Gestoppten nicht auf Personen oder Interessengruppen bezogen, und als Ausdruck von *deren* machtvollem Willen begriffen werden, dem allein sie sich unterwerfen müssen. Der Raub des Zentrums raubt die Willenskraft, blockiert die Handlungsfähigkeit.

Spult man sie zurück, endet alle Religion bei den Vätern. Wer für Religion empfänglich ist, ist für das Patriarchat empfänglich. Die Religion ist die gebrochene Lust des Geistes, wie die Zerstörungstätigkeit des Menschen die gebrochene Lust des Fleisches ist. Im »Zurück« gibt es keine Lust. Rollt man den Ariadne-Faden zurück, landet man bei den Vertilgern seines Ichs, die es geloben lassen: »Herr, dein Wille geschehe!«

Nach oben kann der gebrochene Sinn heute kaum noch verdunsten, weil es da keine Götter mehr gibt. Die Stauung geht nach innen. Das der Religiosität entsprechende Verhalten der vom heutigen Patriarchat gestoppten Beherrschten ist *Apathie*.

Der Baum der Erkenntnis ist zugleich der der Revolution, denn etwas zu erkennen bedeutet, es verändern zu können. Die Forderung des Jacques Monod, das menschliche Leben nur den Gesetzen der Erkenntnis verpflichtet sein zu lassen, heißt, dort anfangen, wo das Patriarchat menschliche Entwicklung abgebrochen hat: weiter vom Baum der Erkenntnis zu essen und sich die Früchte vom Baum des Lebens zu holen und sie zwischen den Geschlechtern zu teilen.

Solche Gelüste versteht das Patriarchat wie schon zu seinem Beginn geschickt zu stoppen. Es läßt sich von den Beherrschten höchstens das Essen von einem Baum gefallen. Heute verlagert es probeweise die Einschränkungen. An den Baum des Lebens dürfen die Kinder sich heranstehlen, ohne gleich umgebracht zu werden, an den Baum der Erkenntnis dafür aber nicht. Die Schleusen der sexuellen Verdrängung läßt das Patriarchat sich etwas öffnen, die Einsicht in seine Funktionsweise versucht es mit neuen Mitteln zu verhindern. Entweder beugt es der Erkenntnis durch Manipulation vor oder es versucht, die Aufklärung der Beherrschten direkt zu verhindern. Mit Hilfe der Manipulation konnte das Patriarchat erreichen, daß die Beherrschten kein Interesse mehr daran haben, vom Baum der Erkenntnis zu essen. Deshalb sieht es mit Schrecken auf die Schulen, in denen einige junge Lehrer die Früchte der Erkenntnis unter den Kindern üppig verteilen. Ein deutscher Lehrer, der zu den Kindern von der Schönheit des Fickens und den Ärgerlichkeiten der Ehe spricht, muß die Schule verlassen. Der teilte von beiden Früchten aus.

Wenn Linksintellektuelle aus ihrem Privilegiertengetto der Unverständlichkeit heraustreten und die Früchte der Erkenntnis auch an die nicht privilegierte Masse weitergeben, greift das Patriarchat ein. »Rote Kalender« für Lehrlinge und Schüler werden eingezogen und erst gesäubert wieder zugelassen, wenn das Jahr soweit fortgeschritten ist, daß sich alle mit Kalendern schon anderweitig eingedeckt haben.

Die patriarchalischen Zwänge auf Geist und Geschlecht des Menschen haben ihn nicht nur seiner Souveränität, sondern auch seiner Individualität beraubt. Das entsinnlichte und erkenntnislose Leben ist unkostbar geworden. Nicht mal das Leid wird als das persönliche, als das von einem – von *seinem* – Schicksal bestimmte erfahren. Das Leiden am unerfüllten Leben ist so universal geworden, daß niemand mehr es als sein eigenes ansehen kann. Das spezifische Leid war bisher der Antrieb des Veränderungswillens. Das kollektiv zuzuordnende Leid konnte zum Motor der Veränderung von Umständen werden. Damit ein Kollektiv Veränderungen bewirkte, mußten die Mitglieder sich mit dem Leid aller identifizieren. Diese Möglichkeit ist im Spätpatriarchat geschwunden. Die Menschen dürfen zwar immer noch nicht der Erfüllung ihrer Bedürfnisse leben. Damit sie die unbefriedigten Bedürfnisse aber nicht als Leiden erfahren, werden sie mit Surrogaten vollgestopft. Das Surrogat schafft weder das Glück der Befriedigung noch hebt es das Bedürfnis auf. Es macht es für immer unerfüllbar, ohne daß die Enttäuschung über seine Unerfülltheit noch begriffen werden kann. Statt Erfüllung gibt es nur noch den Verzehr.

Der mit Surrogaten um das Gefühl des Bedürfnisses und um die Erfahrung seiner Befriedigung gebrachte Mensch beutet nur noch aus. Surrogate wollen verbraucht werden. Waschmittel, Auto und Rauschmittel verbindet dieselbe Mechanik des Verbrauchs. Sachen und Personen werden nicht geschont. Die Ausbeutung ist eine Vorform der Zerstörung. Die dem Rauschgift verfallende Jugend führt konsequent an sich selber fort, was die patriarchalische Gesellschaft bisher unausgesprochen mit den beherrschten Personen und erklärtermaßen mit den beherrschten Sachen begonnen hat. Sinnlichkeit – die der patriarchalischen Praxis konträre Verhaltensweise – will Dinge und Personen erhalten. Hieran zeigt sich wiederum, daß das Patriarchat nur halb verstanden werden kann, wenn es nur ökonomisch und nicht sexuell entziffert wird. Die Ökonomie ist der Zweck des tödlichen Gebarens. In der Sexualität liegen seine Ursachen.

Die Jugend einer Gesellschaft ist ihr untrüglichster Prophet. Gegen Zwänge, die von Personen ausgingen, konnte noch revoltiert werden. Gegen den Zwang zum Tode, der in die Umwelt verlegt worden ist, ist nichts mehr auszurichten. Die Droge ist das Gebet der Apathischen. Die Umwelt, die in ihre vollständige Lebensfeindlichkeit gesteuert wird, ist nicht aus Versehen verunstaltet worden, sondern aus *Absicht*. Die Väter mußten zur Stützung ihrer Herrschaft immer aufwendigere Ordnungssysteme errichten. Amerika gibt siebzig Cent von einem Dollar für seine militärische Apparatur aus. Auf der ganzen Welt steht die Armee der mächtigsten Väter im Anschlag. Die Kriegsmaschinerie ist nicht aufgebaut, um die äußeren Feinde des Landes abzuschirmen, sondern um die inneren Feinde des eigenen Landes und der Verbündeten niederzuhalten. Aber auch dieses rigideste Ordnungssystem des totalen Militarismus erscheint dem Patriarchat noch als zu anfechtbar. Es braucht Selbsterhaltungs*mechanismen*, Schutzsysteme, die von selber funktionieren. Eine seiner raffiniertesten Techniken der Unterdrückung sind die im Menschen produzierten Komplexe. Aber seit es die Psychoanalyse gibt, kann diesen verstecktesten, in den Menschen hineingelegten Ordnungssystemen nachgespürt werden. Ganz besonders ist das Patriarchat darüber erschrocken, daß Teile der Jugend die zerstörerischen Auswirkungen der Surrogate erkennen, die die Bedürfnisse erstickten und die Abstinenz von den Surrogaten trainieren. Vom Baum der Erkenntnis *und* vom Baum des Lebens zu essen, bedroht das Patriarchat in seinen Grundfesten. Es muß ein Ordnungssystem entwickeln, das funktioniert, wenn die Überfälle auf die Bäume nicht mehr nur vereinzelt vorkommen.

Nachdem die den Personen eingeflößten Zwänge durchschaut worden sind, versucht es das Patriarchat mit Zwängen, die aus der Materie kommen. Not ist das Klima, in dem Herrschaft nur gedeihen kann. Wo der Konsum zu einer der wesentlichsten Stützen des patriarchalischen Systems geworden ist, dürfen die Beherrschten im Prinzip keine *materielle* Not mehr erleiden. Materielle Not hält die Beherrschten zwar noch in Ländern mit frühpatriarchalischen Formen wie in Lateinamerika in Schach, ist aber als

Mittel ständiger Niederhaltung in der endpatriarchalischen Phase unbrauchbar geworden. Die Not nun von außen, aus der Natur kommen zu lassen, das schweißt heute alle in die Herrschaftsverhältnisse, die bleiben sollen. Frauen und Jugend, die sich aus der Umklammerung des Patriarchats befreien wollen, können entweder in einem Chaos versinken oder sich mit den Vätern verbinden, die als einzige Mittel und Macht in Händen halten, das Chaos wieder zu besänftigen oder auch nur lebenserträglich für das Existenzminimum zu halten. Nur die Industrie, die Apparatur des Patriarchats, die das Chaos produziert, kann es dämpfen. Dazu verlangen die Väter von neuem Auslieferung der Beherrschten.

Die Farbwerke Höchst erheben in ihrem Beschwichtigungsfilm »Die gelbe Fahne« den Finger: Wenn ihr Umweltschutz haben wollt, bitte sehr, dann können wir nicht so rentabel arbeiten, dann müssen wir die Arbeitsplätze einschränken, aber Arbeitslose wollt ihr doch nicht!

Die vom Patriarchat zerstörerisch gemachte Umwelt verlangt nach Patriarchat. Wenn Frauen und Jünglinge sich am Leben halten wollen, müssen sie die mächtigen Väter am Leben halten, mit ihnen durch-, ja vor allem zusammenhalten. Die gefesselte Natur und der gefesselte Mensch können sich aus ihrer Abhängigkeit nicht mehr befreien.

Die Natur und der menschliche Trieb werden unterdrückt, seit der Mann die Herrschaft angetreten hat. Jetzt, da es mit dem Menschen zu Ende geht, wird offenbar, daß die Unterdrückung beider nicht geschah, um mit gebändigter Natur und gebändigtem Trieb das menschliche Leben glücklicher zu machen, wie es das Patriarchat zeitlebens behauptet hat. Zerrissene Natur und zerrissener Trieb sind die *Folge* der Herrschaft des Mannes, und nicht umgekehrt ist die Herrschaft des Mannes die Voraussetzung für ihre heilvolle Bewältigung.

Das theoretische und praktische Verhältnis des Patriarchats zur Natur ist voller Widersprüche. Behauptete Übereinstimmungen bestehen nicht. Gewünschte und geforderte Verschiedenheiten natürlicher und menschlicher Bedingungen im Patriarchat erweisen sich als Schein. Das Verhältnis zwischen Patriarchat und Natur ist noch ambivalenter und für die Menschheit nachweisbarer tödlich als das zwischen Patriarchat und Weiblichkeit.

Der Mensch entstammt der Natur, er entstand *gegen* sie, er kultivierte sich bei ihrer Überwindung. Er ist ihr in seiner Physis noch verpflichtet. Aber er unterscheidet sich von ihr grundsätzlich in seinem Trieb. Ebensowenig wie die Natur den menschlichen Trieb hat, kennt sie Triebunterdrückung. Ihre Lebewesen hat sie dem Bedürfnis unterworfen, als Spezies und als Art zu überleben. Das ist ihr einziges Gebot, jedem Exemplar in Form eines Dranges mitgegeben. Der Drang des Hungers funktioniert in kurzen Schüben, der Drang zur Fortpflanzung in längeren. Die Natur kennt Not nur bei der Befriedigung des Hungers. Not bei der Befriedigung des Fortpflanzungsdranges gibt es in keinem zur lebensgefährlichen Not des Hungers vergleichbaren Verhältnis. Der Hund ist geil, wenn er auf eine brünstige Hündin trifft, sonst nicht. Wenn er von einem stärkeren Rivalen beiseitegeschubst wird, schwindet der Drang von selber. Manipulation, Verdrängung, Unterdrückung dieses Dranges ist beim Tier nicht möglich, weil er nicht wie der menschliche Trieb eine permanent aktuelle Kraft ist. Erst beim Menschen emanzipiert sich der Fortpflanzungsdrang zu einer selbständigen Kraft, die ihn ständig antreibt wie der Hunger das Tier. Der Mensch ist Mensch durch seine immerwährende Wollust auf Personen und auf Dinge. Diese Wollust wird im Patriarchat aufs Gräßlichste amputiert. Wenn der Trieb unterdrückt wird, wird kein natürlicher, sondern ein *menschlicher* Bestandteil unterdrückt.

In der Triebunterdrückung kopiert und übersteigert das Patriarchat die lebensbedrohliche Situation des Hungers in der Natur. Der in der Natur immer lebensgefährlichen Not des Hungers fügt das Patriarchat die lebensgefährliche Not des Triebes hinzu.

Die Not des Hungers hat es aber nicht abgeschafft. Es hat umgekehrt erst Situationen herbeigeführt, in denen die Not des Hungers tödlich werden muß. Die mit der Herrschaft eingeführte Ungleichverteilung der natürlichen und produzierten Nahrungsquellen macht es den Beherrschten unmöglich, ihre natürlichen Kräfte zur Stillung des Hungers einzusetzen. Wenn die Nahrungsmittel vom Stacheldraht des Privateigentums eingezäunt werden und vor dem Zaun die Erde verbrannt ist, müssen die vor den Zäunen Stehenden verhungern.

In Indien sterben täglich Hunderte von Kindern am Hunger. 30 Millionen Menschen verhungern jährlich auf der Erde.

Hunger ist in der Natur nur eine Not, aber das Patriarchat benutzt ihn als Mordwerkzeug. Alle seine kriegerischen Mordprogramme nehmen sich neben seinen friedlichen wie Provinzbandenallüren aus. Die friedlich Getöteten sind *direkte* Opfer des Patriarchats. Keine Personen töten, sondern die Gesellschaft *selbst* und *unmittelbar*. Und immer noch sind auch die 30 Millionen Verhungerten nur Opfer von Übungen im Untergang für Anfänger.

In den hochindustrialisierten Ländern, in denen die Not des Hungers gebannt zu sein scheint, benutzt das Patriarchat die latente Angst des Individuums vor dem Hunger, um die Massen in die entfremdeten Arbeitsstätten zu treiben. Die Heere der entfremdet Arbeitenden kommen dabei erst gar nicht mehr zu der Triebbefriedigung, die ihr *menschliches* Leben ausmachen sollte.

Risiko, das die Unternehmer immer für sich beanspruchen,

wenn sie ihre Profite legitimieren wollen, haben in Wirklichkeit nur die Arbeiter. Bei jeder Krise sitzen sie auf der Straße. Vom Risiko ist beim Unternehmer immer nur der Gewinn belastet, die Substanz seines Eigentums höchst selten. Sollte sich dagegen der Arbeiter ein noch so kleines Eigentum erschuftet haben, wird dieses von der Krise mit Sicherheit verzehrt. Der Staat zahlt ihm keine oder weniger Arbeitslosenunterstützung, wenn der Arbeiter zum Beispiel ein Reihenhaus besitzt, das man ihm erst zu verkaufen zumutet, bis er wieder auf die Stufe eines Tagelöhners herabgesunken ist. Erst dann wird er an den Elendstrog der Fürsorge gelassen.

Es wird jetzt deutlich, daß das Patriarchat die Triebzwänge nicht errichtet hat, um den natürlichen Zwang des Hungers, dem auch der Mensch zu Anfang ausgesetzt war, aufzuheben.

Die Technologie ist heute so weit fortgeschritten, daß der Mensch die Not des Hungers aufheben könnte. Das Patriarchat aber hält die Not des Hungers künstlich aufrecht. Es fürchtet, daß die Beherrschten die Not des Triebes besser wahrnehmen würden und sie zu beseitigen trachteten, wenn die Not des Hungers beseitigt wäre.

Schon wenn in der Bundesrepublik Deutschland eine sozialliberale Regierungsmannschaft antritt, die in weiter Ferne mehr Gerechtigkeit für alle verwirklichen möchte, manipulieren Großunternehmer die Börsen, lassen Aktien fallen und Preise noch mehr steigen, kürzen sie Arbeitsstellen, richten die Signale auf Fahrt frei für Krise. Auch das geringste Sich-Freimachen von patriarchalischem Zwang wird schon mit ökonomischem Bangemachen quittiert.

Die Not des Hungers in Erinnerung zu rufen, ist noch immer das ad hoc eingesetzte Mittel der Herrschenden. Vom Zaume gebrochene Krisen und Kriege werden eingestreut, um die Not des Hungers nicht aus der Erfahrung der Beherrschten verschwinden zu lassen. Die Not des Triebes ist der permanente Zwang des Patriarchats, die Not des Hungers der in Abständen hereinbrechende, wenn die Not des Triebes allein nicht ausreicht.

Das Patriarchat bedient sich der Schrecken der Natur. Es schafft sie nicht ab. Es steigert sie sogar. Die Natur kennt nur die *Zurückdrängung* des einen zur Befriedigung des anderen.

Bei Tieren ist die Vereitelung fremder Bedürfnisse nur die Folge des Dranges zu leben, das Tier kann nur selbstgerecht handeln, nicht aber fremdschädlich, wenn die eigene Befriedigung nicht in Frage steht. Sinnloses Gegeneinander führte erst das Patriarchat ein. »Du sollst nicht, Du sollst nicht« sind die schlagenden Maximen aller zehn Gebote. Das Patriarchat hat den Menschen dazu befähigt, den anderen auszuschließen, obwohl die eigene Befriedigung durch ihn gar nicht mehr gefährdet werden kann. Es erzeugt ein Gegeneinander ohne oder unabhängig vom natürlichen Für-sich-Sein.

Die Überwindungen der Natur, zu der der Mensch befähigt ist, hat das Patriarchat hintertrieben oder wieder rückgängig gemacht. Zur Bestie wird der Mensch erst, nachdem ihm die Wollust des Geistes und die des Geschlechtes beschränkt worden ist. Die Anstrengung des Ich-Gefühls, der Willensbetätigung und der Entscheidungsmöglichkeit sind so gewaltig, daß der Mensch sie nicht erträgt, wenn ihm das lustvolle Aufgehen in Personen und Sachen – die Betätigung als Schöpfer – unmöglich gemacht wird. Das Patriarchat zerstört im Menschen das Vermögen, Gott zu sein. Das dem Menschen Geraubte bricht sich im Himmel. Dort aber kann es Seligkeit nicht stiften.

Das Patriarchat hat dem Menschen seine höchste Stellung in der Natur wieder zunichte gemacht. Unterwerfung ist ein natürliches, aber kein menschliches Prinzip.

In der Natur baut jedes höhere Lebewesen auf dem niederen auf. Die Strapaze des Komplizierten bekommt es damit vergolten, daß es das Einfachere vertilgen darf. Beinahe für jedes Lebewesen gibt es ein höheres, das es in Schach hält. Dem niederen wird die Bedrohung durch das höhere durch eine größere Zahl und eine schnellere Vermehrung seiner Mitglieder ausgeglichen. Die Natur ruht in einem *vertikalen* Gleichgewicht, das beim Menschen aufhört. Der Mensch wurde Mensch, als er die höchste Position der Lebewesen erklomm. Er ist in dem vertikalen Gleichgewicht nicht mehr inbegriffen. Diese Situation des Höchsten kann er nur mit Hilfe eines *horizontalen* Gleichgewichts aushalten. Der Mensch braucht für diese Stellung das Gleichgewicht in sich und das Gleichgewicht zwischen den Geschlechtern. Für die Herstellung dieses Gleichgewichtes ist ihm sein Trieb ausgewachsen. Das Patriarchat ist eine Gesellschaftsform, die den Menschen wieder in das vertikale Gleichgewicht zwingen will. Es ordnet die Menschen übereinander, es errichtet Klassen und Ebenen zwischen Männern, zwischen den Geschlechtern und zwischen Erwachsenen und Kindern, die einander feindlich sind. Um die vertikale Schichtung der Menschen zu erzwingen, muß es den menschlichen Trieb, die Kraft, die dieses Über- und Gegeneinander aufgehoben hat, ständig zu vernichten suchen.

Das Patriarchat erlaubt den Menschen nicht, sich als das zu begreifen, was sie sind, als die höchsten Lebewesen. Weil die Väter das Übereinander der Natur kopieren, müssen sie auch sich als Unterworfene hinstellen. Sie brauchen die Religion oder ihre Ersatzideologien, um dem Menschen das Beherrschtwerden als naturgegeben weismachen zu können.

Die Götter haben sich aufgelöst. Die Väter werden zum ersten Mal in der Geschichte des Patriarchats als das sichtbar, was sie sind, als die Vertreiber aus dem Paradies. Die Beherrschten fangen an, endlich das Wort »Patriarchat«, unter dem alles menschliche Elend begriffen werden kann, zu benutzen und die Zustände hinter ihm zu analysieren.

Der götterlose Zustand währte nur kurz. Statt der bisherigen ideellen Götter schuf das Patriarchat neue materielle. Der neue maßlose Gott-Vater ist die verheerend gemachte Umwelt. Der sitzt fest im Thron über den Menschen. Keine Macht kann ihn absetzen. Eine totale Kraft ist nun gegen die Menschen über ihnen installiert, die endlich das einleiten wird, mit dem die Väter bisher nur gedroht haben: »Das jüngste Gericht«.

In hundert Jahren ist es soweit.

Die Natur nahm dem Menschen nicht übel, daß er sich von ihren Gesetzmäßigkeiten entfernte. Sie zwingt ihn erst wieder unter ihr Joch, seit er sich freiwillig in ihre Abläufe einordnete. Für diesen Rückfall in die Natur, den das Patriarchat konsequent bis zur Entfesselung der Elemente betreibt, muß der Mensch nicht nur wie bisher mit seinem Menschtum und mit unzähligen Einzelopfern bezahlen, sondern jetzt auch noch mit dem Leben seiner Art.

Das Patriarchat hat die Menschheit den gleichen Gesetzen ausgeliefert, in denen eine Tierart verendet, die in eine Mutationssackgasse der Natur geraten ist. Wenn bestimmte Eigenschaften bei der natürlichen Zuchtwahl immer wieder vorherrschen, setzen sie sich in den Nachkommen schließlich soweit durch, bis sie sich zu Lasten einer Spezies auswirken.

Der Pfau hat auf diese Weise einen immer größeren Schwanz entwickelt, der ihn imposant macht, ihn aber unbeweglich sein läßt. Fliegen, sogar laufen kann er mit dem nicht mehr richtig. In der Wildnis war er allen Gefahren durch stärkere und beweglichere Tiere ausgesetzt und dort ausgestorben.

Die Natur nimmt auf solche Abschweifungen ihrer Geschöpfe keine Rücksicht. Die Saurier, die in eine Übergröße wucherten, mußten ihre Unbesonnenheit mit dem Leben ihrer Art bezahlen. Alle Irrtümer tilgt die Natur wieder aus.

Das Patriarchat hat sich in sich selbst verfangen und ist seiner eigenen Zerstörung ausgeliefert wie ein solcher Irrtum der Natur. Der patriarchalische Mann, der sich durch Befruchtung mit sich selbst immer wieder zu einem herrschenden, besitzenden, zerstörenden, latent homosexuellen produziert, ist zum Pfauenschwanz der Menschheit geworden, der seiner ganzen Art den Untergang bereitet.

Einen Zoo für den Menschen gibt es in keinem Himmel bei keinem Gott.

Literaturverzeichnis

Balint, Michael: »Die Urformen der Liebe und die Technik der Psychoanalyse«, Stuttgart 1966

Bischof, Norbert: »Die biologischen Grundlagen des Inzesttabus«, ungedruckter Vortrag 1971

Bebel, August: »Die Frau und der Sozialismus«, Berlin 1950

Bommersheim, Ellie: »Erste Skizze zum Antifeminismus«, München 1972

Van Briessen, Christiane: »Der Männlichkeitswahn«, Bergisch-Gladbach 1971

Darwin, Charles Robert: »Die Abstammung des Menschen«, Stuttgart 1966

Engels, Friedrich: »Der Ursprung der Familie, des Privateigentums und des Staates«, Berlin 1964

Freud, Sigmund: Aus den gesammelten Werken:
»Das Unbehagen in der Kultur«, Band 14
»Die Traumdcutung«, Band 2 und 3
»Dostojewski und die Vatertötung«, Bd. 14
»Drei Abhandlungen zur Sexualtheorie«, Band 5
»Totem und Tabu«, Band 9
»Über die Weiblichkeit« in den »Neuen Folgen der Vorlesungen zur Einführung in die Psychoanalyse«, Band 15

Friedan, Betty: »Der Weiblichkeitswahn«, Reinbek 1970

Giese, Hans: »Der homosexuelle Mann in der Welt«, Stuttgart 1958

Gourmont, Remy de: »Die Physik der Liebe«, Leipzig

Greer, Germaine: »Der weibliche Eunuch«, Frankfurt 1971

Guha, Anton-Andreas: »Sexualität und Pornographie«, Frankfurt 1971

Kinsey, Alfred: »Das sexuelle Verhalten der Frau«, Frankfurt 1966

ders.: »Das sexuelle Verhalten des Mannes«, Frankfurt 1966

van Lawick-Goodall, Jane: »Wilde Schimpansen«, Reinbek 1971

Mabry, Hannelore: »Unkraut ins Parlament«, München 1971

Malinowski, Bronislaw: »Geschlecht und Verdrängung in primitiven Gesellschaften«, Reinbek 1970

Mead, Margaret: »Geschlecht und Temperament in drei primitiven Gesellschaften«, München 1970

Meadows, Dennis: »Die Grenzen des Wachstums«, Stuttgart 1972

Millett, Kate: »Sexus und Herrschaft«, München 1971

Monod, Jacques: »Zufall und Notwendigkeit«, München 1971

Morris, Desmond: »Der nackte Affe«, München 1968

von Ranke-Graves, Robert: »Griechische Mythologie«, Band I und 2, Reinbek 1960

Reich, Wilhelm: »Der Einbruch der Sexualmoral«, Köln 1970
»Die Funktion des Orgasmus«, Leipzig 1927
»Die sexuelle Revolution«, Wien 1970

Solanas, Valéry: »Manifest der Gesellschaft zur Vernichtung der Männer«, Frankfurt 1970

Taylor, Gordon Rattray: »Das Selbstmordprogramm«, Frankfurt 1971

van de Velde, Theodor Hendrik: »Die vollkommene Ehe«, Stuttgart 1967

Vilar, Esther: »Der dressierte Mann«, München 1971

Weininger, Otto: »Geschlecht und Charakter, Wien 1930

Sexus und Herrschaft

Die Tyrannei des Mannes in unserer Gesellschaft
4. Auflage. 448 Seiten. Leinen DM 28,–

Kate Milletts faszinierende Darstellung der sexuellen Emanzipation der Frau gilt bereits als Standardwerk, die Autorin als legitime Erbin der Simone de Beauvoir.

»Daß eine Doktorarbeit ausgeteilt und angenommen wird wie eine Bibel – wann wäre das sonst passiert?«
Christa Rotzoll in »Süddeutsche Zeitung«

»Das wichtigste Werk, das die Emanzipationsbewegung bis heute hervorgebracht hat.« *Sender Freies Berlin*

»Ihr Buch und sein Erfolg kündigen der Welt die weibliche Rückenlage auf: sexuell, ökonomisch und intellektuell.«
Gerhard Zwerenz in »Der Spiegel«

Das verkaufte Geschlecht

Die Frau zwischen Gesellschaft und Prostitution
2. Auflage. 128 Seiten, Paperback DM 4,80

Die radikale Frauenrechtlerin Kate Millett läßt hier die Frauen selbst zu Wort kommen. Sie erreicht mit ihrem Versuch der Solidarisierung und Bewußtseinserweiterung der Frau ein Höchstmaß an unmittelbarer und authentischer Wirklichkeit. Vier Frauen, unter ihnen zwei Prostituierte, sprechen in eigener Sache. Am Beispiel einer ausgebeuteten Minderheit demonstriert Kate Millett, was es bedeutet, eine Frau in einer Welt der Männer zu sein.

DESCH VERLAG MÜNCHEN

Dressur des Bösen

Zur Kultur der Gewalt

2. Auflage. 256 Seiten. Geb. DM 26,–

»Pilgrim, der schon durch sein Buch ›Der Untergang des Mannes‹ von sich reden machte, setzt bei seinen sehr beachtenswerten Überlegungen mit einer Kritik an Konrad Lorenz ein. In der Beschränktheit des Lorenzschen Theorierahmens sieht er die Hauptursache ›für eine der bösartigsten Ideologien des 20. Jahrhunderts‹. Pilgrims These stellt in guten Formulierungen zwei für die Entwicklung menschlichen Zusammenlebens wichtige Grundaspekte heraus: den Situationszusammenhang und die sozialen Beziehungen. Sein Hauptgesichtspunkt ist, daß die Ehe als mindestens Dreipersonenbeziehung das Kind einer Doppelbindung aussetzt. Grundsätzlich werden alle Kinder in ihrer Ich- und Sozialentwicklung blockiert. Die Eltern als Institution ›schleifen das Böse ein‹, gesellschaftlicher Druck richtet es aus. Das Böse hat also eine in unserer Gesellschaft unvermeidliche soziale Entstehung. Pilgrim demonstriert mit engagierter Gründlichkeit seelische Krankheitsursachen unserer Gesellschaft.«

Frankfurter Allgemeine

»Das Buch ist ein höchst bemerkenswerter und verständlich geschriebener Forschungs- und Diskussionsbeitrag für alle, die nach neuen Wegen im Zusammenleben der Menschen suchen.«

Neue Politik

DESCH VERLAG MÜNCHEN